Christoph Kleßmann (Hrsg.)
Nicht nur Hitlers Krieg
Der Zweite Weltkrieg und die Deutschen

Christoph Kleßmann (Hrsg.)

Nicht nur Hitlers Krieg

Der Zweite Weltkrieg
und
die Deutschen

Mit Beiträgen von

Ute Frevert
Imanuel Geiss
Manfred Grieger
Ulrich Heinemann
Christoph Kleßmann
Wilfried Loth
Detlev J. K. Peukert

Droste Verlag

CIP-Titelaufnahme der Deutschen Bibliothek

Nicht nur Hitlers Krieg: der Zweite Weltkrieg und die Deutschen/Christoph Kleßmann [Hrsg.]. – Düsseldorf : Droste, 1989
ISBN 3-7700-0795-6
NE: Kleßmann, Christoph [Hrsg.]

Einbandfotos: Zeitgeschichtliches Archiv
Gesamtherstellung: Clausen & Bosse, Leck
ISBN 3-7700-0795-6

Inhalt

Vorwort

Die Schreckens- und Vernichtungsbilanz des Zweiten Weltkrieges wirkt bis heute nach. Allein die Zahl seiner Opfer – rund 50 Mill. Tote – sprengt alle historischen Dimensionen. Der Krieg hat die Welt und Europa grundlegend verändert. An der Teilung Deutschlands wird dies besonders sichtbar.

Die militärische Aggression ging von deutschem Boden aus. Hitler wollte fanatisch und konsequent den Krieg, den er gegen das Zögern der Generalität und auch gegen die Stimmung der keineswegs kriegsbegeisterten deutschen Bevölkerung durchsetzte. Trotzdem: Ohne den »vorauseilenden Gehorsam« führender Militärs, ohne die freiwillige und lange Zeit anhaltende begeisterte Einsatzbereitschaft hoher Diplomaten und Beamter, ohne die nicht uneigennützige Beteiligung von Unternehmern und Bankiers, ohne die verbissene Härte der deutschen Soldaten und ohne den »deutschen Fleiß« der Arbeiter und Angestellten, Männer wie Frauen, wäre der Krieg nicht zu führen gewesen. So gesehen war der Zweite Weltkrieg nicht nur Hitlers Krieg. Er war es auch deshalb nicht, weil die Verbündeten des Dritten Reiches, namentlich Japan und Italien, eigenständige imperialistische Ziele verfolgten, was die deutsche Verantwortung für die Entfesselung des Krieges nicht schmälert.

Die vorliegende Aufsatzsammlung verzichtet darauf, die militärischen- und außenpolitischen Ereignisse des Zweiten Weltkrieges ausführlich nachzuzeichnen. LeserInnen und Leser, die sich darüber informieren wollen, finden in der Chronik und in der Bibliographie am Schluß des Bandes Hinweise dazu.

Die Aufsätze konzentrieren sich auf zwei Themenbereiche, die in Abhandlungen über den Zweiten Weltkrieg oft hinter die Schilderung der militärischen Operationen, der Siege und Niederlagen zurücktreten. Sie beziehen sich einerseits auf die internationale Konstellation am Beginn und am Ende des Krieges und analysieren anderseits Struktur und Entwicklung der deutschen Gesellschaft im Kriege.

Geschildert werden die außenpolitischen Rahmenbedingungen in der Zwischenkriegszeit, die es dem Dritten Reich ermöglichten, aus der Versailler Friedensordnung auszuscheren und diese schließlich zu zerstören. Beschrieben werden Entwicklung und Kontur der Nachkriegsordnung des Kalten Krieges, in die das besiegte und geteilte Deutschland durch die Alliierten einbezogen wurde. Im Zentrum des Interesses steht die Gesellschaftsgeschichte Deutschlands zwischen 1933/39 und 1945/48. Das Augenmerk richtet sich dabei auf die komplizierte Gleichzeitigkeit von Zustimmung und Zwang, Normalität und Ausnahmezustand, Kontinuität und Diskontinuität. Im Ergebnis zeigt sich, daß die gängigen Hinweise auf ideologische Verführung und terroristische Gewalt allein nicht ausreichen um zu erklären, warum die Mehrheit der Deutschen ihrem »Führer«, ohne nennenswerten Widerstand zu leisten, in die totale militärische Niederlage und in die politisch-moralische Katastrophe gefolgt ist.

Imanuel Geiss beschreibt einleitend die europäische und weltpolitische Ausgangslage in der Zwischenkriegszeit, wobei er den außenpolitischen Kurs der wichtigsten Staaten in engem Zusammenhang mit deren innerer Instabilität analysiert.

Der Alltag im Dritten Reich zwischen Normalität und Ausnahmezustand steht im Mittelpunkt des Beitrages von Ulrich Heinemann. Der Spannungsbogen reicht von der bemerkenswert differenzierten nationalsozialistischen »Konsumgesellschaft« der Vorkriegszeit bis zum immer umfassenderen Unterdrückungsapparat von Justiz und Gestapo im Kriege. Welche Umstände, so wird gefragt, bedingten die erstaunliche innere Stabilität in Deutschland bis zum bitteren, von außen aufgezwungenen Ende im Mai 1945?

Ute Frevert beleuchtet die Situation der Frauen im Kriege, deren Schicksal häufig übergangen wird. Von der sexistischen Politik des Regimes diskriminiert, in der NS-Propaganda hochstilisiert, waren die Frauen der eigentliche Halt der »Heimatfront«, namentlich in den letzten Jahren des Krieges. Frauen leisteten – was häufig vergessen wird – auch Widerstand gegen das NS-Regime, Frauen gehörten aber ebenso zum nationalsozialistischen Täterkreis, in extremster Form als KZ-Aufseherinnen.

Detlev J. K. Peukert analysiert anschließend thesenhaft Entwicklung und Struktur des nationalsozialistischen Rassismus. Die Hauptopfer der Verfolgungs- und Vernichtungspolitik waren zweifellos die deutschen und europäischen Juden, aber das organisierte Morden richtete sich auch gegen andere Völker und ethnische Minderheiten. Die andere, nicht weniger mörderische Seite dieser Politik war die »Kriegserklärung« an die Kranken und an diejenigen, die aus anderen Gründen von der nationalsozialistischen Norm abwichen. Es lag in der Konsequenz des nationalsozialistischen Rassismus, daß er planvoll von der sogenannten »Endlösung der Judenfrage« zur »Endlösung der sozialen Frage« fortschritt.

Daß der auf dieses Ende folgende Neuanfang keineswegs als »Stunde Null« anzusehen ist, wird heute allgemein anerkannt. Der Herausgeber untersucht die gesellschaftlichen Brüche und Kontinuitätslinien vor und nach 1945. Dabei wird deutlich, daß der Untergang Deutschlands sich lange vor der militärischen Kapitulation schrittweise vollzog und daß viele Probleme der ersten Nachkriegsjahre denen der letzten Kriegsjahre ähnelten. Der 8. Mai markierte zwar das Ende des »deutschen Sonderweges«, aber eine Reihe von Kontinuitätslinien zog sich in die Bundesrepublik hinein und hat die Gesellschaftspolitik und die Kultur bis in unsere Tage beeinflußt.

Wilfried Loth geht abschließend auf die weltpolitische und europäische Nachkriegssituation ein. Er beschreibt die außenpolitischen Weichenstellungen nach 1945, den Bedeutungsverlust der alten Großmächte Europas, die Herausbildung der beiden Supermächte, die Entstehung zweier deutscher Staaten und ihre Integration in die beiden gegeneinander gerichteten militärischen Bündnissysteme in Ost und West.

Dem Band sind eine Chronik und eine Auswahlbibliographie beigegeben, die Manfred Grieger zusammengestellt hat. Die Chronik soll die historische Orientierung erleichtern, die Bibliographie zum vertiefenden Weiterlesen anregen.

Die Beiträge des vorliegenden Bandes orientieren sich an den neuesten Erkenntnissen der historischen Forschung. Auf einen wissenschaftlichen Apparat wurde bewußt verzichtet, die wesentlichen Aussagen werden jedoch durch Literaturverweise (jeweils am Ende der Aufsätze) belegt. Dem Band liegt keine geschlossene Konzeption oder einheitliche Interpretation zugrunde. Die Beiträge tragen die individuelle Handschrift der Autorin und der Autoren und sind von unterschiedlichen wissenschaftlichen Standpunkten aus verfaßt. Gemeinsam möchten Autoren und Herausgeber aber – 50 Jahre nach dem Überfall auf Polen – an die deutsche Verantwortung für die Entfesselung und den Verlauf, für die Radikalisierung und die Folgen des Zweiten Weltkrieges erinnern und besonders herausstellen, daß der Krieg kein »Ein-Mann-Unternehmen« Hitlers war und die Verantwortung dafür nicht allein auf den Diktator und seine engsten Vasallen abgeschoben werden kann. Die Schuld- und Verstrickungsanteile sind wesentlich breiter gestreut, und die daraus erwachsene historische Hypothek kann nur von den Deutschen gemeinsam getragen werden.

Christoph Kleßmann

Imanuel Geiss

Deutschland und die historischen Voraussetzungen des Zweiten Weltkrieges

I. Vorbemerkungen

Ein bedeutsames Großereignis wie der Zweite Weltkrieg erfordert zu seinem angemessenen Verständnis eine breite Einbettung in welthistorische Perspektiven. Zu unterscheiden ist zwischen universalhistorischen und deutschen Voraussetzungen des Krieges, die in der Realität selbstverständlich stets ineinandergriffen, sich gegenseitig beeinflußten und bedingten.

An erster Stelle ist der Erste Weltkrieg zu nennen mitsamt seinen unmittelbaren Konsequenzen in der Welt wie in Deutschland selbst – Revolution, politische Umbrüche, Pariser-Vorort-Verträge, Inflation, Weltwirtschaftskrise von 1929. Sodann der Aufstieg des Kommunismus und des Faschismus/Nationalsozialismus als der großen Gegenbewegung zum Kommunismus, die Anfänge der Nationalbewegungen in zahlreichen Kolonien als Auftakt zur späteren Dekolonisation nach dem Zweiten Weltkrieg, ferner der Nahostkonflikt zwischen Juden und Arabern in und um Palästina. Das alles umreißt einige der wichtigsten Faktoren, die unmittelbar oder mittelbar in die Entwicklung Deutschlands zwischen den Weltkriegen und damit in die Vorgeschichte des Zweiten Weltkrieges hineinspielen.

Zu den welthistorischen Rahmenbedingungen des Zweiten Weltkrieges als des zweiten großen Globalkonflikts unseres Jahrhunderts gehört die elementare Tatsache, daß der Krieg zwar 1939 in Europa, zentriert in und um Deutschland, ausbrach, sich aber 1941 auch auf den fernen Osten und den Pazifik ausweitete, wo er sich mit einem älteren Konflikt verband, dem 2. japanisch-chinesischen Krieg seit 1937. In einem weiteren Sinn begann der Zweite Weltkrieg im Fernen Osten schon 1937. Auf alle Fälle ist die fernöstliche Dimension stärker als üblich zu berücksichtigen, zumal Japan als ideologischer Verbündeter des Deutschen Reiches seit dem Antikominternpakt 1936 und machtpolitischer Verbündeter seit seinem Kriegseintritt im Dezember 1941 in vielen Punkten überraschende Ähnlichkeiten mit seinen Achsenpartnern Deutschland und Italien aufwies.

II. Der Erste Weltkrieg in welthistorischer Perspektive

Die ungeheure weltweite Erschütterung des Ersten Weltkrieges schuf die Ausgangsbasis zum Zweiten Weltkrieg, schon durch das vielzitierte »Kriegserlebnis«. Der Erste Weltkrieg, die »Urkatastrophe des 20. Jahrhunderts« (George F. Kennan), ließ nichts in der Welt unverändert, materiell wie geistig, objektiv wie subjektiv: Nichts war danach mehr so wie vor 1914. Alle folgenden Entwicklungen standen unter dem Schatten des Ersten Weltkrieges.

In beiden Weltkriegen entluden sich in einer für die Menschheit selbstzerstörerischen Weise weltweite Spannungen. Sie hatten sich jeweils in den vorausgegangenen Jahrzehnten zwischen europäischen Groß- und Weltmächten auf der Grundlage rascher Industrialisierung aufgestaut, brachen jedoch jeweils über Konflikte einer Großmacht mit einer kleineren aus – Österreich-Ungarn überzog Serbien 1914 mit Krieg, Deutschland überfiel Polen 1939.

Welthistorisch ergibt sich noch eine weitere Parallele. Zwei niedergehende dynastische Großreiche sanken zu Machtvakuen herab und provozierten dadurch die Intervention imperialistischer Großmächte. Das Osmanische Reich lieferte durch seinen machtpolitischen Abstieg seit dem Frieden von Kütschük-Kainardschi 1774 den Stoff zur komplizierten orientalischen Frage, deren Folgekonflikte die europäische Politik bis 1914 in Atem hielten und immer wieder regionale Krisen und Kriege auslösten. Gipfelpunkt war das Attentat von Sarajevo mit Zielrichtung gegen Österreich-Ungarn, das, im Konflikt mit der Südslawischen Nationalbewegung, inzwischen längst zu einem faktischen Machtvakuum herabgesunken war. Analog dazu zog im Fernen Osten das niedergehende Chinesische Reich die Intervention stärkerer Großmächte auf sich, vor allem die des benachbarten Japan. So bildeten zwei große Machtvakuen die unmittelbaren Voraussetzungen zweier Weltkriege – das Osmanische Reich in Europa für den Ersten Weltkrieg, China im fernen Osten für den Zweiten Weltkrieg.

III. Deutschland und der Erste Weltkrieg

Vor beiden Weltkriegen konzentrierten sich die Spannungen rund um Deutschland. Der tiefere Grund lag im Zusammentreffen mehrerer Faktoren: In der machtpolitischen Mitte des europäischen Systems gelegen, war Deutschland seit dem Niedergang seines mittelalterlichen Reiches ein relatives Machtvakuum, politisch zersplittert, ohne effektive Zentralgewalt und offen gegenüber verschiedensten Einflüssen von allen Seiten. Wie üblich wirkten die Großmächte vielfältig in das deutsche Machtvakuum ein, das sich geographisch an das ältere Machtvakuum Italien (seit dem Untergang Westroms 476) und an das neuere Machtvakuum Polen (seit 1648) anschloß. Daher führten europäische Mächte zunehmend ihre Kriege auf deutschem Boden, mit besonderen Verheerungen im 30jährigen Krieg und in den französischen Revolutions- und Napoleonischen Kriegen 1792–1815. Österreich und Preußen rückten zwar zu Großmächten der europäischen Pentarchie auf, blieben aber stets ihre schwächsten Mitglieder und mehr (wie Preußen) oder weniger (wie Österreich) abhängig vom seit Peter dem Großen übermächtigen Rußland. Der Deutsche Dualismus seit 1740 neutralisierte beide

Mächte und lud zur Intervention der übrigen Großmächte förmlich ein. Als Garantiemächte des Westfälischen Friedens 1648 bzw. des Teschener Friedens 1779 (Rußland) hatten sie völkerrechtlich gesicherte Interventionsmöglichkeiten in deutsche Verhältnisse und balancierten ihre Rivalitäten durch das relative Machtvakuum Deutschland aus.

Geistig und kulturell war ganz Deutschland, zu dem damals auch Österreich zählte, Teil des Westens. Wirtschaftlich und sozial war Deutschland gespalten: Westlich der Elbe tendierte es zum Westen, mit starken Städten und im Prinzip freien oder freiwerdenden Bauern, die für den städtischen Markt auf eigene Rechnung produzierten. Östlich der Elbe dagegen gehörte Deutschland zum vom autokratischen Rußland dominierten Osten. Hier waren Leibeigenschaft der Bauern und schwache Städte ohne Selbstverwaltung typisch. Politisch geriet Deutschland seit Peter dem Großen in zunehmende Abhängigkeit vom größeren Rußland. Die komplizierte innere Spaltung Deutschlands an der Elbe prägte die deutsche Geschichte bis heute mit.

Eine produktive Kehrseite der politischen Fragmentierung in Deutschland war seine erstaunliche kulturelle Vielfalt. Einflüsse von außen brachen sich in vielen regionalen und lokalen Facetten und ermöglichten die Geistes- und Kulturblüte der deutschen Klassik, auf die nach den Preußischen Reformen nach 1807 eine Bildungs- und Wissenschaftsblüte folgte. Mit der anhebenden industriellen Revolution stieg das bis dahin gegenüber dem Westen unterentwickelte Deutschland zu einer Wirtschafts- und Technik-Großmacht auf, die nun auch politisch nachziehen wollte. Die Reichsgründung 1871 war die logische Folge. Sie erfolgte nach den üblichen Konflikten, den Reichseinigungskriegen gegen Dänemark 1864, gegen Österreich 1866 und gegen Frankreich 1870/71. Selbst in der kleindeutschen Variante unter preußischer Führung war das Deutsche Reich 1871 die stärkste und modernste Großmacht auf dem Kontinent, die sich nach 1900 anschickte, auch England in wichtigen Punkten zu überholen. Mit der Reichsgründung 1871 entwickelte sich Deutschland vom relativen Machtvakuum zu einem Machtzentrum mit vielen überschüssigen Energien: Jede weitere Expansion verbot sich wegen der Nachbarschaft der umliegenden Großmächte, Frankreich, Rußland, Österreich-Ungarn. Nach einer Generation der Konsolidierung in der Periode der »Kontinentalpolitik« bis etwa 1895 traf die deutsche »Weltpolitik« auf die etablierten Weltmächte England und Rußland, die natürlich dem neudeutschen ›Kraftprotz‹ nicht kampflos Platz zu machen gewillt waren. Das Ergebnis war der Erste Weltkrieg, ausgelöst durch die bekannten Balkanprobleme. Die Donaumonarchie war für Deutschland von Anfang an ein Bündnispartner von zweifelhaftem Wert, da ihre slawische Bevölkerung dem Krieg für die Deutschen gleichgültig bis feindlich gegenüberstand, was namentlich auf die Südslawen und die Tschechen zutraf.

Für das Deutsche Reich war der Erste Weltkrieg als großer Befreiungsschlag gedacht. Der Durchbruch zur Weltmachtstellung sollte das Sprungbrett zur Weltherrschaft werden. Davon träumten die Alldeutschen und auch der Kanzlerberater Kurt Riezler. Tatsächlich erwies sich das Deutsche Reich als so mächtig, daß es – faktisch auf sich allein gestellt – in Europa ein Remis gegen England, Frankreich und Rußland erkämpfte. Nach dem Ausscheiden Rußlands im Gefolge der russischen Februarrevolution 1917 gaben erst die USA, die letzte noch neutral gebliebene Großmacht, den Ausschlag durch ihren Kriegseintritt aufseiten der Alliierten. Gegen die »Welt von Feinden« hatte Deutschland keine Chance und unterlag Ende 1918, nachdem zuvor schon Bulgarien, das Osmanische Reich und Österreich-Ungarn zusammengebrochen waren.

Der Verlust des Krieges und die nationalen und sozialen Revolutionen in Rußland 1917 und Deutschland 1918 fielen zeitlich zusammen und standen in ursächlichem Zusammenhang. Die »Geburt des Kommunismus im Krieg« (Lenin) beim großen Verlierer Rußland schuf eine neue Konstante der Weltpolitik, zumal für Lenin die Revolution im wirtschaftlich zurückgebliebenen Rußland nur ein Vorspiel zur erhofften Weltrevolution war, die er erst gesichert sah, wenn sich auch Deutschland der kommunistischen Revolution anschließen würde. Gleichzeitig appellierte zuerst Lenin mit Zielrichtung gegen die damals noch mächtigen Mittelmächte an das bis dato unbekannte Prinzip des nationalen Selbstbestimmungsrechts der Völker. Mit seinem demokratischen Kriegszielprogramm der 14 Punkte antwortete der US-Präsident Woodrow Wilson auf die Oktoberrevolution, schon um Lenin den Wind aus den Segeln zu nehmen. Später beanspruchten auch die Unterlegenen des Krieges das nationale Selbstbestimmungsrecht für sich. Erst der militärische, dann auch der politische Zusammenbruch der Mittelmächte vom September bis November 1918 eröffnete, durchaus in Übereinstimmung mit der marxistischen Revolutionstheorie und Revolutionserwartung, die Aussicht auf die Revolution im industriell am höchsten entwickelten Land des Kontinents, in Deutschland.

IV. Der Versailler Frieden: Anspruch und Wirklichkeit

Gewiß bargen der Versailler Vertrag und das Gesamtwerk der Pariser Vorortfriedensverträge mit den Verbündeten Deutschlands bzw. deren Nachfolgestaaten (Österreich, Ungarn, Bulgarien, Türkei) viele Ungerechtigkeiten. Der Erste Weltkrieg war ein so ungeheures Geschehen, daß es weder materiell noch emotional möglich war, nach den traumatischen Erfahrungen einfach zur Tagesordnung überzugehen. Im Zentrum aller Überlegungen standen Deutschland und seine Reaktion auf eine Friedensregelung sowie Rußland. Oktoberrevolution und Niederlage Deutschlands stürzten die Alliierten in ein folgenschweres Dilemma: Behandelten sie Deutschland zu milde, ohne seine Machtfülle drastisch zu beschneiden, so bestand die Gefahr, daß es bald wieder die Hegemonie über Europa beanspruchen würde. Zeigten sie sich zu hart, so konnte das Ressentiment eines gedemütigten Reichspatriotismus zum selben Ergebnis führen. Im Extremfall war zu befürchten, daß sich die beiden großen Geschlagenen des Weltkrieges Deutschland und Rußland zusammentun würden, um, ungeachtet ideologischer Differenzen, gemeinsam die Friedensordnung wieder in die Luft zu sprengen. Die späteren Ereignisse beweisen, daß solche Befürchtungen nicht grundlos waren. Lenins Strategie der Weltrevolution sollte im August 1920 über das neuerstandene, aber noch schwache Polen hinweg mit dem »Marsch auf Berlin« die Roten Armeen Deutschlands und Sowjetrußlands vereinen.

1919 sollte Deutschland stark genug bleiben, sich als westlich gepräger Staat gegenüber dem Kommunismus aus eigener Kraft zu behaupten und so den Westen vor dem Vordringen des Kommunismus abzuschirmen. Die Haltung der Alliierten gegenüber Deutschland in Versailles wurde also modifiziert von der Furcht der Ausbreitung des Kommunismus nach Westen im Gefolge der Nachkriegswirren.

Der Erste Weltkrieg als globaler Großkonflikt hatte eine Fülle regionaler Auseinandersetzungen einbegriffen, die teilweise schon vorher ausgebrochen waren und die auch nach dem offiziellen Friedensschluß weiterschwelten; dazu gehörten der griechisch-türkische, bulgarisch-serbische, ungarisch-rumänische, anglo-irische, armenisch-türkische, russisch-polnische, litauisch-polnische, deutsch-polnische, italienisch-österreichische, italienisch-südslawische, deutsch-tschechische Konflikt. Der gleichzeitige Zusammenbruch der drei Teilungsmächte 1917/18 gab Polen Freiraum zu seiner ersehnten nationalen Wiedergeburt. Da Polen aber die Grenzen von 1772 anstrebte und damit einen Staat, der rund zur Hälfte aus nationalen Minderheiten bestanden hätte, kam es mit seinen Nachbarn, Rumänien ausgenommen, über die Festlegung seiner Grenze in Konflikt. Das Ergebnis waren Kompromisse zwischen den ursprünglichen historisch legitimierten Forderungen und dem Prinzip des nationalen Selbstbestimmungsrechts der Völker; Kompromisse, die niemanden befriedigten.

Insgesamt waren die Verhältnisse in Europa nach dem Krieg, namentlich in und zwischen den verschiedenen Nachfolgestaaten der untergegangenen dynastischen Reiche Österreich-Ungarn und Osmanisches Reich kompliziert und durch den Ersten Weltkrieg und seine vielfältigen Nachfolgekonflikte emotional weiter aufgeladen. Auch andere denkbare Friedensregelungen hätten nicht alle Seiten gleichzeitig zufriedenstellen können. So wurde das neue Vertrags-System der historische Ausgangspunkt für den Zweiten Weltkrieg: Verteidigung oder Revision des Versailler Systems? – diese Kernfrage spaltete seitdem die europäische Staatenwelt.

Verteidiger des neuen Status quo waren Frankreich und die meisten neugebildeten Staaten – Polen, die CSR, Rumänien, Jugoslawien, Griechenland, ferner Bulgarien, das stets eine Wiederholung des deutschen Neutralitätsbruchs vom August 1914 befürchtete. Die kleinen baltischen Staaten und Finnland – Nachfolgestaaten des untergegangenen Zarenreiches – blieben schwach. Die skandinavischen Staaten waren im Krieg neutral geblieben; aber Dänemark hatte Nordschleswig gewonnen, war also auch an der Aufrechterhaltung des Versailler Systems interessiert.

Wegen der unvermeidlichen Unzulänglichkeiten des Vertragswerkes, aber auch aus innenpolitischen Gründen distanzierten sich die USA vom Versailler System und dem ursprünglich mitgestalteten Völkerbund. Man überließ Europa sich selbst. Andererseits verharrte Sowjetrußland in der teils von außen auferlegten, teils freiwilligen Isolierung. Ähnlich zog sich England faktisch auf seine Insellage zurück, auch aus ›schlechtem Gewissen‹ wegen Deutschlands Behandlung in Versailles. Dazu war Großbritannien mit schweren inneren Problemen belastet, im Mutterland selbst wie im Empire, das sich auf dem Wege zum Commonwealth of Nations und zur Dekolonisation befand.

So ergab sich nach Versailles eine grundsätzlich neue Situation: Die Weltkriegsallianz gegen Deutschland war überraschend schnell zerfallen. Auf dem Kontinent stand Frankreich dem geschlagenen Deutschland praktisch allein gegenüber, mußte also seinen Schutz vor dem befürchteten deutschen Revanchekrieg selber organisieren: Das Bündnissystem der »Kleinen Enteente« sollte als Kompensation für die »Große« Ente und das 1917/18 zerbrochene Bündnis mit Rußland auf diplomatischem Wege Sicherheit nach außen schaffen, der Bau eines gewaltigen Befestigungssystems an der Ostgrenze, der »Maginot-Linie«, sollte das Land militärisch schützen.

Besonders das neue Polen bot sich als Bündnispartner gegen Deutschland und damit als Ersatz für das in der Oktober-Revolution untergegangene Zarenreich an, gemäß dem Prinzip, das Machiavelli zuerst formuliert hatte: Der Nachbar ist der Feind, also ist der Nachbar des Nachbarn der natürliche Verbündete gegen den gemeinsamen Feind. In der Tat fügte sich Polen scheinbar vorzüglich in das französische Konzept. Das Land sollte als Kristallisationskern dem neuen »Cordon sanitaire«, der »Kleinen Entente« von südosteuropäischen und ostmitteleuropäischen Ländern Halt geben. Diesen war eine komplizierte Doppelaufgabe zugedacht: Sie sollten gleichzeitig den Westen gegen sozialrevolutionäre »Ansteckung« aus dem Osten isolieren und die beiden Verliererstaaten, Deutschland und das kommunistische Rußland, auseinanderhalten. Für beide Aufgaben gleichzeitig waren die Nachfolgestaaten jedoch zu schwach, in sich zu heterogen und mit eigenen nationalen Problemen zu sehr belastet. Außerdem hegten sie starke nationale Ressentiments und Rivalitäten untereinander, zumal Polen seinerseits eine regionale Hegemonialstellung als voll anerkannte Großmacht in Ostmitteleuropa anstrebte. Im Vorfeld des Zweiten Weltkrieges war es dann für die erstarkenden Großmächte Deutschland und Rußland ein leichtes, den »Cordon sanitaire« zu zerreiben. Der Molotow-Ribbentrop-Pakt vom 23. August 1939 und der gemeinsame, wenn auch zeitlich gestaffelte Überfall Deutschlands und der UdSSR auf Polen vom September 1939, der den Zweiten Weltkrieg in Europa eröffnete, waren nur der logische Höhepunkt einer Entwicklung, die mit dem Rapallo-Vertrag von 1922 begonnen hatte. Das Machiavellsche Prinzip wirkte sich erneut aus, jetzt nur gegen Polen.

Die USA hatten sich 1920 zwar politisch von Europa zurückgezogen, wirkten aber finanziell und ökonomisch nach wie vor auf die Weltpolitik und auf Europa ein. Das Washingtoner Abkommen zur Flottenbegrenzung von 1922 zwischen den USA, England, Japan, Frankreich und Italien suchte ein Arrangement mit den nach dem erzwungenen Ausscheiden Deutschlands übriggebliebenen Flottenmächten im Pazifik, setzte aber in Wirklichkeit nur Höchstgrenzen für Tonnage und Bewaffnung von Großkampfschiffen, schweren Kreuzern und Flugzeugträgern im Verhältnis von 5:5:5:1,75 fest.

Die USA waren durch den Ersten Weltkrieg vom bis dahin größten Schuldnerland zum größten Gläubigerland aufgestiegen. Im Zusammenhang von Kriegsschulden, Reparationen und Kreditvergabe behielten sie dennoch eine erhebliche indirekte Einflußnahme auf Europa: Die Vereinigten Staaten bestanden darauf, daß England und Frankreich ihre Schulden aus amerikanischen Rüstungslieferungen während des Weltkrieges pünktlich zurückzahlten. Nicht zuletzt deshalb pochte Frankreich seinerseits hart auf deutsche Reparationen. Um Deutschland zahlungsfähig zu erhalten, begrenzten und regulierten die USA 1924 die Reparationsforderungen der Alliierten gegenüber dem Reich durch den Dawesplan und gaben, nach Überwindung der Hyperinflation von 1923 Kredite zur Ankurbelung der deutschen Wirtschaft. Da ein Teil der US-Kredite nur mittel- bis kurzfristig vergeben wurde, aber langfristig und dazu häufig unproduktiv angelegt war, wirkte sich die Weltwirtschaftskrise in Deutschland besonders verheerend aus.

V. Revisionismus als außenpolitischer Regelfall

In den Wirren von militärisch-politischem Zusammenbruch, Revolution und inneren wie äußeren Anschlußkonflikten behauptete sich das Deutsche Reich trotz erheblicher territorialer Verluste und machtpolitischer Einbußen als europäische Großmacht. Österreich-Ungarn und das Osmanische Reich zerfielen unter den Aufständen ihrer nationalen Minderheiten. Der Versailler Vertrag, in Deutschland als »Diktat« aufgenommen, schrieb die Veränderungen des Ersten Weltkrieges nur noch fest. In Deutschland kulminierte das nationale Ressentiment gegen die harten Bestimmungen von Versailles. Zu den Gebietsabtretungen (Elsaß-Lothringen, Eupen-Malmedy, Nordschleswig, Posen, Westpreußen, Danzig, Memelland, Ostoberschlesien) kamen der Verlust der Kolonien, die Ablieferung der Flotte, die Beschränkung auf ein 100000-Mann Berufsheer, das Verbot schwerer Waffen und des Anschlusses von Österreich. Hinzu traten die zunächst nach oben unbegrenzten Reparationen. Entscheidend für die innenpolitische Behandlung des Versailler Vertrages wurde die deutsche Weigerung, eine realistische Bilanz über die Gründe aufzumachen, die Deutschland in die Niederlage 1918 geführt hatten. Die führenden Schichten sperrten sich der Einsicht, daß keine noch so große Macht einen Weltkrieg gegen fast die gesamte Welt gewinnen konnte. Die »Dolchstoßlegende« setzte das Märchen in die Welt, Deutschland, »im Felde unbesiegt«, sei tückischem Verrat von innen zum Opfer gefallen.

Zur »Dolchstoßlegende« trat die »Kriegsschuld«-agitation, die Behauptung, Deutschland sei am Kriege mehr oder weniger unschuldig, von mißgünstigen Feinden aus schnöden Motiven »eingekreist« und überfallen worden. Die deutsche Kriegsschuldlüge übersah großzügig Deutschlands Selbstisolierung durch seine ungestüme »Weltpolitik« und die kriegstreibende Wirkung des ersten »Griffs nach der Weltmacht«. Angelpunkt der deutschen Empörung war Artikel 231 des Versailler Vertrages, der sog. »Kriegsschuldartikel«, der in der Tat die überragende Verantwortung des Deutschen Reiches am Ersten Weltkrieg festlegte, aber als juristische Grundlage für die Forderung nach Reparationen und nicht als moralisches Verdammungsurteil gemeint war. Mit der »wissenschaftlichen« und politischen Widerlegung hoffte die Weimarer Republik, das ganze Versailler System aus den Angeln heben zu können. »Kriegsschuld«-agitation und »Dolchstoßlegende« signalisieren die grundsätzliche Weigerung der deutschen Gesellschaft, durch eine realistische Ursachenanalyse friedliche Lehren aus dem Ersten Weltkrieg zu ziehen. Die naive Erwartung, das mächtige Deutsche Reich werde doch noch zur Weltmacht oder gar Weltherrschaft aufsteigen, blieb weitverbreitet. Selbstkritische Stimmen verhallten ungehört.

Selbst der Kommunismus, scheinbar die entschiedenste Antithese zum deutschen Imperialismus, bot keine echte Alternative. Die KPD ebenso wie zumindest die Kommunisten Frankreichs und Polens forderten die Revision des Versailler Vertrages in aggressiven Wendungen, die kaum hinter denen der deutschen extremen Rechten zurückstanden. Hauptargument der nicht-deutschen Kommunisten war: Deutschland, der eigentliche Hort der kommenden Weltrevolution, dürfe nicht geschwächt werden.

Wie nicht anders zu erwarten, liefen nach 1919 alle Staaten, auf deren Kosten es ging, Sturm gegen das Versailler System. Vorgeblich wollten sie nur die »Revision« des Versailler Systems. Aber tatsächlich lief eine »Revision« auf den Umsturz der internationalen Verhältnisse hinaus, der ohne Krieg nicht zu bewerkstelligen war. Das Lager der revisionistischen Staaten war jedoch außerordentlich heterogen, was ihre innere Struktur und die jeweiligen ideologisch-politischen Vorzeichen anbetraf.

Von allen Mächten war Deutschland am stärksten revisionistisch; in der Weimarer Republik verdeckter und verhaltener, im Dritten Reich offen und brutal. Zugleich war das Reich der relativ mächtigste unter allen revisionistischen Staaten. Aus verschiedenen Gründen war Deutschlands Nachkriegsstellung auf dem Kontinent gegenüber dem geschwächten Frankreich im Westen und den schwachen Nachfolgestaaten im Osten und Südosten Europas sogar relativ stärker als 1914: Die Auflösung Österreich-Ungarns, die Isolierung des kommunistischen Rußlands sowie der Rückzug der USA und Englands hinterließen in Europa ein Machtvakuum, das Frankreich nach 1919 mit seiner Schein-Hegemonie auszufüllen versuchte. Zunächst drängte Deutschland vor allem auf eine territoriale Revision. Während es 1925 mit Locarno, als Preis für die Zulassung zum Völkerbund und die Anerkennung als Großmacht, den Bestand der neuen Westgrenze anerkannte, verweigerte es beharrlich die von Polen und der CSR geforderte analoge Anerkennung seiner neuen Ostgrenzen durch ein »Ost-Locarno«. Schon die Weimarer Republik hielt sich die Hände frei zur späteren Revision im Osten und stilisierte die Grenze zu Polen zur »blutenden Grenze« propagandistisch hoch.

Noch problematischer war die Forderung nach einem Anschluß Rumpf-Österreichs, den auch die Österreicher um die Jahreswende 1918/19 tatsächlich wollten, den die Alliierten aber mit dem Versailler Vertrag verhinderten. Mit Deutsch-Österreich, gar noch erweitert um Deutsch-Böhmen (»Sudetenland«), wäre das besiegte Deutschland schon Anfang 1919 zur Hegemonialmacht in Europa aufgerückt. Die Ergebnisse des Ersten Weltkrieges wären auf den Kopf gestellt worden. Tatsächlich ging später der Anschluß Österreichs zum »Großdeutschen Reich« 1938 dem Zweiten Weltkrieg nur um 1½ Jahre voraus.

Ungarn nahm für Südosteuropa im Kleinen eine Deutschland analoge Position ein: Es hatte durch den Krieg die meisten seiner nichtmagyarischen Gebiete verloren: Slowakei (= Oberungarn) an die neue CSR, Transsylvanien (einschließlich Siebenbürgen) an Rumänien, das Burgenland an Österreich, Kroatien und Volvodina an Jugoslawien; die ungarische Politik bestand seitdem weitgehend darin, Bedingungen für eine spätere territoriale Revision zugunsten Ungarns vorzubereiten. Weiterhin wurden weit mehr Beamte ausgebildet, als man für den gesunkenen Bedarf benötigte.

Österreich als »Staat wider Willen« entfaltete zwar in seiner inneren und äußeren Schwäche kaum eigene außenpolitische Initiative, aber seine offene oder latente Bereitschaft zum Anschluß an das »Reich« erhöhte indirekt das Revisionspotential in Europa. Noch vor Hitler warf das Projekt einer Zollunion mit Deutschland von 1931, das nur am Einspruch der Westmächte scheiterte, ein bezeichnendes Licht auf die Anschlußproblematik. Ganz ähnlich wirkte Bulgarien als latent revisionistische Macht, vor allem durch seinen Dauerkonflikt mit Jugoslawien um Makedonien.

Nach dem Zerfall des Osmanischen Reiches focht die neue nationale Türkei unter Kemal Atatürk mit Hilfe Sowjetrußlands den Frieden von Sèvres (1920) erfolgreich an, vornehmlich gegen Griechen und Armenier. Die Nachfolgekriege um die Türkei schloß erst der Lausanner Friede 1923 ab. Danach hielt sich die neue Türkei, durch die westlichen Reformen Atatürks ohnehin mit sich selbst beschäftigt, weitgehend aus der Revisionsdiskussion heraus.

Italien fühlte sich durch die Versailler Regelung um die Früchte seiner Kriegsanstrengungen gegen die Mittelmächte betrogen – dies vor allem gegenüber Jugoslawien.

Italien beanspruchte die in der Tat italienisch geprägte dalmatische Küste für sich, vor allem Triest und Teile der albanischen Küste. Das Ressentiment über den in Versailles angeblich »gestohlenen Sieg« wurde zum stärksten emotionalen Antrieb für den einstigen Linkssozialisten Mussolini, der sich über seine interventionistische Kampagne für Italiens Kriegseintritt gegen die Mittelmächte zum Faschisten gewandelt hatte. Das faschistische Italien hielt sich nach 1922 in Europa jedoch mit Revisionswünschen zurück, schwankte nach 1933 zunächst zwischen ideologischen Sympathien für das nationalsozialistische Deutschland und machtpolitischem Widerstand gegen eine erneute deutsche Hegemonie; letzteres schlug sich z. B. im Schutz des autoritären Österreichs gegen den NS-Putsch vom 25. Juli 1934 (»Wacht am Brenner«) nieder. Gleichwohl suchte Mussolini territoriale Revision außerhalb Europas, in Afrika, isoliert sich aber durch seinen Abessinienkrieg 1935/36 in Europa und machte sich seitdem von Hitler-Deutschland abhängig.

Schließlich gehörte die UdSSR, zwar ideologisch verschleiert durch ihren angeblich proletarischen Internationalismus, zu den auf Revision des Versailler Systems drängenden Staaten. Wie andere revolutionäre Systeme auch, trat die Sowjetunion in die expansiven Traditionen seines autokratischen Vorläufers, des zaristischen Ancien Régime, ein. Sie nahm die territorialen Verluste durch die Friedensverträge nur höchst widerwillig hin. Abgesehen von Finnland, dessen Sezession die UdSSR zunächst respektierte, trachtete auch Sowjetrußland danach, bei nächster Gelegenheit die Territorialverluste wieder wettzumachen. Angelpunkt der Revision war aus sowjetischer Sicht Polen, das den erhofften Siegeslauf der Roten Armee nach Berlin zur Vereinigung mit dem deutschen Proletariat im August 1920 vor Warschau jäh gestoppt hatte. Die offene und geheime Zusammenarbeit mit Deutschland zielte daher in erster Linie darauf, den beiderseits verhaßten »Saisonstaat« wieder zu zerstören. Im Lichte dieses machtpolitischen Kalküls waren die Gemeinsamkeiten bei der Zerschlagung des polnischen Staates im September 1939 nur logisch.

Außerhalb Europas spielte Japan im Fernen Osten eine Italien vergleichbare Rolle. Auch Japan fühlte sich, gemessen an seinen expansionistischen Zielen gegenüber China, von den Pariser Signatar-Staaten schnöde behandelt und reihte sich seit der Weltwirtschaftskrise von 1929 den revisionistischen Mächten ein. Seit der Besetzung der Mandschurei 1931 war Japans weiterer Weg in die Phalanx der Achsenmächte nur konsequent. Gleichzeitig vollendete Japan seine schon historischen Versuche, das Machtvakuum China mit eigener Macht auszufüllen, womit es praktisch schon 1937 den Zweiten Weltkrieg im Fernen Osten eröffnete.

Auch die zwischen den Weltkriegen aufbrechenden Nationalbewegungen der (späteren) Dritten Welt lassen sich, zumindest teilweise, in ihren übergreifenden Absichten dem revisionistischen Lager zuordnen, auch wenn sie noch nicht über eigene Handlungssouveränität verfügten. Antikolonialistische Abneigung gegen England, die an sich liberalste aller Kolonialmächte, ließ Teile der Unabhängigkeitsbewegungen zumindest indirekt NS-Deutschland und Japan favorisieren. Am stärksten zeigte sich diese Sympathie in Indien und im arabischen Raum, dort verstärkt durch die Frontstellung gegen die Juden in Palästina. Der Großmufti von Jerusalem war zumindest propagandistisch ein Verbündeter NS-Deutschlands. Sympathien für NS-Deutschland führten in Ägypten und im Irak 1942 zu Militärputschen, die England mühsam genug unterdrücken mußte. Subhas Chandra Bose blieb als militanter nationaler Sozialist in Indien nur Vertreter einer aktiven Minderheit, da er mit dem Scheitern Japans unterging. Aber Sukarno kollaborierte als Nationalist in Indonesien offen mit Japan, das ihm »Unabhängigkeit« von japanischen Gnaden versprach. Immerhin würde sich eine Untersuchung über Hitler als positivem Mythos in weiten Teilen der Dritten Welt lohnen. Dort nahm man am Rassismus und Antisemitismus des deutschen Nationalsozialismus keinen oder nur geringen Anstoß.

VI. Die Weltwirtschaftskrise und ihre Folgen für die Destabilisierung des Friedens

Genau in der Mitte der Zwischenkriegszeit liegt die Weltwirtschaftskrise von 1929, die die Entwicklung zum Zweiten Weltkrieg dramatisch beschleunigte. Nach einem knappen Jahrzehnt mühsamer Erholung und Rekonsolidierung löste die Weltwirtschaftskrise überall schwere politische Erschütterungen aus und trieb die innenpolitische Polarisierung zwischen extremer Linken und extremer Rechten in einigen Schlüsselstaaten Europas voran. Der katastrophale Zusammenbruch der Wirtschaft gab antikapitalistischen Tendenzen großen Auftrieb, den rechtsextremen des Faschismus/Nationalsozialismus wie den linksextremen kommunistischen Parteien in Frankreich und Deutschland. Hinter letzteren standen die SU und die Komintern als Instrument sowjetischer Außenpolitik. Die Weltwirtschaftskrise wirkte sich auch auf die SU aus und erleichterte dort den Ausbau der stalinistischen Diktatur.

Gleichzeitig breitete sich mit dem Bestreben zur Autarkie eine Mentalität des Wirtschaftskrieges aller gegen alle aus, die der Kriegsbereitschaft den Weg ebnete. Die Weltwirtschaftskrise mobilisierte und heizte ältere Haßkomplexe an, besonders verheerend in Deutschland. Dort gelang es der NSDAP, alle politischen Haßgefühle der politischen Rechten gegen die Weimarer Republik und das Versailler System zu mobilisieren und auf sich zu vereinigen, während die KPD, quantitativ erheblich geringer, die republikanische Mitte von links her schwächte, vor allem auf Kosten der SPD, so daß zuletzt die beiden extremen Parteien zusammen eine negative Mehrheit gegen die Weimarer Republik bildeten.

VII. Der zweite Griff nach der Weltmacht – Hitlers Außen- und Kriegsvorbereitungspolitik

Mit Hitler und der NSDAP kam 1933 der extremste Flügel des außenpolitischen Revisionismus in Deutschland an die Macht, der sich nicht mehr mit der Rückkehr zu den Grenzen von 1914 zufriedengeben wollte. Hitler, der neue Mann an der Spitze des Staates, kam aus der Tiefe der Gesellschaft. Er wurde emporgetragen von der Gärung des Zusammenbruchs und des politischen Neuanfangs. Hitler wurde seinerseits inspiriert von den Ideen der Alldeutschen, der großdeutschen Völkischen und Antisemiten. Er war Erbe und Vollstrecker der Dritten OHL unter Ludendorff und ihrer in der Endphase schon alexandrinischen Kriegsziele, die über Südrußland bis nach Transkaukasien reichten.

Hitlers österreichische Abstammung wies fast schon automatisch auf die großdeutsche Vollendung des Reiches, die in Deutschland wie in Österreich bis in die sozialdemokratische Linke hinein populär war. Großdeutschland erschien als Vollendung der Paulskirchenträume von 1848/49, nun unter modernen Bedingungen. Die Vereinigung mit Österreich hätte einem großdeutschen Reich schlagartig die Hegemonie auf dem Kontinent zurückgegeben, die CSR in ihrem böhmisch-mährischen Kern fast vom übermächtigen Deutschland eingekreist und dem Reich den Zugang zum Balkan über das ohnehin revisionistische Ungarn eröffnet. Dahinter lockte der angeblich dünnbesiedelte »Osten«. Polen war mehr Hindernis auf dem Weg nach Rußland, dem eigentlichen Expansionsziel. Rußlands augenblickliche Verfaßtheit als kommunistischer Staat erleichterte ideologisch eine Aggression gegen die UdSSR: Der Eroberungsfeldzug nach Osten konnte gleichzeitig als ein antibolschewistischer Kreuzzug zur Befreiung Europas und der Welt vom Kommunismus ausgegeben werden.

Äußere Voraussetzung für ein erstarktes Reich zur freien Hand nach Osten war jedoch eine Lösung im Westen: Entweder mußte sich das Reich mit den bürgerlich-parlamentarischen Demokratien arrangieren oder sie durch Krieg ausschalten, um den gefürchteten Mehrfrontenkrieg zu vermeiden. Ein solches Programm sprengte natürlich jeden herkömmlichen deutschen Revisionismus, etwa eines Stresemann, schon weil damit das Risiko eines neuen Weltkrieges auf der Hand lag. Die für Hitler optimale Lösung war damit von vornherein zum Scheitern verurteilt. Andererseits bereitete der relativ gemäßigte deutsche Revisionismus bis 1933 dem radikaleren den Weg, weil Hitler nur extreme, aber in sich scheinbar schlüssige Konsequenzen aus der bisherigen deutschen Außenpolitik zog.

Wichtigste innere Voraussetzung für jede Expansion nach außen war ein Maximum an Einheit nach Innen. Auch hier zog Hitler auf seine Weise die Lehren aus dem Ersten Weltkrieg: Die Einheit der Nation sollte sich nicht erst wieder in einem neuen »Augusterlebnis« finden. Konsequent unterdrückte sein Einparteiensystem allen Dissens, der an sich in einer komplexen Industriegesellschaft normal ist, trieb abweichende oder gar opponierende Kräfte in die Gleichschaltung, den Untergrund, ins Gefängnis, Zuchthaus und Konzentrationslager oder in die Emigration. Der Preis für die politische Uniformierung der Deutschen war hoch: Kulturelle Selbstverstümmelung durch den erzwungenen Abfluß eines enormen intellektuellen Potentials, darunter viele Juden; moralische Selbststigmatisierung in der Welt durch Bücherverbrennungen, Zensur, gewalttätigen Antisemitismus als Vorbereitung zum späteren »Holocaust«.

Auch in dieser Beziehung war der Zweite Weltkrieg die brutalisierte Steigerung des Ersten Weltkrieges: Das politische Ziel war 1939 noch verwegener als 1914, die Vorbereitung systematischer und umfassender, Methoden und Durchführung waren entsprechend rücksichtsloser. Trotzdem erreichte Hitler in Deutschland eine ungeahnte Popularität, die mit seinen anfänglichen innen-, wirtschafts- und außenpolitischen Erfolgen noch anstieg. In den letzten halbwegs freien Wahlen gewann die Koalitionsregierung Hitler-Hugenberg eine knappe absolute Mehrheit von 52%, zu der einige versprengte Splitterparteien kamen, die noch im Wahlkampf auf den Zug der »nationalen Erhebung« sprangen. Hätte Hitler 1937 oder gar im Juli 1940, nach dem Sieg über Frankreich, wirklich freie Wahlen abgehalten, er hätte einer überwältigenden Zustimmung sicher sein können. Die grundsätzliche Zustimmung zu seiner Politik hielt noch lange über die Niederlage seit Stalingrad und auch nach 1945 an, nach Kriegsende allerdings eingeschränkt durch das weitverbreitete, dann doch ehrliche Entsetzen über Auschwitz.

VIII. Europas Schwäche – Hitlers Stärke

Eine wesentliche Voraussetzung des Zweiten Weltkrieges war die tatsächliche innere Schwäche derjenigen europäischen Staaten, die nach 1933 Widerstand gegen das NS-Regime hätten leisten können. So aber bot das faktische Machtvakuum auf dem Kontinent mit einem geschwächten Frankreich dem entschlossenen Handeln Hitlers mehr Freiraum, als die scheinbar glänzende Fassade der Siegermächte ahnen ließ. Für Frankreich und England waren Verdun 1916 bzw. die Flandernschlacht 1917 traumatische Erfahrungen, die sich tief in das Bewußtsein beider Nationen eingegraben hatten: Nie wieder – so hieß es allerorten – ein solches Hinschlachten von Menschen! Beide Gesellschaften prägte ein tiefer Abscheu vor dem Krieg und ein fast absoluter Friedenswille, den Hitler in der Appeasement-Phase der unmittelbaren Vorkriegszeit bis 1938 zynisch für seine Zwecke ausbeutete, aber letzten Endes in seiner Konzessionsbereitschaft doch überschätzte: Selbst die kriegsscheuesten Staatsmänner des Westens sahen seit der Besetzung Prags am 15. März 1939 das Maß des Zumutbaren überschritten, wollten ihre Länder nicht freiwillig als Großmächte abdanken.

England und Frankreich litten unter den Nachfolgewirkungen des ersten großen Krieges: Die Schwächung der Währung und große Arbeitslosigkeit, dazu der Aufruhr in den Kolonien und Irland höhlten Englands Machtbasis aus. Die Kriegsmüdigkeit drückte sich in einer starken pazifistischen Grundströmung aus, die neben den gespaltenen und geschwächten Liberalen Teile der Labour Party erfaßte. Seit Keynes galt es in der liberalen Intelligenz Englands, ähnlich wie in den USA, als fortschrittlich, die übergroßen Härten von Versailles gegen Deutschland zu beklagen. Mit dem Aufkommen Hitlers kam ein konservatives Kalkül hinzu: Die Dynamik NS-Deutschlands sollte, solange das Reich sich schlecht und recht im Rahmen der westlichen Wertegemeinschaft bewegte, nach Osten gegen die isolierte UdSSR umgelenkt werden.

In Frankreich verschärfte die außenpolitische Untätigkeit aus innerer Erschöpfung die Polarisierung zwischen rechts und links, vor allem nach 1933. Seit der Spaltung der sozialistischen SFIO 1920 war die KPF relativ stark und gewann nach einem gescheiterten Putschversuch französischer Rechtsextremer am 6. Februar 1934 mit ihrem antifaschistischen Pathos an Einfluß. Den Gipfel ihrer Macht erreichte sie in der Volksfrontperiode 1936–38. Auf die französische Volksfront unter einem sozialistischen Juden (Léon Blum) reagierte die extreme Rechte mit einem verstärkten Antisemitismus und dem weit ins bürgerliche Lager hinreichenden Schlagwort: »Lieber Hitler als Blum!«. Seit dem Hitler-Stalin-Pakt verließ die KPF ihre bisherige antifaschistische Linie und verurteilte nun die Kriegsanstrengungen der »kapitalistischen« Staaten England und Frankreich. Sie organisierte damit den nationalen Defätismus von links, wie die Rechte es mit dem von rechts tat.

Die Folge war eine innere Paralyse, die Frankreich gegenüber dem Dritten Reich so gut wie handlungsunfähig machte. Es folgte außenpolitisch der Führung des stärkeren Englands, zunächst in die Appeasement-Phase, zuletzt in den Widerstand gegen die gewalttätigen deutschen Aggressionen. Die nachträgliche moralische Verurteilung des westlichen Appeasement macht es sich hier jedoch zu einfach: Innenpolitisch wäre in England und Frankreich eine frühe Konfrontation mit NS-Deutschland schwerlich durchzusetzen gewesen, nicht aus persönlicher Schwäche des einen oder anderen Politikers, sondern aus den bezeichneten Gründen, die im Gesamtzustand der Gesellschaft lagen.

Andere Staaten in Europa waren erst recht nicht fähig zu einem wirkungsvollen Widerstand gegen die Übergriffe NS-Deutschlands. Polen war nur auf dem Papier eine ›halbe‹ Großmacht, trotz seines überzogenen Großmachtanspruchs. Der Wiederaufbau des Landes, das im Ersten Weltkrieg besonders stark gelitten hatte, warf kaum zu bewältigende Probleme auf. Hinzu kam die Notwendigkeit, die drei Teilungsgebiete, die sich unter Rußland, Österreich und Preußen ganz unterschiedlich entwickelt hatten, in den knapp 20 Jahren Friedenszeit einigermaßen zu homogenisieren. Selbst innerhalb seiner gegenüber 1772 nach Osten, Westen und Norden zurückgenommenen Grenzen war das neue Polen ein Vielvölkerstaat, in dem die Minderheiten (vor allem Weißrussen, Ukrainer, Deutsche und Juden) rund 40% der Bevölkerung ausmachten. Daß Polen eine Politik der Polonisierung in einem zentralen Einheitsstaat verfolgte, verschärfte in selbstzerstörerischer Weise seine innere Labilität.

Eingekesselt zwischen den ressentimentgeladenen Nachbarn Deutschland und Rußland, wurde Polens Lage hoffnungslos, sobald die beiden großen Verlierer des Ersten Weltkrieges wieder zu Kräften kamen und Revisionsansprüche stellten. In den ersten Monaten des Dritten Reiches spielte Polen unter dem ehemaligen nationalen Sozialisten Pilsudski zwar Pläne für einen Präventivkrieg gegen das damals militärisch noch unterlegene Deutsche Reich durch. Pilsudski fand jedoch im Westen keine Unterstützung und wäre mit einem isolierten Vorstoß sicher auf den erbitterten Widerstand der Deutschen gestoßen. So begrub Pilsudski stillschweigend alle Präventivkriegsideen und schwenkte noch kurz vor seinem Tode mit der überraschenden Nichtangriffserklärung vom Januar 1934 auf ein Arrangement mit NS-Deutschland um, das Hitler den ersten außenpolitischen Erfolg und den Ausbruch aus der anfänglichen internationalen Isolierung bescherte.

Polens ebenso ambivalente wie unglückliche Rolle zwischen Sowjetrußland und NS-Deutschland wird noch einmal durch seine schwankende Haltung im Vorfeld des Krieges deutlich: Hitler und Göring versuchten, das historisch antirussische und neuerdings antikommunistische Polen als vollen Verbündeten zu einer Art europäischem Kreuzzug gegen die SU und den Sowjetkommunismus zu gewinnen, wozu Polen den freien Durchmarsch deutscher Armeen nach Osten hätte gewähren müssen. Polen lehnte jedoch ab, weil es ganz realistisch folgende Rechnung aufmachte: Setzten sich die Deutschen durch, so würden sie als Herren im Lande bleiben und Polen bestenfalls auf die Rolle eines Vasallen herunterdrücken. Bei einem Sieg der Russen müßte Polen die Rache der Sowjetunion und den kommunistischen Umsturz fürchten.

Aus analogen Überlegungen sperrte sich Polen auch in den Verhandlungen zwischen den Westalliierten und der SU über den Abschluß eines gegen NS-Deutschland gerichteten Militärpaktes im Frühsommer 1939: Damit die UdSSR effektiv gegen Deutschland hätte eingreifen können, hätte Polen den Durchmarsch der Roten Armee nach Westen freigeben müssen. Wären die siegreichen sowjetischen Truppen einmal im Lande, so würden sie freiwillig nicht wieder gehen. Diese Überlegungen hatten historisch wie politisch ihre Logik für sich. Sie erklären, warum Polen, geographisch isoliert, zuletzt durch das deutsch-sowjetische Zusammengehen dem übermächtigen NS-Deutschland ausgeliefert, nur indirekt gestützt von England und Frankreich durch eine Garantieerklärung, die letztere effektiv nicht durch eine entschlossene Offensive an der Westfront umsetzen konnte, weil das Land aus inneren Gründen dazu gar nicht in der Lage war. Deshalb trieb Polen hilflos in eine Situation, in der es zum Objekt deutscher Aggressionen wurde.

Darüber hinaus gab es kein Land und keinen Staat in Europa, der Hitler wirksamen Widerstand hätte entgegensetzen können. Südosteuropa war hoffnungslos fragmentiert. Die Kleine Entente stand nur auf dem Papier und übertünchte ein faktisches Machtvakuum, das, nach der Aufösung des Osmanischen Reiches und Österreich-Ungarns, weitgehend zunächst von NS-Deutschland, dann im Gegenschlag ab 1945 von der SU ausgefüllt wurde. Das faschistische Italien stand mit einem Bein im revisionistischen Lager, mit dem anderen im Lager der Westmächte, die den Status quo von Versailles verteidigten. Seit der »Achse Berlin–Rom« von 1936 war es Verbündeter, zuletzt Satellit NS-Deutschlands.

Spanien, seit dem Zerfall seiner Weltmacht und dem Spanischen Erbfolgekrieg (1701–14) chronisch im Inneren zerrissen und nach außen geschwächt, lieferte mit seinem Bürgerkrieg von 1936–39 eine Art Vorspiel zum Zweiten Weltkrieg in Europa und das noch vor dem fernöstlichen Vorspiel an der Marco-Polo-Brücke 1937, das den zweiten japanisch-chinesischen Krieg eröffnete. Am Spanischen Bürgerkrieg scheiterte die französische Volksfrontregierung Blum, und hier erprobte Hitler-Deutschland neue Waffen und neue Taktiken moderner Kriegsführung, z. B. die Zusammenarbeit von Boden- und Luftstreitkräften, den gezielten Terror aus der Luft (Guernica). Umgekehrt erprobte die stalinistische Sowjetunion ihr Modell des Revolutionsexports: Sie lieferte der spanischen Republik Waffen und Freiwillige unter überwiegend kommunistischer Lenkung, die sog. »Internationalen Brigaden«, aber auch Politkommissare, die nicht-kommunistische Kräfte im pseudo-revolutionären Untergrundkampf ausschalteten.

Die Sowjetunion ihrerseits war geographisch wie machtpolitisch nach Westen durch Polen isoliert. Nach innen war sie geschwächt durch den stalinistischen Terror, dessen Ausmaß und Intensität die Welt damals hinter einer Mauer von Propaganda, Lügen und Desinformation nur schwach ahnen konnte. Nach außen schwankte die Stalin-Diktatur opportunistisch zwischen der Proklamation einer »antifaschistischen Einheitsfront« und »kollektiver Sicherheit« im Rahmen des Völkerbundes, in den sie 1934 aufgenommen wurde, und machtpolitischer wie ideologischer Anbiederung an Hitler-Deutschland. Mit dem Moskauer Nichtangriffspakt im Rücken fiel es Hitler leicht, den geplanten Angriff auf Polen in die Tat umzusetzen. Europa erschien im August 1939 als leichte Beute für das deutsche Schwert.

IX. Der deutsche Weg in den Krieg

Gestützt auf eine breite, letzten Endes keineswegs nur erzwungene innenpolitische Basis, speiste sich die Hauptdynamik der außenpolitischen Agitation Hitlers und der NSDAP vor allem aus der deutschen Ungeduld mit dem bedächtigen Revisionstempo der Weimarer Republik, vor allem der Außenpolitik Stresemanns. Hitler war, ähnlich wie Wilhelm II., die perfekte Verkörperung weltpolitischer Unrast unter den Deutschen. Er drückte entsprechend seinen rasch wachsenden machtpolitischen Möglichkeiten auf das Tempo der Revision. Fortan lassen sich die deutsche Innen-, Wirtschafts- und Außenpolitik fast ausschließlich auf die möglichst systematische Vorbereitung der deutschen Gesellschaft auf den Krieg reduzieren: Terror nach Innen, hektische, aber planvolle Aufrüstung, Schaffung möglichst günstiger Bedingungen für einen Coup oder eine Serie von Coups nach außen. Hitler wollte natürlich keinen neuen Weltkrieg absichtlich entfesseln. Auch er wußte, daß Deutschland keinen Mehrfrontenkrieg gegen eine überlegene Welt-Koalition durchhalten konnte. Deshalb entwickelte er seine Strategie begrenzter Blitzkriege, in denen das jeweilige Opfer tunlichst vorher diplomatisch und machtpolitisch zu isolieren war.

Zur Tarnung seines »grand design« eines nach Osteuropa orientierten Großgermanischen Reiches deutscher Nation, wie es sich zuletzt in Himmlers NS-Staat abzeichnete, konnte sich Hitler zunächst als Revisionist aufführen, der anfangs diverse Schuldkomplexe wohlmeinender Liberaler des Westens über die angeblich zu harte Behandlung Deutschlands in Versailles virtuos ausbeutete. Er benötigte keinen starren Plan, der die Details schon vorher festlegte. Vielmehr ergab sich der äußere Ablauf seines expansiven Revisionismus aus der inneren Logik der europäischen Mächtekonstellation.

Hitlers Machtergreifung am 30. Januar 1933 war schon deswegen auch eine tiefe außenpolitische Zäsur, weil die Welt seine starken Worte soweit ernst nahm, daß sich zunächst eine skeptische Wachsamkeit gegenüber dem »revolutionären« Neuanfang in Deutschland ausbreitete. Verstärkt wurde diese seit der erzwungenen Gleichschaltung und den ersten antijüdischen Maßnahmen. Hitlers erster außenpolitischer Schachzug, das Reichskonkordat mit dem Vatikan, hatte auch Auswirkungen auf die deutsche Innenpolitik: Das Konkordat neutralisierte und schaltete das katholische Zentrum aus und umgab Hitler mit der Aura eines Christen, der seinen väterlichen Katholizismus respektierte. Der Austritt Deutschlands aus dem Völkerbund im Herbst 1933 signalisierte eine erste Phase kommender Rücksichtslosigkeit. Der erste außenpolitische Erfolg, das Nichtangriffsabkommen mit Polen im Januar 1934, erklärte sich – wie erwähnt – aus der inneren und äußeren Schwäche Polens: Das Bündnis mit Frankreich war damit praktisch entwertet, Polen wurde, bis zum Frühjahr 1939, ein stillschweigender Verbündeter des Dritten Reiches. Zuletzt beteiligte es sich an der Aufteilung der CSR durch Annexion der tschechischen Hälfte des Teschener Landes und ging damit offen ins revisionistische Lager über, kurz bevor es selbst das Opfer der NS-Aggression wurde.

Der nationalsozialistische Staatsstreich in Österreich scheiterte zwar am 25. Juli 1934, wurde aber mehr als aufgewogen durch Hitlers nächsten Erfolg: die Rückgliederung des Saarlands im Januar 1935. Er fiel Hitler in den Schoß, da die Volksabstimmung vom Völkerbund ohnehin seit 15 Jahren festgelegt war. Riskanter war die Wiedereinführung der allgemeinen Wehrpflicht am 16. März 1935 und die nun offene Wiederaufrüstung, weil dieser einseitige Bruch des Versailler Vertrages erstmals geltendes Völkerrecht bewußt verletzte. Im selben Atemzug erreichte Hitler das deutsch-englische Flottenabkommen vom 18. Juni 1935, mit dem er sich von England den Vertragsbruch gleichsam nachträglich legalisieren ließ.

Italien hatte sich seit dem Staatsbesuch Hitlers in Venedig 1934 Deutschland angenähert, sich aber noch der Front von Stresa im April 1935 angeschlossen – der verbal bleibenden Protestaktion der Westmächte gegen die Wiedereinführung der allgemeinen Wehrpflicht. Mit dem italienischen Überfall auf Äthiopien im Oktober 1935 beendete Mussolini sein bisheriges Schwanken. Deutschland allein unterstützte das faschistische Italien, das fortan sein offener Verbündeter in Europa wurde. Die Kündigung des Locarno-Vertrages am 7. März 1936 leitete zum bis dahin spektakulärsten Schlag gegen Versailles über, zur Remilitarisierung des Rheinlands, erneut im Widerspruch zum Versailler Vertrag. Die militärische Lage Deutschlands wäre bei energischem Widerstand Frankreichs unhaltbar gewesen. Aber Hitler hatte richtig spekuliert. Wegen der innenpolitischen Polarisierung war Frankreich außenpolitisch weitgehend gelähmt. Das Trauma von Verdun saß zu tief. Der Spanische Bürgerkrieg mit der verdeckten, fast schon offenen militärischen Intervention Deutschlands und Italiens bezeichnete eine weitere Etappe auf dem Weg zum Krieg. Nach außen verschafften die Olympischen Spiele Hitler eine glänzende Kulisse für sein Regime, während nach innen mit der Einrichtung des Vierjahresplans, nach modifiziertem sowjetischem Vorbild, im Oktober 1936 die straffere ökonomische Vorbereitung auf den kommenden Krieg anlief. Zwei Bündnisse schufen weitere Voraussetzungen: Die »Achse Berlin–Rom«, ebenfalls im Oktober 1936, und einen Monat später der Antikominternpakt mit Japan, der die UdSSR gewissermaßen ideologisch einkreiste.

Das Jahr 1937 nimmt sich für Europa nachträglich wie die trügerische Ruhe vor dem Sturm aus, sieht man einmal von der verdeckten deutsch-italienischen Intervention im Spanischen Bürgerkrieg ab. Im Fernen Osten begann mit dem zweiten japanisch-chinesischen Krieg dagegen eigentlich schon der Zweite Weltkrieg. Doch auch Hitler bekräftigte in der Besprechung mit militärischen Spitzen vom 5. November 1937 seine kriegerischen Absichten: Die machtpolitische Durststrecke bis zum Aufbau der Wehrmacht war fast beendet. Die Auslösung des Krieges war für ihn nur noch die Frage nach dem »wann« und »wie«.

1938 betrieb Hitler die weitere Revision Schlag um Schlag: Dem »Anschluß« Österreichs an das nunmehr »Großdeutsche Reich« im März folgte die Annexion des »Sudetenlandes« im Herbst 1938 mit Hilfe des Münchner Abkommens. Strategisch und machtpolitisch war die deutsche Position dadurch dramatisch gestärkt. Die Westmächte zeigten sich so friedenswillig, wie es Hitler einkalkuliert hatte, doch bereitete ihm die mangelnde Kriegsbegeisterung im eigenen Land Sorge. Nach jedem neuen Coup beteuerte Hitler seine Friedensliebe. Die Grenze westlicher Geduld überschritt er mit der Besetzung der Rumpf-CSR am 15. März 1939, die er zum »Reichsprotektorat Böhmen und Mähren« erklärte. Anschließend holte er im April 1939 auch noch das Memelland, wie es hieß, »heim ins Reich«. Polen wurde am 3. April nächstes Ziel militärischer Angriffsplanungen (»Fall Weiß«). Da Hitler diesmal, im Unterschied zur CSR, mit militärischem Widerstand rechnete, wollte er Polen diplomatisch vorher tunlichst isolieren.

England reagierte auf die Besetzung Prags mit Garantieerklärungen für Polen und Rumänien, die wahrscheinlich nächsten Ziele Hitlers. Das Inselreich und Frankreich eröffneten militärpolitische Besprechungen mit Moskau, um Deutschland einzudämmen. Schon vorher hatte Stalin Berlin seine Bereitschaft zu einem Arrangement signalisiert, so daß die Westmächte und NS-Deutschland zum gleichen Zeitpunkt, aber getrennt voneinander, mit Moskau verhandelten. Hitler hatte mehr anzubieten, zumal sich Polen hartnäckig dem Durchmarsch der Roten Armee verschloß. Den Wettlauf gewannen die Deutschen. Mit dem Molotow-Ribbentrop-Pakt vom 23. August 1939 war die letzte Hemmung zum Krieg gefallen. Am 1. September eröffnete Hitler den Krieg gegen Polen, unter Vorspiegelung angeblicher polnischer Provokationen. Entgegen seiner Hoffnung wichen die Westmächte diesmal aber nicht zurück: England und Frankreich erklärten Deutschland am 3. September den Krieg. Der Zweite Weltkrieg hatte in Europa begonnen.

Literatur zum Thema

Becker, Josef, Hildebrand, Klaus (Hrsg.): Internationale Beziehungen in der Weltwirtschaftskrise 1929–1933. Referate und Diskussionsbeiträge eines Augsburger Symposions 19. März bis 1. April 1978. München 1980.

Brenz, Wolfgang, Graml, Hermann (Hrsg.): Die Großmächte und der europäische Krieg. Stuttgart 1979.

Erdmann, Karl-Dietrich: Der Zweite Weltkrieg. (= dtv Handbuch der deutschen Geschichte, Bd. 21). München 1980.

Graml, Hermann: Europa zwischen den Kriegen. (= dtv Weltgeschichte des 20. Jahrhunderts, Bd. 5). München 1976².

Gruchmann, Lothar: Der Zweite Weltkrieg. Kriegführung und Politik. (= dtv Weltgeschichte des 20. Jahrhunderts. Bd. 10). München 1971².

Hillgruber, Andreas: Der Zweite Weltkrieg 1939–1945. Kriegsziele und Strategie der großen Mächte. Stuttgart 1983².

Hofer, Walter: Die Entfesselung des Zweiten Weltkrieges. Eine Studie über die internationalen Beziehungen im Sommer 1939. Stuttgart 1954.

Kaiser, David E.: Economic Diplomacy and the Origins of the Second World War. Germany, Britain, France and Eastern Europe, 1930–1939. Princeton 1980.

Lafore, Laurence D.: The End of Glory. An Interpretation of World War II. Philadelphia 1970.

Martel, Gordon (Hrsg.): The Origins of the Second World War Reconsidered. The A. J. P. Taylor debate after twenty-five years. Boston, Lonon 1982².

Parker, R. A. C.: Das Zwanzigste Jahrhundert I, 1918–1945. (=Fischer Weltgeschichte, Bd. 34). Frankfurt/M. 1967 ff

Robertson, Esmonde M. (Hrsg.): The Origins of the Second World War. Historical Interpretations. London 1971.

Schulz, Gerhard (Hrsg.): Die Große Krise der dreißiger Jahre. Vom Niedergang der Weltwirtschaft zum Zweiten Weltkrieg. Göttingen 1985.

Taylor, A. J. P.: Die Ursprünge des Zweiten Weltkrieges. Die Jahre 1933–1939. München 1962, Neudruck München 1980.

Weltkriege und Revolution 1914–1945. (= Geschichte in Quellen. Bd. 5). Bearb. von Günter Schünbrunn. München 1970².

Ulrich Heinemann

Krieg und Frieden an der »inneren Front«. Normalität und Zustimmung, Terror und Opposition im Dritten Reich

I. Vorbemerkungen

Die Dolchstoßlegende hat der Weimarer Republik schwer zu schaffen gemacht. Die These, die Heimat seit dem Heer in den Rücken gefallen, und Deutschland habe den Ersten Weltkrieg nicht auf den äußeren Schlachtfeldern, sondern an der »inneren Front« verloren, galt nach 1918 in weiten Teilen der Bevölkerung und gerade auf der politischen Rechten als unumstößliche historische Tatsache. Aus der Dolchstoßlegende schlugen zweifellos die Nationalsozialisten das größte Kapital. Sebastian Haffner hat die Wirkungsgeschichte dieser Legende treffend die »Selbstvergiftung eines Volkes durch eine politische Lebenslüge« genannt.

Nach 1933 schlug diese Lebenslüge auf die Nationalsozialisten zurück. Das Dolchstoßtrauma, die Furcht vor einer tendenziell labilen »inneren Front«, beeinflußte von Anfang an die Innenpolitik der an Aufrüstung und militärischer Aggression orientierten Machthaber des Dritten Reiches (Mason).

Wie wirkte sich dieses Trauma der Herrschenden auf die reale Lebens- und Arbeitswelt der Beherrschten aus? Dieser Frage soll im folgenden nachgegangen werden. Damit rückt der Zustand der deutschen Gesellschaft zwischen 1933 und 1945 in den Blick. ›Normalität‹ und ›Zustimmung‹, ›Terror‹ und ›Opposition‹ – letztere in allen ihren Schattierungen und Steigerungsformen, von der bloßen Verweigerung bis zum politischen Widerstand –: an diesen Koordinaten soll die Befindlichkeit der deutschen Gesellschaft vor und nach 1939 abgelesen werden.

Der Befund, der sich ergibt, ist differenziert und nicht selten widersprüchlich. Er weicht erheblich von der zeitgenössischen Propaganda einer verschworenen »Volksgemeinschaft« ab, aber auch von dem nach 1945 sorgsam aufbereiteten Klischee einer ausschließlich durch brutalen Zwang zusammengehaltenen, totalitären Überwachungsgesellschaft. Soviel vorweg: nicht allein ideologische Verblendung und terroristische Gewalt hielten die innere Front zusammen. Ihre bemerkenswerte Stabilität, selbst in den Katastrophenjahren nach Stalingrad, verdankte sie auch der – wenngleich häufig symbolischen – Befriedigung von Lebenswünschen und Aufstiegsinteressen, Ruhebedürfnissen und Ordnungsvorstellungen weiter Teile der deutschen Bevölkerung. Den Hauptteil der Zeche für diese Stabilität zahlten andere mit einer kaum glaublichen Ausbeutung ihrer Länder und ihrer Arbeitskraft und letztlich auch durch physische Vernichtung.

II. KdF und Coca Cola: Die nationalsozialistische ›Konsumgesellschaft‹

Zwischen 1933 und 1939 konnte jeder auswärtige Besucher Deutschlands, der Berlin, Hamburg, Frankfurt oder München in Augenschein nahm, eine verblüffende Entdekkung machen. Trotz waffenstarrender Außendarstellung des Hitlerregimes, trotz martialischer Massenveranstaltung, trotz Blut- und Bodenpropaganda und ständisch-antikapitalistischen Gesellschaftspostulaten lebten die meisten Deutschen davon fast unberührt in der Normalität eines weitgehend politikfreien Alltags. Konsumgewohnheiten und Lebensstile zumindest der Großstadtbewohner unterschieden sich nicht wesentlich von dem, was man in London, Paris und Brüssel schick und modern fand. Die Amerikanisierung des Massengeschmacks setzte sich in Deutschland nach 1933 beinahe ungebrochen fort.

Mitten in der überhitzten Rüstungskonjunktur der 30er Jahre wurde intensiv für Eigenheime, Rundfunk- und Küchengeräte, Waschmittel, Hygiene und Kosmetik geworben. Coca-Cola trat mit dem Slogan »erfrischende Pause mit Coca-Cola eisgekühlt« einen Siegeszug in Deutschland an. Die Automobilbegeisterung erreichte in den 30er Jahren, der Zeit der »Silberpfeile«, einen ersten Höhepunkt.

Sicher: für den Normalverbraucher blieb die Welt des gehobenen Konsums oft nur ein schöner Schein. Andererseits waren die Dinge, für die geworben wurde, so unerreichbar nicht, daß die Reklame als plumper Propagandatrick des Regimes aufgenommen worden wäre. Das zeigte sich insbesondere an dem wachsenden Erholungs- und Fremdenverkehrsangebot. Von offizieller Seite wurde das Reisen zur nationalen Pflicht erklärt. Die »Kraft-durch-Freude«-Fahrten der »Deutschen Arbeitsfront« (DAF) wurden populär. Die Zahl der Übernachtungen überstieg deutlich das Niveau der Weimarer Jahre. Kreuzfahrten avancierten zum Nonplusultra aller Urlaubsträume. Für die meisten Deutschen, vor allem für die Arbeiter, blieben sie freilich unerschwinglich. Trotzdem sollen im Jahre 1938 180000 Deutsche an solchen Fahrten teilgenommen haben (Schäfer).

Auch was Sitte und Moral anbetraf, setzte sich in der Vorkriegszeit der westliche Lebensstil gegen alle ideologischen Lippenbekenntnisse von Zucht und Sauberkeit durch. Man gab sich großzügig: die DAF richtete Kosmetikkurse ein, und man persiflierte das verklemmte, spießige »Muckertum«. Bis zum Kriegsbeginn war das Dritte Reich weltoffener, als es heute scheinen mag, und dies nicht nur im Olympiajahr 1936. Allein 1938 fanden 83 internationale Kongresse auf deutschem Boden statt. Die Zahl der ausländischen Besucher stieg rapide an. Die deutsche Jugend wurde keineswegs vor der Welt abgeschottet. In Berlin erhöhten sich die Schülerreisen ins Ausland, vor allem nach Frankreich und England, aber auch in die Vereinigten Staaten, von 986 (1928 bis 1932) auf 5370 (1933–1937).

In schroffem Gegensatz zur Situation im Kriege druckten deutsche Rundfunkzeitschriften bis 1938/39 regelmäßig die Programme ausländischer Sender ab, und kein anderes Medium trug stärker als das Kino zur Verbreitung des kulturellen Amerikanismus bei. Im Jahre 1939 gingen die Bewohner des deutschen Reiches 624 Millionen Mal ins Filmtheater. Bis Mitte 1940 war es in den größeren Städten möglich, jede Woche einen Hollywood-Film im Original oder in synchronisierter Fassung zu sehen. Zwar schritt die Zensur häufig ein und verbot Filme, besonders wenn Regisseure oder Darsteller Juden waren. Das, was freigegeben wurde, war aber umfänglich genug, um stil- und geschmackbildend, vor allem auf die Jugend zu wirken.

Beispielhaft dafür war der große Anklang, den Swing- und Jazz-Musik fanden. Unterstützt durch eine beachtliche Plattenproduktion wurden Aufnahmen von Lewis Armstrong, Count Basie, Duke Ellington und Glenn Miller in Deutschland populär, sehr zum Mißvergnügen der nationalsozialistischen Machthaber, die den »Swing-Bazillus« als »Niggerei und jüdische Frivolität« bekämpften.

Der Januskopf des Dritten Reiches im ›Frieden‹ zeigte sich nicht zuletzt im Umgang mit Presse und Literatur. Zeitungsverbote und Bücherverbrennungen waren die eine Seite der Medaille. Andererseits konnte man in Deutschland bis September 1939 – mit Ausnahme sozialistischer und kommunistischer Blätter – fast alle ausländischen Zeitungen kaufen. In der Literatur gab es – wie der Literaturwissenschaftler H. D. Schäfer nachweist, keine »Absperrung von der ausländischen Moderne«. Sogar ein Teil der öffentlich geächteten deutschsprachigen Autoren konnte weiter über den privaten Buchhandel bezogen werden, und Übersetzungen ausländischer Werke waren an der Tagesordnung. Zwar überwog dabei die Unterhaltungsliteratur. Romane von Edgar Wallace, Agatha Christie und Dorothee Sayers waren besonders beliebt; aber auch James Joyce, Thornton Wilder, William Faulkner gehörten zu den in Deutschland viel gelesenen Autoren.

III. Die Reihen fast geschlossen: Arbeiter und Bürger im nationalsozialistischen Vorkriegsdeutschland

Es war sicherlich diese, von den Machthabern bis 1939 sorgsam gewahrte Duldung einer politikfreien Sphäre, welche die breite Zustimmung besonders der deutschen Mittelschichten zum Staat Hitlers untermauerte. Den Grundstein dazu hatte die Innen- und Außenpolitik der Partei- und Staatsführung in den ersten Jahren nach 1933 gelegt. Die Zerschlagung der Weimarer Demokratie war vom Gros des Bürgertums positiv aufgenommen worden. Der Austritt Deutschlands aus dem Völkerbund und die Wiedereingliederung des Saarlandes wurden als längst überfälliges Abstreifen der »Fesseln von Versailles« empfunden. Die erfolgreiche militärische Besetzung des Rheinlandes und der erpreßte »Anschluß« Österreichs erzeugten nationale Euphorie und wischten die aufkommenden Kriegsängste fürs erste fort. Den propagandistisch stark überzeichneten Wirtschaftsaufschwung im Zeichen der Rüstungskonjunktur ließ man sich nach der historisch beispiellosen Depression der Weltwirtschaftskrise gern gefallen. Daß das Regime infolge der alle Ressourcen sprengenden Rüstungspolitik ständig am Rande des wirtschaftlichen Abgrunds taumelte, drang ebensowenig ins öffentliche Bewußtsein wie die Tatsache, daß die viel beschworene Einheit von Partei und Staat eine propagandistisch wohlinszenierte Schimäre war, während in den Amtsstuben des Staates und in den Büros der Partei und parteinahen Organisationen ein Kampf aller gegen alle tobte (Broszat).

Für viele Deutsche hatte Hitler die meisten seiner Versprechungen aus der sogenannten Kampfzeit eingelöst. Dies galt auch und gerade für die dem einzelnen so wichtige private Sphäre. Für nicht Wenige wurde Deutschland nun auch ein Land der beruflich unbegrenzten Möglichkeiten und dies nach langen Jahren, in denen man verzweifelt vor den verschlossenen Türen und Toren der Ämter, Büros und Werkstätten gestanden hatte. Die Rede von der »nationalsozialistischen Revolution« war, was oft übersehen wird, nicht nur propagandistische Roßtäuscherei. Tatsächlich fand, wie der amerikanische Sozialhistoriker David Schoenbaum schreibt, in Deutschland eine »soziale Revolution« statt, eine tiefgreifende Veränderung des sozialen Status des einzelnen. Die Gesamtmobilität verdoppelte sich in den Friedensjahren des Dritten Reiches gegenüber den letzten sechs Jahren der Weimarer Zeit (Grunberger). Ganz ohne Zweifel hatte auch die Arbeiterschaft an dieser neuen Mobilität in der deutschen Gesellschaft ihren Anteil.

Auf die Arbeiter richteten die Machthaber ihr besonderes Augenmerk. An keiner anderen gesellschaftlichen Gruppe stießen sich die Illusionen und die Traumata der Herrschenden so hart im Raume. Das ›Schreckensbild‹ der Novemberrevolution war den neuen nationalsozialistischen Machthabern ebenso permanent gegenwärtig wie den alten konservativen Eliten. Mit beispielloser Brutalität hatte man in der Machtergreifungsphase die Organisationen der Arbeiterbewegung zerschlagen, und mit exemplarischer Härte ging man danach gegen die geringste Äußerung prolatarischen Oppositionswillens vor. Andererseits wurde niemand sonst im Dritten Reich – mit Ausnahme vielleicht der Soldaten – von Ideologie, Literatur und Kunst stärker idealisiert als der ›deutsche Arbeiter‹. Seine vollständige Integration in die Gesellschaft galt den Nationalsozialisten als letzter Ausweis für das Gelingen ihres Projekts einer organischen Volksgemeinschaft. Dafür war die Partei- und Staatsspitze im Zweifel bereit, materielle Opfer zu bringen, auch wenn diese zu Lasten einer effektiveren Aufrüstungspolitik gingen.

Die Kombination von Terror und Zugeständnissen, die Politik von Zuckerbrot und Peitsche gegenüber der Arbeiterschaft trug erkennbare Früchte. Am allgemeinen wirtschaftlichen Aufschwung der unmittelbaren Vorkriegszeit hatten auch die deutschen Arbeiter ihren Anteil. Für die meisten von ihnen war der deutlich spürbare Rückgang der Arbeitslosigkeit, die 1933 noch 40 % der Industriearbeiterschaft betroffen hatte, die prägende Erfahrung mit dem neuen System. Die Überwindung von Not und Elend der Weltwirtschaftskrise – das war die Folie, vor der man die nachfolgenden Jahre bewertete. Da spielte es zunächst nur eine untergeordnete Rolle, wenn die Arbeiterschaft durch das Einfrieren der Löhne und Gehälter auf den Stand von 1933 – zugunsten der rüstungswirtschaftlichen Ziele des Regimes und der Gewinne der Unternehmen – um einen Teil ihrer Aufbauleistung gebracht wurde. Wichtiger war, daß man nicht mehr auf Arbeitslosenunterstützung und Wohlfahrtsalmosen angewiesen war, daß der Nahrungsmittelverbrauch seit Mitte der 30er Jahre deutliche Aufwärtstendenzen zeigte, daß der Konsum von Wohlstands-Nahrungsmitteln wie Fleisch und Zucker zunahm und daß der Kartoffelverbrauch rückläufig war, auch wenn der Wohlstandsstandard des Jahres 1928, des besten Jahres der Weimarer Republik, nicht ganz erreicht wurde.

Von einem Absinken des allgemeinen Gesundheitsniveaus kann aber nicht gesprochen werden, ebensowenig von einer generellen Verschlechterung der Arbeitsbedingungen, obwohl sich die Arbeitszeiten, vor allem in der Rüstungsindustrie, deutlich verlängerten (Werner). Erst als sich ein zum Teil dramatischer Arbeitskräftemangel einstellte und die Erinnerung an die Depression der Weltwirtschaftskrise verblaßte, wuchs der Unmut über die eingefrorenen Löhne und die überlangen, kräftezehrenden Arbeitszeiten. Nennenswerte Teile der Arbeiterschaft machten jetzt ›Lohnpolitik auf eigene Faust‹ und suchten sich – wegen der erbitterten Konkurrenz der Arbeitgeber häufig erfolgreich – neue, besser bezahlte Arbeitsplätze.

Insgesamt gelang es dem NS-System, die Arbeiterschaft in einem, nach 1945 lange unterschätzten Ausmaß einzubinden. Die allmähliche Verbesserung der materiellen Situation spielte dabei eine große Rolle, genauso aber die im proletarischen Milieu weit verbreitete Desorientierung, resultierend aus der Zerschlagung der Arbeiterbewegung und aus dem Vertrauensverlust, den Arbeiterparteien und Gewerkschaften schon seit den Krisenjahren der Weimarer Republik erlitten hatten.

Die Sozialpolitik der DAF und die Aktionen »Kraft durch Freude« sowie »Schönheit der Arbeit« dürfen in diesem Zusammenhang in ihren Wirkungen nicht unterschätzt werden. Gleiches gilt für die Ideologie der Deutschen Arbeitsfront, welche die Überwindung des Klassenkampfgedankens auf ihre Fahnen geschrieben hatte. »Leistungskampf statt Klassenkampf« hieß das Gebot der Stunde. Unter diesem Zeichen wurde die Rationalisierung der Betriebe vorangetrieben, das betriebliche Vorschlagswesen und die Unfallverhütung auf eine neue Basis gestellt und in mancher Hinsicht die Grundlage für die Entlohnungssysteme der 50er Jahre gelegt (Siegel). Berufliche Weiterbildung wurde groß geschrieben. 1938 dürften ca. 2 Millionen Arbeitnehmer an Schulungskursen des DAF-Amtes für Berufserziehung teilgenommen haben.

Besondere Sorgfalt verwendete die DAF auf die sogenannte Pflege des Gemeinschaftsgefühls. Die »Deutschland-Berichte« der Exil-SPD (Sopade) von 1935 zitierten zum Beispiel einen »älteren Genossen«, der die große Madeira-Fahrt des KdF-Kreuzschiffes mitgemacht und danach erzählt hatte: »Weißt, das muß ich zugeben, Kameradschaft hat während der ganzen Fahrt geherrscht, wie sie bei uns früher leider nicht vorhanden war.« Es sei wirklich etwas von einer Gleichheit dagewesen, »wie wir Sozialisten uns das immer erhofft haben«.

Gleichheit sollte nun vor allem zwischen Arbeitern und Angestellten herrschen. Die Kluft zwischen den blauen und den weißen Kragen sollte verschwinden, ein Vorhaben, dem später – unter den Bedingungen des Krieges – mit Kündigungsschutz für Arbeiter, verlängerter Urlaubsdauer, Gewährung betrieblicher Zuschüsse im Krankheitsfalle und verbesserter Altersversorgung ein begrenzter Erfolg beschieden war (Prinz).

Die Aktionen und Visionen der DAF übertünchten freilich nur das prinzipielle Mißtrauen, das die Staats- und Parteiführung nach wie vor gegen die Arbeiterschaft hegte. Zweifellos behielt die deutsche Gesellschaft im Dritten Reich ihren Klassencharakter bei. Das zeigte sich beispielhaft in Arbeitshetze, überlangen Arbeitszeiten und niedrigen Löhnen. Darüber hinaus hatten auch diejenigen Arbeiter, die nicht aktive Sozialdemokraten, Kommunisten oder Gewerkschafter gewesen waren, den brutalsten Terror des Regimes erlebt, der sich in der Machtergreifungsphase und phasenweise auch später in den Arbeitervierteln austobte. SS und Gestapo neigten selbst nach der Konsolidierung des NS-Systems zu unverhältnismäßigen Gewaltaktionen bei kleinsten Disziplinlosigkeiten am Arbeitsplatz. Entgegen allen Gleichhheitsversprechen der DAF wurden die Angebote der KdF-Aktionen weit häufiger als von Arbeitern von Angestellten und Angehörigen der alten Mittelschichten wahrgenommen (Spode), und schließlich wirkte die Klassenjustiz etwa bei dem »Heimtücke-Verfahren« der Sondergerichte fort. Die Höhe der Strafe hing hier ganz wesentlich von der politischen Vergangenheit und der sozialen Herkunft der Angeklagten ab (Angermund).

Die Arbeiterschaft selbst reagierte auf den neuen Staat ausgesprochen ambivalent. Ihre vielschichtigen und uneinheitlichen Einstellungen spiegeln die »Deutschland-Berichte« der Sopade wieder. Im Frühjahr 1934 verzeichneten sie die »beschämende Tatsache«, daß die »Regierung... stimmungsmäßig... über den meisten Anhang in der Arbeiterschaft« verfüge, und im Jahre 1938 hieß es, »Teile der Arbeiterschaft fühlten sich durch die gestiegenen Reallöhne in ihren Marktpositionen bestätigt«, andere würden »von schweren Depressionen« und einem allgemeinen Fatalismus erfaßt. Die Haltung des einzelnen Arbeiters zum NS-Regime war auch abhängig vom Lebensalter und vom Grad der früheren Einbindung in die Arbeiterorganisationen Weimars. Nachträgliche Interviews ergaben, daß insbesondere proletarische Jugendliche, die die große Depression unmittelbar erlebt hatten, die ersten Jahre des Dritten Reiches als »gute Jahre«, als Zeit voller »Ausbruchshoffnungen« erfuhren (Zimmermann).

Gleichwohl blieb das Verhältnis zwischen Regime und Arbeiterschaft gespannt und auch die Beziehungen der Partei- und Staatsführung zu ihren eigentlichen Trägergruppen, den alten und neuen Mittelschichten, den Beamten und Landwirten wiesen mit der Zeit deutliche Schönheitsflecken auf. Kurz vor Kriegsausbruch hatten sich eine Fülle von Hoffnungen als unerfüllbar erwiesen und eine Reihe von Enttäuschungen eingestellt. Treffend schreibt David Schoenbaum: »Im Jahre 1939 waren die Städte nicht kleiner, sondern größer als zuvor; die Kapitalkonzentration war größer, die Landbevölkerung hatte sich vermindert, nicht vermehrt; die Frauen standen nicht am häuslichen Herd, sondern im Büro und in der Fabrik, der Industriearbeiterschaft ging es verhältnismäßig gut und den kleinen Geschäftsleuten immer schlechter.«

In den kleinstädtischen Regionen war überdies das Netz der NS-Diktatur ungleich enger geknüpft als in den urbanen Zentren. Das galt vor allem dort, wo sich die protestantische Bevölkerung in der Mehrheit befand. Hier gerieten die kleinstädtischen Honoratioren stärker als anderswo ins Visier der neuen örtlichen Machthaber. Der Historiker William Sheridan Allen hat die oft extremen und erniedrigenden Methoden, mit denen man die angestammten Eliten ausschaltete, nicht auf ideologische Verblendung zurückgeführt, sondern als »Produkte des Klassenhasses« bezeichnet. Die nationalsozialistische Aversion gegen die Honoratioren überstieg oft sogar die Wut auf die geschworenen politischen Feinde. »Ein paar ehrliche Kommunisten sind mir lieber als so'n Scheiß-Akademiker.« Dieser durch Allen überlieferte Satz drückt aus, was viele der ›kleinen Führer‹ dachten.

IV. Interessengemeinschaft der ›Höherwertigen‹? Polizeistaat und Judenverfolgung vor 1939.

In der Regel kamen die Angehörigen der deutschen Mittel- und Oberschichten aber nicht direkt mit dem Terror des Regimes in Berührung. Dies bestimmte auch ihre Einstellung zu den Unrechtsmaßnahmen von Staat und Partei. Die nächtliche Verhaftung des sozialdemokratischen Wohnungsnachbarn und auch die Verwüstung des jüdischen Geschäftes um die Ecke wurde wohl in beinahe jedem Einzelfall für überzogen gehalten; daß man aber hart durchgreifen müsse, daß Ordnung, wenn nötig durch Terror herzustellen war, wurde allgemein als legitimes Herrschaftsmittel des lange ersehnten starken Staates anerkannt, besonders dann, wenn sich die Maßnahmen gegen ›Marxisten‹, Kriminelle, Zigeuner und ›Asoziale‹ richteten. Ein Beispiel dafür ist die im April 1938 gestartete »Reichsaktion Arbeitsscheu«. In dieser Aktion wurden Arbeitslose und »Arbeitsscheue« nach Listen der Fürsorge- und Arbeitsämter von der Gestapo verhaftet und zur Zwangsarbeit in Konzentrationslager verschleppt, wo viele von ihnen später den Tod fanden. In einem für die Bediensteten der Arbeitsämter herausgegebenen Handbuch über »die Praxis des Arbeitsamtes« hieß es dazu: »In der großen Gemeinschaft eines Millionenvolkes finden sich immer vereinzelte Elemente, die sich von dem Aufbau am Werk der Gemeinschaft ausschließen, deren Heranführung also nicht ohne einen verschärften Druck oder ohne Zwangsmaßnahmen möglich ist. Solche asozialen und arbeitsscheuen Personen, die infolge von minderwertigen moralischen Anlagen, von Trunksucht oder anderen Lastern ihr Leben als Parasiten der Gemeinschaft zu fristen trachten, können im nationalsozialistischen Staat nicht geduldet werden. Ihnen muß beigebracht werden, daß auch sie ihre vollen oder beschränkten Kräfte dem Aufbauwerk zur Verfügung zu stellen haben. Es sind daher geeignete Maßnahmen ergriffen worden, um diesen Personenkreis für den Arbeitseinsatz zu erfassen ... Diese im zahlenmäßig beschränkten Umfang durchgeführte Aktion hat zur Folge gehabt, daß die Arbeitsbereitschaft sich bei dem überwiegenden Rest dieses Personenkreises alsbald eingestellt hat.«

Initiativen wie die »Reichsaktion Arbeitsscheu« dürften die noch lange nach Kriegsende weitverbreitete Ansicht begründet haben, das NS-Regime sei mit Kriminellen und Asozialen ›wenigstens konsequent‹ umgesprungen. In Wirklichkeit verbarg sich hinter dieser und vergleichbaren Aktionen die krude Leistungsfixierung eines Systems, das immer stärker dazu neigte, diejenigen, die in der Arbeits- und Lebenswelt von der Norm abwichen, als »unbrauchbar«, »unwürdig« und »unwert« zu diskriminieren und entsprechend zu »behandeln«. Es ist nur scheinbar ein Widerspruch, daß mit der »Aussonderung« der »Minderwertigen« die Bevorzugung derjenigen einherging, die man als deutsche Volksgenossen anerkannte. Die Sozialpläne der DAF und die sog. rasse- und erbbiologische Volkspflege der »Nationalsozialistischen Volkswohlfahrt« blieben nur den »Höherwertigen« vorbehalten. Während man, wie im Falle der nationalsozialistischen Psychiatrie, die vorgeblich »Minderwertigen« – psychisch Kranke, Epileptiker, Blinde, Taube, Alkoholiker u. a. – zwangsweise sterilisierte oder bedenkenlos umbrachte, ließ man den »höherstehenden Volksgenossen alle nur erdenkliche ärztliche Behandlung und Pflege nach neuestem Erkenntnisstand zuteil werden«. Heilen und Vernichten lagen hier eng beieinander und wurden häufig von ein und derselben Person praktiziert (Lifton).

Es entwickelte sich eine Gesellschaft, deren Mitte sich auf Kosten derjenigen ausdehnte, die an ihrem Rande lebten oder dahin gedrängt wurden; eine Gesellschaft, die später in steigendem Maße von der Ausbeutung anderer Länder und Völker zehrte. »Für die Opfer des Krieges«, so Robert Ley im September 1940, »soll das deutsche Volk mit sorgenfreiem Alter belohnt werden. In 10 Jahren wird Deutschland nicht wiederzuerkennen sein. Aus einem Proletariervolk wird dann ein Herrenvolk geworden sein. Der deutsche Arbeiter wird in 10 Jahren besser aussehen als heute ein englischer Lord« (Recker).

Namentlich in den ersten Kriegsjahren gab es in Deutschland tatsächlich so etwas wie eine ›Volksgemeinschaft‹. Sie drückte sich in dem bewußten Willen oder auch nur in der gedankenlosen Selbstverständlichkeit aus, die Privilegien eines »Herrenvolkes« auszukosten. Die Unbarmherzigkeit und Mitleidlosigkeit dieser ›Volksgemeinschaft‹ bekamen von Anfang an besonders die Juden zu spüren. Auch die Mehrheit derjenigen Deutschen, die Hitlers und Himmlers Rassenantisemitismus für weit überzogen hielten, war der Ansicht, daß der Einfluß der Juden auf das wirtschaftliche und gesellschaftliche Leben während der Weimarer Zeit verhängnisvoll große Ausmaße angenommen hatte. Selbst ein Teil der späteren Verschwörer des »20. Juli« hielt anfangs die sogenannten Rassengesetze der 30er Jahre für »immerhin diskutabel« (Dipper).

Nicht wenige Berufsgruppen profitierten ganz direkt vom antisemitistischen Irrationalismus der Zeit. Ärzte und Rechtsanwälte, aber auch andere freie Berufe, Lehrer und Journalisten unterstützten aus beruflichen oder standespolitischen Interessen die Diskriminierung und Ausschaltung ihrer jüdischen Kollegen. Banken und Wirtschaft gaben der Arisierung erst ihre Durchschlagskraft (Barkay). Der öffentlich zur Schau getragene Antisemitismus war überdies ein glänzender Passepartout für die eigene Karriere. Der zehntausendfache Schreibtischmörder Adolf Eichmann – persönlich keine fanatischer Judenhasser – ist das monströse Beispiel für diesen Sachverhalt (v. Lang). »Das Beunruhigende an der Person Eichmanns war gerade«, schrieb Hannah Arendt, »daß er war wie viele und daß diese Vielen weder pervers noch sadistisch, sondern schrecklich und erschreckend normal waren und sind.«

Gegen die nationalsozialistische Judenpolitik rührte sich in der Bevölkerung so gut wie keine Hand. Über das Schicksal der deutschen Juden ging man mit jener Gleichgültigkeit hinweg, die Alexander Mitscherlich als »schreckliche Toleranz« beschrieben hat. Sogar regimekritische Zeitgenossen wurden von dieser allgemeinen Gleichgültigkeit angesteckt. Ursula von Kardorff schreibt dazu: »Unsere jüdischen Freunde gingen fort, andere kamen eben. Ich ging auf Tanztees und Bälle in hausgeschneiderten Pannekleidern ... Meine Verehrer gehörten zum Teil zur Reiter-SS, weil die schwarze Uniform so kleidsam war.«

Wo es doch zur Unruhe über die antijüdischen Terroraktionen kam, wie etwa nach der sogenannten Reichskristallnacht im November 1938, hatte dies vornehmlich andere Ursachen als das Mitleid mit den Opfern. Wie schon die wilden Terroraktionen der SA in den ersten Monaten nach der Machtergreifung weckte auch der von oben gesteuerte November-Pogrom in der Bevölkerung die Angst vor einer zweiten, dann auch gegen Kleinbürgertum und gute Gesellschaft, Christen und ›Kapitalisten‹ gerichteten Revolutionswelle. Die alte Befürchtung keimte wieder auf, bei den Nationalsozialisten handele es sich in Wahrheit um verkappte, in der braunen Wolle gefärbte Bolschewisten. »Wer kommt nach den Juden an die Reihe«, diese bange Frage registrierten die ›Deutschland-Berichte‹ allerorten im Reich. Um so dankbarer war man der Partei- und Staatsführung für die »rasche« Beendigung der »wilden« Aktionen. Die sich anschließende wirtschaftliche Ausbeutung und gesellschaftliche Entrechtung der Juden, die alles vorher Dagewesene in den Schatten stellte, rief keinen Unmut mehr hervor, war sie doch ›rechtsförmig‹, d. h. in die Form von Verordnungen und Gesetzen gekleidet.

Opposition gegen die immer radikalere Judenverfolgung regte sich nicht, obwohl sie einiges hätte bewirken können. Die Machthaber waren peinlich auf eine gute Presse im Volk bedacht und wichen zuweilen sogar zurück, wenn sich öffentlicher Unmut breit machte. Der vorübergehende Stop der Euthanasie war ein solcher Fall, ebenso das durch 7000 Unterschriften erzwungene Wiederanbringen von Kruzifixen in Schulen und öffentlichen Gebäuden Oldenburgs, aus denen sie vorher auf Geheiß der örtlichen Parteiführungen entfernt worden waren (Broszat/Fröhlich).

V. Gegen den Strom: Widerstand zwischen 1933 und 1939

Widerstand, d. h. der bewußte politische Kampf gegen das NS-Regime als Ganzes blieb anfangs auf diejenigen beschränkt, die das Regime selbst zu seinen Todfeinden erklärt hatte. Im großen und ganzen waren das Kommunisten, Sozialdemokraten und Gewerkschafter sowie die zumeist jüngeren und besonders aktiven Mitglieder kleinerer sozialistischer Gruppen, wie der »Sozialistischen Arbeiterpartei Deutschlands«, der »Roten Kämpfer«, der Gruppe »Neubeginnen« und des »Internationalen Sozialistischen Kampfbundes«.

Den größten Blutzoll hat ohne Zweifel der kommunistische Widerstand leisten müssen. In der ersten großen Verhaftungsaktion nach dem Reichstagsbrand vom 27. Februar 1933 wurden tausende von Funktionären und einfachen Parteimitgliedern verhaftet, in Berlin allein 1500, in Bayern rund 4500 und im Rhein-Main-Gebiet sogar 8000. Am 3. März konnte die Polizei den Parteivorsitzenden Ernst Thälmann festnehmen. Der ›Erfolg‹ der Polizeiaktionen wurde durch die Politik der KP-Führung erleichtert. Ihr Bemühen, eine zentral geführte Massenorganisation aufrechtzuerhalten (1933 wurden noch Beitragsmarken verteilt), und das Festhalten an der öffentlichen Präsenz der Partei durch die »illegale Massenarbeit« (u. a. durch Blitzdemonstrationen) spielten der Gestapo in die Hände und ermöglichten es ihr, ganze Parteigliederungen von unten nach oben aufzurollen oder sie durch Spitzel zu unterwandern.

Nach 1936 flachte die Widerstandstätigkeit der KPD merklich ab; einerseits waren die Kader ausgeblutet, andererseits setzten sich die Übriggebliebenen wesentlich realistischere Ziele. Bis zum Beginn des Krieges richtete man sich darauf ein, wenigstens die kommunistische Subkultur zu erhalten.

Bei der sozialdemokratischen Widerstandstätigkeit stand nicht die unmittelbare Aktion, z. B. der Streik oder die Sabotage, im Vordergrund, sondern die Erhaltung der Parteitradition, der politischen Gesinnung sowie die Bewahrung des eigenen Milieus vor den Anmaßungen der herrschenden Staatsdoktrin. Ein Gestapo-Bericht von 1937 beschrieb diese Haltung folgendermaßen: »Man sitzt abends nach Betriebsschluß zusammen und trinkt ein Glas Bier, man trifft sich mit seinen früheren Gesinnungsgenossen in den Wohngebieten, man hält den Zusammenschluß durch Familienbesuche aufrecht, man vermeidet irgendwelche Organisationsformen und sucht in der geschilderten Weise nur, die Freunde bei ihrer Gesinnung zu halten. Bei diesen Zusammenkünften wird natürlich auch über die politische Lage gesprochen, werden die erhaltenen Nachrichten ausgetauscht, man betreibt die sogenannte Flüsterpropaganda im Großen, die zur Zeit die wirksamste illegale Arbeit gegen den Staat, seine Einrichtungen und Maßnahmen und gegen die Partei darstellt... Dadurch, daß viele ehemalige Partei- und Gewerschaftsfunktionäre heute als Vertreter und Reisende tätig sind, werden solche Parolen verhältnismäßig rasch auch in die entlegensten Teile des Reichsgebietes getragen. Trotz des Umfangs dieser subversiven Tätigkeit ist es bisher selten gelungen, einen dieser Leute auf frischer Tat zu fassen, ihn zu überführen und dem Gericht zur Aburteilung zu überstellen« (Thamer).

Die im Herbst 1933 nach Prag, später nach Paris emigrierte Parteiführung sah eine ihrer wesentlichen Aufgaben in der Zusammenstellung und Veröffentlichung der sogenannten »Deutschland-Berichte«. Diese Stimmungsberichte, von Berichterstattern im Inland zusammengetragen und von Redakteuren an den Grenzen Deutschlands überarbeitet, sollten die Weltöffentlichkeit darüber unterrichten, was im Dritten Reich wirklich geschah.

Ähnlich wie der sozialdemokratische agierte auch der gewerkschaftliche Widerstand, nachdem am 2. Mai 1933 mit dem Sturm der SA auf die Gewerkschaftshäuser die Illusion zerstört worden war, man könne durch Anpassung an den »neuen Geist« unter Hitler ›überwintern‹. Aus den ehemaligen Funktionärskörpern der Einzelverbände bildete sich ein Netz von Vertrauens- und Verbindungsleuten, die zum Teil über weitreichende, auch grenzüberschreitende Kontakte verfügten. Man half sich gegenseitig in schwierigen Lebenslagen, unterstützte durch Rechtsberatung die Ansprüche ehemaliger hauptamtlicher Gewerkschafter gegen den Staat und suchte die eigene gewerkschaftliche Identität in kleinen Zirkeln zu bewahren. Daß es freilich – wie neuerdings behauptet wird (Beier) – organisierte, »illegale Reichsleitungen« mit Verbindungen bis auf die Betriebsebene hinunter gegeben hat, muß bezweifelt werden. Aber auch die begrenzte illegale Arbeit bedrohte den Einzelnen mit ständiger Gefahr für Leib und Leben. Neben den Kommunisten wurden tausende Sozialdemokraten und Gewerkschafter in Zuchthäuser und Konzentrationslager verschleppt. Viele von ihnen haben die Freiheit nie wieder erlangt.

Gegenüber dem Widerstand aus der Arbeiterbewegung – und hierzu ist auch ein proletarischer Einzeltäter wie Georg Elser zu zählen, der am 8. 11. 1939 im Münchener Hofbräukeller ein Attentat auf Hitler wagte (Hoch, Gruchmann) – blieb der Widerstand anderer gesellschaftlicher Gruppen in der Vorkriegszeit nur auf Ausnahmefälle beschränkt. Das gilt für die Kirchen beider Konfessionen ebenso wie für die Vorformen des später so berühmt gewordenen »20. Juli«. Dessen Kern rekrutierte sich aus den alten konservativen Machteliten, die nach 1933 mit Hitler eine Allianz zur Zerschlagung der Weimarer Demokratie gebildet hatten (K.-J. Müller). Vor 1939 blieb die spätere Widerstandsbewegung des »20. Juli« auf den engeren Staats- und Militärapparat beschränkt und kam über punktuelle Ansätze der Opposition nicht hinaus. Dabei ging es in der Regel um die Erhaltung der eigenen Machtpositionen in der Innen-, Rüstungs- und Außenpolitik.

Eine erste nennenswerte Oppositionsgruppe aus diesem Umfeld hatte sich um den Abwehroffizier Hans Oster im Frühjahr 1938 gebildet. Anlaß war die berühmte Fritsch-Affäre, eine durchsichtige nationalsozialistische Intrige, durch die das alte Offizierskorps ihre unumstrittene Integrationsfigur, den Chef des Heeres, Generaloberst Werner von Fritsch, verlor. Bei den vergeblichen Versuchen, die Angriffe auf Fritsch abzuwehren, arbeiteten Oster und seine Freunde ohne Zweifel schon konspirativ. Um Widerstand gegen das NS-System als Ganzes war es ihnen aber noch nicht zu tun. Vielmehr ging es, ähnlich wie schon im Sommer 1934 in der berühmten Röhm-Affäre, um die Ausschaltung nationalsozialistischer Konkurrenten, genauer gesagt, um die Zurückdrängung der übermächtig gewordenen SS und der Gestapo.

Hitlers Plan, die Tschechoslowakei zu überfallen, rief ebenfalls die Opposition hoher Militärs, Beamter und Diplomaten hervor. Erneut stand die Abwehr um Hans Oster im Zentrum der konspirativen Aktivitäten. Oster selbst plante – wie berichtet wird – die Verhaftung Hitlers und als Ultima ratio sogar die Beseitigung des »Führers«. Nicht von ungefähr hielt er jedoch diese Absichten vor den meisten seiner Mitverschworenen geheim. Deren Abneigung gegen Hitlers Außenpolitik war weniger grundsätzlicher, als vielmehr taktischer Art. Eines der bekanntesten Beispiele ist der Staatssekretär im Auswärtigen Amt, Ernst von Weizsäcker. Er plädierte für die langsame »chemische Auflösung« der CSR. Die überfallartige Besetzung des Landes durch Deutschland kam ihm dagegen zu früh.

Weizsäcker hielt das Reich für militärisch zu schwach, um gegen die in den deutsch-tschechischen Konflikt eventuell mit Waffengewalt eingreifenden Großmächte England und Frankreich bestehen zu können (Blasius).

Der überwältigende Erfolg Hitlers während der Münchener Konferenz im Herbst 1938 ließ die militärische und diplomatische Opposition vorerst verstummen. Kurz vor dem Überfall auf Polen regte sie sich noch einmal, kapitulierte dann aber für längere Zeit vor Hitlers militärischen ›Erfolgen‹. »Die Polenfrage muß ja einmal gelöst werden«, meinte der später zum »20. Juli« zählende General Hoepner lapidar am Tage des Kriegsausbruchs.

VI. »Revolution wäre Verrat«: Die Blitzsiege und die deutsche Bevölkerung

Im Unterschied zu 1914, als eine Welle der Kriegsbegeisterung das Reich durchlief und auch große Teile der Arbeiterschaft erfaßte, reagierten weite Teile der Bevölkerung auf die Okkupation der Tschechoslowakei im März 1939 und auf den Überfall auf Polen am 1. September des gleichen Jahres mit Skepsis und Furcht. 1914 hatte man gehofft, im Krieg alles zu gewinnen, jetzt 1939 – den Versailler Vertrag und die Novemberrevolution vor Augen – glaubte man nur verlieren zu können, nach innen wie nach außen. Die gesteigerten Anstrengungen der Machthaber, in den letzten Jahren vor 1939 das Volk durch Wehrübungen, Wehrmachtsparaden, SA- und SS-Aufmärsche, paramilitärische Übungen in Schulen und Betrieben sowie durch Luftschutzübungen auf den Krieg einzustimmen, erreichten nur das Gegenteil. Die Öffentlichkeit wurde dadurch anscheinend mehr beunruhigt als durch die Terroraktionen des NS-Staats gegen Juden und Regimegegner. Die zwischen 1933 und 1939 von Staats wegen verfaßten Lagebeurteilungen und auch die »Deutschland-Berichte« lassen hier keinen Zweifel: die Deutschen waren »nicht aggressionslüstern oder kriegsbegeistert, sondern eher resigniert, voller Kriegsfurcht und Friedenssehnsucht« (Steinert).

Die Erfahrungen der ersten Kriegsjahre ließen alle Befürchtungen vorübergehend verstummen. Zwar wurden unmittelbar nach Kriegsbeginn Lebensmittel- und Gebrauchsgüterrationierungen (Reichskleiderkarte) eingeführt, und besonders in den Ballungsgebieten kam es nun häufig zu Beschwerden über die nicht ausreichende Menge der zugeteilten Rationen bzw. die nachlassende Qualität der Lebensmittel. Zwar nahm der Wohnraummangel in der Umgebung der Rüstungsbetriebe drastische Formen an, und im außergewöhnlich harten Winter 1939/40 gab es Probleme mit der Hausbrandversorgung. Insgesamt blieb die Ernährungs- und Versorgungssituation im Reich zunächst aber verglichen mit Großbritannien relativ normal, was sich an den im großen und ganzen gleichbleibenden Körpergewichten deutscher Arbeiter zeigte (Werner). Die militärischen Blitzsiege und die brutale Ausbeutung der eroberten Gebiete ermöglichten das, was Hitler »friedensähnliche Kriegswirtschaft« nannte. Anders als etwa die britische Demokratie glaubte die deutsche Diktatur ihrer Bevölkerung zunächst nur geringe Einschränkungen der zivilen Versorgung zumuten zu können. Die dafür erforderliche Produktion lag 1944 noch bei 93% des Standes von 1938. Albert Speer hat diesen Sachverhalt rückblickend als ein »Eingeständnis politischer Schwäche« bezeichnet. Dahinter habe die beträchtliche Sorge der Machthaber vor einem Popularitätsverlust gestanden, aus dem sich innenpolitische Krisen entwickeln konnten.

Diese Sorge war zunächst unbegründet. Im Sommer 1940, nach den Siegen im Westen, war das Regime bei der Bevölkerung so populär wie nie zuvor. Hitlers Ansehen erreichte einen neuen Gipfelpunkt. Mancher war jetzt auch bereit über das hinwegzusehen, was ihn am Nationalsozialismus abstieß: die anmaßende Willkür der vielen ›kleinen Führer‹ und die im öden Wiederholungszwang erstarrenden Propagandaveranstaltungen. Der Krieg brachte einen neuen Schub an gesellschaftlicher Mobilität. Vor allem die Wehrmacht erwies sich als Einfallstor für den sozialen Aufstieg. Für zahlreiche Subalternbeamte, Volksschullehrer, Angestellte und andere bedeuteten die militärischen Erfolge auch die Beförderung zum Offizier. Dies verhieß Prestige für den Moment und Arbeitsplatzsicherheit für die Zukunft. Die zurückgelassenen Frauen wußte man gut versorgt, besser jedenfalls als ihre englischen und französischen Schicksalsgenossinnen. Für die deutschen Verwaltungen in den besetzten Gebieten wurde der bislang nur propagandistisch versprochene Herrenmenschenanspruch ein Stück Realität. Der besetzte Teil des europäischen Kontinents bot sich als eine Art kolonialer Selbstbedienungsladen an. »Die Front schickte Kaffee und Schokolade aus Holland, Butter und Sonnenblumenöl aus dem Osten, Speck vom Balkan, noch häufiger aber seidene Strümpfe, Stoffe und Parfüme aus Frankreich, Pelzmäntel und Silberfüchse aus Norwegen ...« (Schäfer). Mit dem Krieg ließ sich gut leben. »Man genoß die deutschen militärischen Aktionen, angenehm fröstelnd in der Wochenschau» (B. E. Werner).

Viele Soldaten erlebten die ersten Kriegsjahre wie eine große ›Abenteuerreise‹ in Regionen, die einmal zu sehen, sie sich nie hätten träumen lassen (Breloer). Goebbels Parole, der Krieg sei ein »Kampf der Habenichtse um die vollen Schüsseln«, verfing bei nicht wenigen Landsern. Hatte man sich im »Westen« noch zurückgehalten, so kosteten viele im »Osten« den Herrenmenschenanspruch offen aus. Über den ›Rußlandfeldzug‹ schreibt der Historiker Hans-Erich Volkmann: »Es war kaum zu ermitteln, was die Truppe eigenmächtig konfiszierte ... Die offizielle Untermenschenpropaganda war für viele Soldaten eine bequeme Rechtfertigung ihres Tuns. Menschen und Güter wurden entsprechend behandelt. Große Mengen an Nahrungsmitteln wurden durch bewußten oder unbewußten Vandalismus vernichtet.«

Die beispiellose Brutalität des deutschen Vorgehens gegen die Zivilbevölkerung im eroberten Osten wirkte auf den Partei- und Staatsapparat im »Altreich« zurück. Bei SS und Gestapo verschmolzen Vernichtungswillen und Ausbeutungsinteressen. Das SS-Wirtschaftsverwaltungs-Hauptamt wuchs sich zu einem Wirtschaftsimperium aus. Die »Vernichtung durch Arbeit« war offensichtlich ein lohnendes Geschäft. In unmittelbarer Nähe von Auschwitz wurde das Buna-Werk der IG-Farben errichtet und mit billigen Arbeitskräften aus dem Vernichtungslager beliefert. Andere Großunternehmen wie die Daimler Benz AG, das Volkswagenwerk und die Zechen und Stahlwerke an Rhein, Ruhr und Saar bekamen ebenfalls KZ-Häftlinge und zunehmend auch Zwangsarbeiter und Kriegsgefangene als Arbeitskräfte überstellt (Roth u. a.). An der »restlosen Ausschöpfung« ihrer Arbeitskraft und auch an dem körperlichen und seelischen Ruin dieser Menschen waren deutsche Unternehmen »aktiv« beteiligt (Siegfried). Im Zeichen des kriegsbedingten Arbeitskräftemangels profitierte die deutsche Wirtschaft von der »Sklavenarbeit«.

Um die Stabilität der »inneren Front« mußte sich das Regime in diesen Jahren keine Sorgen machen. Den Schulterschluß übten nunmehr auch viele ehemalige politische Gegner. »Jetzt muß man zum Führer halten, eine Revolution wäre Verrat« – diesen und ähnliche Sätze kolportierten die »Deutschland-Berichte« immer häufiger aus Arbeiterkreisen, und fast gleichlautend schrieb der spätere Widerstandskämpfer Fritz Dietlof Graf von der Schulenburg in sein Kriegstagebuch 1941 »Jedermann weiß aber heute in Deutschland, was uns blüht, wenn wir den Krieg verlieren. Die alliierten Mächte werden deshalb vergeblich auf eine defätistische Revolution warten« (Heinemann).

VII. »Soldaten der inneren Front«: Justiz und Gestapo im Kriege.

Mit Kriegsbeginn wurde das ohnehin brutale Vorgehen gegen politische Gegner, besonders aber gegen Juden und andere Minderheiten, beispiellos radikalisiert. SS und Gestapo einerseits und die deutsche Justiz andererseits arbeiteten hier – trotz vielfacher interner Querelen – Hand in Hand. Seit etwa 1940 breiteten sich die Konzentrationslager wie ein Archipel von Tod und Gewalt in Deutschland aus. Von Kriegsbeginn bis März 1942 stieg die Zahl der KZ-Häftlinge von ca. 25000 auf knapp 100000 Personen. In den ›eingegliederten‹ Gebieten Oberschlesiens und im besetzten Polen entstanden Vernichtungslager für Millionen von Juden und Zehntausende von Zigeunern. Mißtrauisch blieb man auch gegenüber der eigenen Bevölkerung. Die alte Furcht vor einem Bruch der ›inneren Front‹, das Dolchstoßtrauma von 1918, brach nach Kriegsbeginn wieder hervor. »Härte gegen den Volksfeind« sei, so Roland Freisler, »Fürsorge für das Volk! Einmal hat sie gefehlt und dann kam 1918«.

Sondergerichtsbarkeit und Strafgesetzgebung wurden erweitert und maßlos verschärft. Die Zahl der Strafbestimmungen mit Todesandrohungen wurde ständig erhöht. Die Todesstrafe, die vor 1933 lediglich für drei Tatbestände vorgesehen war, konnte 1943/44 in 46 Tatbeständen gefällt werden. Außerordentlich harte Strafen waren für Plünderungen und jetzt auch für das Abhören ausländischer Sender vorgesehen. Als universelles Mittel diente der §5 der Kriegssonderstrafrechtsverordnung gegen Wehrkraftzersetzung, der die Todesstrafe für den Fall androhte, daß jemand »öffentlich den Willen des deutschen oder verbündeten Volkes zur wehrhaften Selbstbehauptung zu lähmen oder zu zersetzen sucht«.

Das Reichsjustizministerium erklärte Richter und Staatsanwälte zu »Soldaten der inneren Front« und die bei allen Oberlandesgerichten gebildeten Sondergerichte zu »Panzertruppen der Rechtspflege« (Angermund). Die meisten Richter und Staatsanwälte versuchten dieser Rolle gerecht zu werden, auch wenn sie nicht Mitglieder der NSDAP waren. Die ständigen, von Hitler unterstützten Angriffe auf die »peinlich genaue«, »reaktionäre Beamtenschaft« und die unzähligen Übergriffe von SS und Gestapo auf den Kompetenzbereich der Justiz trugen dort zu wachsender Verbissenheit und Unbarmherzigkeit bei. Die Zahl der Justizgefangenen wuchs stark an, von 108000 kurz vor Kriegsbeginn auf 190000 Mitte 1944. Im »Altreich« schnellte die Zahl der Todesurteile im Laufe des Krieges in die Höhe. Waren es noch 1939 178 gewesen, so lagen die Zahlen 1943 bei 1592. Insgesamt wurden über 16000 Todesurteile von der

Strafjustiz verhängt, die meisten davon von den Sondergerichten oder vom Volksgerichtshof.

Es fällt auf, daß das kleinste Eigentumsdelikt ebenso drakonisch streng wie eine »defätistische Äußerung« verfolgt wurde. Die Sondergerichte bestraften Diebstähle von Gegenständen wie Rasierspiegeln oder zerbrochenen Bilderrahmen, die »unter Ausnutzung der Kriegsumstände« erfolgt waren, mit hohen Zuchthausstrafen, und zunehmend mit dem Tode. Neben die Überzeugung vieler Richter und Staatsanwälte, daß »Volksschädlinge« und »hoffnungslos Asoziale« in der Volksgemeinschaft ohnehin kein Lebensrecht hätten und »ausgemerzt« werden müßten, trat angesichts der militärischen Katastrophe die Furcht vor der Auflösung von Ruhe, Disziplin und Ordnung. Es scheint, als seien diese bürgerlichen Chaosängste und Law-and-Order-Obsessionen für die beispiellose Radikalisierung der deutschen Justiz im Kriege mitverantwortlich gewesen.

Grausamer noch als im »Altreich« agierten die Sondergerichte in den sog. eingegliederten Gebieten. Die hier durchgeführten Prozesse waren oft nur eine höhnische Persiflage auf ein geordnetes Strafverfahren. Das folgende Beispiel mag dies verdeutlichen. »Als Anfang August 1940 ein Polizeihund durch einen Messerstich verletzt worden war – die Täter hatte niemand gesehen –, verdächtigte die Staatsanwaltschaft in Posen Ignatz Kazmierczak der Tat und klagte ihn ›wegen vorsätzlicher Schädigung von Behördeneigentum‹ an. In seinem Urteil vom 4. Dezember 1941 stellte das Sondergericht Posen dazu fest: ›Zwar haben die Zeugen selbst nicht gesehen, wer den Hund verletzt hat, jedoch ergibt sich die Täterschaft des Angeklagten aus folgenden Tatsachen: bei der Verhaftung des Angeklagten am 4. August 1940 hatte der Zeuge K. auch seinen verletzten Hund mit. Als der Angeklagte den Hund erblickte, erschrak er, zitterte stark und hob ängstlich die Arme. Der Hund hingegen ging sofort wütend auf den Angeklagten los. Dieses Verhalten des Angeklagten beweist, daß er derjenige ist, der dem Hund den Stich beigebracht hat, während andererseits der Hund den Angeklagten sofort als seinen Feind wiedererkannte.‹ Aufgrund dieser Beweisführung wurde Ignatz Kazmierczak zum Tode verurteilt« (I. Müller).

Die Wehrmachtsjustiz stand der zivilen Sondergerichtsbarkeit an Erbarmungslosigkeit nicht nach. Mit über 30000 Todesurteilen zeigte auch sie, daß es für das furchtbare Verständnis von Gerechtigkeit im Dritten Reich einer nationalsozialistischen Erfindung wie des Volksgerichtshofes gar nicht bedurfte (Messerschmidt/Wüllner).

Wie bereits angedeutet, erwuchsen der deutschen Justiz in SS und Gestapo starke und mit der Zeit übermächtige Konkurrenten. Himmlers Apparate hatten im Laufe des Krieges die traditionellen Aufgaben von Gerichten und Staatsanwaltschaften mehr und mehr unterhöhlt. Im besetzten Osten war die SS seit dem 18. September 1942 auch formal für die Strafverfolgung von »Juden und Fremdvölkischen« zuständig. Im sog. Altreich besaß die Gestapo eine pauschale Ermächtigung »zur inneren Staatssicherheit«. Schon im ersten Kriegsjahr nahm man Urteilskorrekturen in der Weise vor, daß man Straftäter unmittelbar nach der Gerichtsverhandlung einfach erschoß. Es war durchaus keine Ausnahme, wenn die Gestapo selbst Personen, die der Volksgerichtshof freigesprochen hatte, wieder verhaftete und in Konzentrationslager verschleppte (Koch). Bestimmte Minderheiten wie Juden, aber auch Zeugen Jehovas wurden als Freiwild betrachtet. Das Reichsjustizministerium akzeptierte ausdrücklich, daß aus dem Gefängnis entlassene Zeugen Jehovas in ein Konzentrationslager gebracht wurden, »da sie trotz Verbüßung einer gegen sie erkannten Strafe nach wie vor hartnäckig an ihrer Irrlehre festhalten und so auch weiterhin das Staatswohl gefährden« (Koch).

Ohne Zweifel disziplinierten die überharten Urteile die »innere Front«; direkt abschreckende Wirkungen hatten sie aber nicht. In den letzten Kriegsjahren stieg die Kriminalitätsrate im gleichen Maße, wie die Aufklärungsquote für bestimmte Vergehen und Verbrechen sank. Opfer der Gewalt und des Terrors der Gestapo und der Justiz waren neben gesellschaftlichen Minderheiten vor allem Angehörige der unteren Schichten. Es gab zwar, wie der Fall des bekannten Pianisten Karlrobert Kreiten im September 1943 zeigt, auch spektakuläre Todesurteile gegen Prominente, diese blieben aber bis in das Jahr 1944 hinein die Ausnahme.

Obgleich die Gerichte ihre Urteile in aller Regel mit dem »gesunden Volksempfinden« begründeten, regte sich in der Bevölkerung wachsender Unmut über die irrwitzig hohen Strafen bei geringsten Vergehen. Vielfach, so schrieb der Kölner Oberlandesgerichtspräsident in seinem Lagebericht vom November 1943, würden Plünderungen nicht mehr angezeigt, weil man »vor der hohen Strafe, die den Täter treffen würde, aus Rücksicht auf diesen selbst oder doch zumindest auf seine Angehörigen zurückschreckte« (Angermund).

Äußerungen dieser Art blieben jedoch die Ausnahme. Natürlich war es nicht ratsam, sich mit den Strafverfolgungsbehörden oder gar mit der Gestapo einzulassen, und viele Deutsche hielten, wenigstens für die Dauer des Krieges, hartes Durchgreifen für das probate Mittel gegen Straftäter. Außerdem nahmen die alltäglichsten Sorgen dramatisch zu und ließen die Frage nach dem Schicksal anderer mehr und mehr in den Hintergrund treten.

VIII. Der Wille zur Normalität: Die Kriegswende und die deutsche Bevölkerung

Die Wende des Krieges setzte nicht erst mit der militärischen Katastrophe von Stalingrad im Winter 1942/43 ein. Schon im Laufe des Jahres 1942 hatten die Briten ihre Bombardements auf Städte und Industrieanlagen intensiviert. Ende April 1942 war Rostock als erste deutsche Stadt durch Bombenangriffe teilweise zerstört worden. Seit 1943 gehörte der Luftraum über Deutschland den Briten und den Amerikanern. Hitlers »Festung Europa« hatte kein Dach, wie der amerikanische Präsident Roosevelt triumphierend feststellte.

Daß der Krieg auf seine Urheber zurückschlug, wurde nun beinahe täglich offenkundiger. Goebbels rief am 18. Februar 1943 im Berliner Sportpalast, als sich die militärische Katastrophe von Stalingrad nicht mehr vertuschen ließ, den »totalen Krieg« aus, und Rüstungsminister Albert Speer mobilisierte – erst jetzt tatsächlich – alle Kräfte, Rohstoffressourcen, Material, Maschinen und Menschen, für einen Krieg, der nicht mehr zu gewinnen war. Trotzdem suchten die Machthaber wenigstens den Anschein der Normalität aufrechtzuerhalten. Das zeitweilige Angebot verknappter Waren wie Weißbrot, Wurst und Fleisch wurde werbewirksam herausgestellt. Die Bekleidungsindustrie produzierte nach wie vor modische Attraktionen. Letzter Schrei waren 1942 z. B. »punktfreie Sandalen aus Plexiglas«. 1943 wurde noch einmal die Speiseeisproduktion erhöht. »Wenn die Sonne über die Terrassen der Cafés und über die bunten Orangeaden und Eisbecher streicht, ist für Augenblicke sogar die Illusion einer anderen Zeit da«, so hieß es dazu in einem Bericht der »Deutschen Allgemeinen Zeitung« vom Mai 1943 (Schäfer). Das Zwanghafte dieser Bemühungen um Normalität zeigte sich exemplarisch im Unterhaltungsfilm jener Jahre. Die Kameraleute der Goebbelschen Traumfabrik hatten peinlich genau darauf zu achten, daß keine brennenden Häuser ins Bild kamen (Drewniak).

Hinzu traten großsprecherische Verheißungen für die Zeit nach dem »Endsieg«. Das Automobil für den Volksgenossen, der Volkswagen, war fest versprochen, und die »Deutsche Arbeitsfront« glänzte mit grandiosen Sozialplänen, die weitere Aufstiegschancen, insbesondere für die Arbeiterschaft, suggerierten (Smelser). Robert Ley, seit 1940 auch »Reichskommissar für den sozialen Wohnungsbau«, propagierte ein umfangreiches Wohnungsbauprogramm für die Nachkriegszeit. Es sah zu 80% Vierzimmerwohnungen und jeweils zu 10% Drei- bzw. Fünfzimmerwohnungen vor. Dabei wurden Richtmaße zwischen 62 qm bzw. 74 und 86 qm anvisiert. Staatliche Förderungsmittel sollten »tragbare Mieten« ermöglichen. Daß diese Wohnungen nur Volksgenossen vorbehalten waren, verstand sich von selbst (Harlanger Fehl).

Der ›Wille zur Normalität‹ beherrschte auch das Gros der deutschen Bevölkerung. Er verstärkte sich, je mehr die Städte in Trümmer versanken. Viele Deutsche verfielen in eine Stimmung, in der sich Apathie und Vergnügungssucht mischten. Ursula von Kardorff hat in ihren »Berliner Aufzeichnungen« aus den Jahren 1942 bis 1945 die Atmosphäre eingefangen, die in den urbanen Zentren herrschte. »Seltsam ist das Leben«, schreibt sie im Dezember 1943, »auf und ab, böse und dann wieder gut. Immer aber bunt... Gestern abend in Zehlendorf auf einem Fest, bei dem auf eine hemmungslose, fast verbissene Art getrunken wurde. Jeder flirtete mit jedem, auch ich unterlag der allgemeinen Auflösung. Ein schillernder Sumpf«. »Gespart wird überhaupt nicht mehr«, heißt es bei ihr ein halbes Jahr später. »Beobachte wie einfache Soldaten Trinkgelder in Höhe eines halben Monatssoldes geben... Geld fließt wie Wasser durch die Hände.«

Besonders die Frauen suchten wenigstens für Stunden ein normales Leben zu simulieren. »Frühmorgens«, schreibt Ursula von Kardorff, »hatte sie wie eine Lemure ausgesehen, wirre Haare, graues Gesicht mit Ringen unter den Augen, zerrissener Mantel, Soldatenstiefel... und nun, wenige Stunden später, trat uns eine schicke Frau entgegen: blaues Kostüm mit schneeweißer Bluse, elegantes Hütchen, weiße Handschuhe, das fein geschnittene Gesicht so raffiniert geschminkt, daß die Ringe fortgezaubert waren, der Mund hellrot und in den Ohren Clips. Frauen können hexen, wenn sie Besuch von der Front bekommen. Ihr Freund war so entsetzt von dem veränderten Berlin, daß er stumm neben ihr saß«.

Auch solche Verwandlungen gelangen bald immer seltener. Im Zeichen des Bombenkrieges wurde der Alltag ebenso unwirklich wie die zerstörten und doch bewohnten Häuser. Die »Meldungen aus dem Reich« des Sicherheitsdienstes gaben im Juli 1943 ein treffendes Bild der Lage, wie sie in den Großstädten herrschte: »Die Notwendigkeit, infolge des Ausfalls der öffentlichen Verkehrsmittel über Schutthalden und durch Staubwolken zu den Arbeitsstätten zu gehen, die Unmöglichkeit, sich richtig zu waschen oder zu Hause zu kochen, weil Gas, Wasser und Strom fehlen, der Wert, den auf einmal ein geretteter Teller oder Löffel bedeutet, die Schwierigkeiten, Lebensmittel einzukaufen, weil die meisten Geschäfte zerstört sind oder von sich aus geschlossen haben, die dauernden Explosionen von Zeitzündern bzw. Blindgängern oder Sprengungen einsturzgefährdeter Gebäudeteile bzw. von selbst einstürzender Mauern, die verspätete Zuteilung von Post, der Ausfall von Zeitungen, die Unmöglichkeit, Rundfunk zu hören, der Wegfall jeder Entspannungsmöglichkeit, wie Kino, Theater, Konzert usw.« – dies seien, so hieß es – »Momente eines frontkriegsmäßigen Lebens, von dem man im übrigen Reich keine Ahnung habe«.

Mochten die Wohnungen bald Höhlen gleichen, wer genügend Geld oder Wertgegenstände besaß, konnte sich erstaunlich viel beschaffen. Noch im März 1945 war es in Berlin möglich, wie bei einem Glücksspiel, in den wenigen Restaurants neben markenfreien Stammgerichten ein Stück Wild, Muscheln oder ein Glas Wein zu ergattern. Ursula von Kardorff berichtet im Januar 1945 von einem Luxuslokal in der Bayreuther Straße »mit höflichen Obern, Vorspeisen, gebratenem Fisch, viel Alkohol. Als sei die Welt des Genusses, die doch gerade dabei ist unterzugehen, noch Realität«.

IX. »Bleib übrig«: Arbeit und Leben im Angesicht der Katastrophe

Für die meisten Deutschen war diese Wirklichkeit so wenig real wie die Traumwelt der Ufa-Filme. Seit dem Frühjahr 1942 hatte sich die Versorgungslage erheblich verschlechtert. Zeitweise war es zu großen Engpässen gekommen. »Der Plünderungsgewinn aus den besetzten Gebieten blieb ohnehin meist den wohlhabenden Schichten vorbehalten« (Werner). Die Kartoffel spielte im Speisefahrplan eine immer wichtigere Rolle und die Gemüse- und Obstversorgung war äußerst mangelhaft. Im internationalen Vergleich kehrten sich die Verhältnisse um. Während sich die Ernährungslage der deutschen Arbeiter dramatisch verschlechterte, stabilisierte und verbesserte sie sich in der englischen Arbeiterschaft. Kleidung war seit Mitte 1945 praktisch nicht mehr zu bekommen, ebensowenig Arbeitsschuhe. Die Bombardierungen führten überdies zu einem massenhaft und kaum ersetzbaren Verlust von Möbeln, Hausrat und anderen Gegenständen des täglichen Bedarfs.

In den Fabriken stiegen die Anforderungen auf ein bald kaum noch erträgliches Maß an. Die Unternehmer arbeiteten eng mit der Gestapo zusammen. Letztere griff jetzt auch bei geringsten Verstößen gegen die Arbeitsdisziplin ein. Besonders drückend waren die Nebenbelastungen. Luftalarme, Aufräum- und Reparaturarbeiten raubten den dringend benötigten Schlaf. Die Folgen blieben nicht aus. Der Krankenstand in den Betrieben stieg merklich an, genauso die Zahl der Unfälle. Zwangsarbeiter und KZ-Häftlingen – letztere galten generell als Verbrecher – waren davon weit überproportional betroffen.

Den katastrophalen Hunger der Jahre 1916/17 lernten die Deutschen erst gegen Ende des Zweiten Weltkrieges kennen. Anfang 1945 sank der Kaloriengehalt der Normalverbraucherration unter 2000 kcal, im März dieses Jahres lag er bei 1200–1400 kcal.

Auf dem Lande waren die Verhältnisse erträglicher als in der Stadt. Anna Wimschneider erinnert sich: »Not hatten wir Landwirte beim letzten Weltkrieg keine. Die Kleiderkarten waren sparsam, aber Essen gab es schon ... Zuletzt, wie dann die Flüchtlinge kamen, wurde alles knapper. Wir hatten manchmal das ganze Haus voll mit Menschen.« Das Elend förderte die Solidarität der Menschen, auch über Standesunterschiede hinweg. Der Widerstandskämpfer Fritz-Dietlof Graf von der Schulenburg berichtete seiner Frau im März 1944 von einer Eisenbahnfahrt quer durch Deutschland:

»Für unterwegs hatte ich keine Verpflegung und keinen Tabak mitgenommen, weil ich nicht dazu gekommen war. Ein hübsches oberschlesisches Mädchen gab mir ein großes Stück Kuchen, ohne daß ich irgend etwas angedeutet hatte. Eine Metzgersfrau aus Bocholt zwang mir ihren ganzen Wurstvorrat auf, als sie herauskriegte, daß ich noch nichts gegessen hatte. Ein Werkmeister aus einer Flugzeugfabrik nötigte mir seinen Pfeifentabak auf und erzählte mir im breiten Baß von seiner Tätigkeit«. Es deutet einiges darauf hin, daß Frauen die Solidarität der Not häufiger übten als Männer. Viele Deserteure berichten, daß sie nur mit Unterstützung ihnen vorher unbekannter Frauen überlebt hätten (Haase).

Für die beiden letzten Kriegsjahre kann von einer allgemeinen Zustimmung zum NS-Regime nicht mehr gesprochen werden. Allenfalls anerkannte man die Anstrengungen der »Nationalsozialistischen Volkswohlfahrt«. Die NSV, der 1943 immerhin rund 17 Millionen Mitglieder angehörten, entwickelte sich zu einem riesigen Evakuierungsunternehmen. Der Transport und die Unterbringung sowie die Verpflegung von Gefährdeten und Bombengeschädigten, von Alten, Kranken, Kindern und Müttern von Kleinkindern gehörte zu ihren Aufgaben. Nach Luftangriffen richtete sie Suppenküchen für die betroffene Bevölkerung ein, organisierte Meldestellen für Vermißte und vieles mehr. »Je mehr sich der Krieg seinem katastrophalen Ende neigte, desto stärker wurde sie zum letzten Rettungsanker für die Opfer des totalen Krieges... zuletzt zur einzigen Hoffnung für die Heimatfront« (Vorländer).

Die NSDAP war als Hoffnungsträger längst ausgeschieden. Ihr Ansehen hatte in vielen Regionen, etwa in Bayern, schon zu Beginn des Krieges einen Nullpunkt erreicht (Kershaw). Das selbstherrliche Auftreten und die mit Händen zu greifende Korruptheit ihrer Führung waren dafür verantwortlich. Trotzdem riß der Zustrom zur NSDAP auch während des Krieges nicht ab. Die Partei wuchs von 870000 Mitgliedern im Jahre 1933 auf 6,5 Millionen im Jahre 1943 und auf 8 Millionen bei Kriegsende. Auch dies ist ein Zeichen dafür, wie gering die ideologischen und wie stark die ›praktischen‹ Gründe waren, die viele Deutsche mit ihrem aktiven Eintreten für den Nationalsozialismus verbanden. Noch lange verhieß die Parteimitgliedschaft Berufs- und Aufstiegschancen, zuweilen garantierte sie Ruhe vor unangenehmen Nachfragen und lästigen Ansinnen.

Der Mythos Hitlers hatte den miserablen Ruf der NSDAP lange ausgeglichen. Während der Blitzsiege hatte der Führerkult sogar quasi-religiöse Dimensionen angenommen. Wie die SD-Berichte zeigen, ließ jedoch die Ausstrahlung Hitlers gegen Ende des Krieges rapide nach und löste sich schließlich ganz auf. Schweigende Verbitterung war an die Stelle der einstigen Führerbegeisterung getreten (Kershaw). In den letzten Kriegsmonaten wankte die ›innere Front‹, sie war jedoch weit davon entfernt auseinanderzubrechen. Dafür sorgten schon Gestapo und Justiz, die nun immer grausamer wüteten und nach dem 20. Juli 1944 auch verstärkt gegen Angehörige der deutschen Oberschichten vorgingen.

Mehr noch als der Terrorapparat lähmte die Angst vor der Zukunft. Zu viele Deutsche wußten von dem Greuel gegen Juden, andere Minderheiten und andere Völker oder sie ahnten zumindest, was von ihren Landsleuten innerhalb und außerhalb der Grenzen des Reiches angerichtet worden war. Die vom Regime gezielt geschürte Bolschewismusangst tat ein übriges. Die Hekatomben von Zwangsarbeitern und Zwangsarbeiterinnen verkörperten eine in die Augen stechende Mahnung. Auf über 7,6 Millionen war ihre Zahl während des Krieges angewachsen. Unter kaum vorstellbaren

Bedingungen hatten sie in Deutschland Sklavenarbeit leisten müssen. Auch von vielen Arbeitern waren sie dabei mehr als Feinde, denn als Kollegen behandelt worden (Herbert). Die Zwangsarbeiter wurden als Armee im Wartestand angesehen, »als das trojanische Pferd des heutigen Krieges« (Kardorff).

»Bleib übrig«, das war in den letzten Kriegsmonaten das alles beherrschende Lebensmotto. Die Menschen flüchteten in die Arbeit. Walter Jaide hat rückblickend das psychologische Motiv, das dahinterstand, beschrieben: »Man floh wahrscheinlich in die Werkstatt nicht bloß, um sich gegen jede materielle Bedrohung zu sichern, sondern vielmehr um sich dem Anblick der Geschichte überhaupt zu entziehen. Vollends während des letzten Krieges hat viele das Grauen vor dem, was kommen mochte, an ihre Arbeit gefesselt«. Vom Widerstand gegen die Partei und Staatsführung waren die meisten Deutschen weit entfernt.

X. »Das andere Deutschland«: Widerstand zwischen 1940 und 1945

Gleichwohl gab es im Krieg Opposition und Widerstand in Deutschland, nach wie vor hauptsächlich getragen von denen, die das NS-Regime zu Todfeinden erklärt hatte. Mit der Zeit trafen Personen und Gruppen hinzu, die dem Dritten Reich zu Anfang enthusiastisch oder zumindest abwartend positiv gegenübergestanden hatten. Nach 1939 entschlossen sich Christen beider Konfessionen, Studenten, Beamte, Diplomaten und Offiziere zum Widerstand gegen Hitler. Aus den letzten Kriegsmonaten sind überdies Fälle erfolgreicher Sabotage von ausländischen Arbeitskräften und Beispiele von organisierten politischen Widerstandsgruppen unter den Fremdarbeitern überliefert (Herbert).

Bereits lange vor der katastrophalen Wende von Stalingrad lebte die Widerstandstätigkeit in Deutschland wieder auf. Wie den Lageberichten des Oberreichsanwalts zu entnehmen ist, übernahmen die Kommunisten erneut den aktivsten Part, vor allem seit dem deutschen Überfall auf die Sowjetunion (Koch). Ihre in Deutschland verbliebenen Kader hatten aus den blutigen Erfahrungen der Vorkriegszeit gelernt. Gegen den Willen der KP-Leitung in Moskau bildeten sie jetzt kleine, konspirativ agierende Gruppen, die untereinander nur losen Kontakt hielten. In Flugblättern und Plakaten – oft mehrsprachig – prangerten sie die Kriegs- und Vernichtungspolitik des Regimes an und geißelten die schlechten Arbeitsbedingungen sowie die niedrigen Löhne. Sie sammelten die Adressen eingezogener Soldaten und schickten ihnen oder ihren Angehörigen Propagandamaterial zu, stellten den Kontakt zu Fremdarbeitern und Kriegsgefangenen her und verbreiteten Nachrichten der BBC und anderer ausländischer Sender.

Eine Sonderrolle nahm die sogenannte »Rote Kapelle« ein, die sich auf eine umfangreiche Spionagetätigkeit spezialisiert hatte. Etwa 100 Personen aus dieser Gruppe um den Oberleutnant Harro Schultze-Boysen (Luftfahrtministerium) und den Oberregierungsrat Arvid Harnack (Wirtschaftsministerium) wurden im August 1942 verhaftet, die Hälfte von ihnen wurde später hingerichtet.

Den Kommunisten gelang es in den letzten Kriegsjahren, in zahlreichen Großstädten des Reiches Widerstandsgruppen aufzubauen; im Ruhrgebiet war die Knöchel-Gruppe tätig, die Schumann-Gruppe in Leipzig und Dresden, die Neubauer-Poser-

Gruppe in Thüringen und die Gruppe um Anton Saefkow in Berlin (Peukert). Letztere wurde bei dem Versuch, Kontakt mit der Widerstandsbewegung des »20. Juli« aufzunehmen, von der Gestapo zerschlagen.

Aus dem sozialdemokratischen und gewerkschaftlichen Widerstand gegen das Dritte Reich ragten vor allem Einzelpersönlichkeiten heraus. Männer wie Julius Leber, Carlo Mierendorff, Wilhelm Leuschner, Adolph Reichwein, Theodor Haubach und andere, die zum Teil während der Vorkriegs- und Kriegsjahre inhaftiert oder in Konzentrationslager verschleppt worden waren,stießen später zum »20. Juli«.

Individuellen Protest, der sich im Laufe des Kriegs verbreiterte, gab es auch in den beiden Kirchen. Dietrich Bonhoeffer, der schon früh das Ausmaß des nationalsozialistischen Unrechts begriffen und angeprangert hatte, sowie der Münsteraner Bischof Graf Galen mit seinen mutigen Predigten gegen die Vernichtung des sogenannten »unwerten Lebens« sind herausragende Beispiele dafür. Die »Bekennende Kirche« hat sich tapfer gegen die »Deutschen Christen« und damit gegen die »Nazifizierung der kirchlichen Strukturen« gewehrt, und katholische Geistliche halfen Juden und anderen Verfolgten des Regimes unter Einsatz ihres Lebens. Christen beider Konfessionen fanden schließlich auch im »20. Juli« zusammen. Dennoch trifft das, was der Historiker Othmar von Aretin für die katholische Seite schreibt, auch auf die evangelische zu: »Es hat, so Aretin, keinen katholischen Widerstand in Deutschland, es hat nur Katholiken im Widerstand gegeben«.

Über den jüdischen Widerstand ist bis heute wenig bekanntgeworden. Es gab ihn jedoch in vielfältigen Formen, wenngleich er in seinem Umfang nicht überschätzt werden darf. Der Widerstand reichte von der Selbstbehauptung jüdischer Identität bis zu Sabotageakten gegen das nationalsozialistische Unrechtssystem. Vor dem Kriege bemühten sich viele jüdische Gemeinden darum, die Auswanderung von deutschen Juden durch Geldsammlungen und Umschulungen vorzubereiten und den internen Zusammenhalt wie die materielle Lage der im Lande verbliebenen Juden durch soziale und kulturelle Einrichtungen wie Altersheime, Krankenhäuser, Theater und Schulen zu fördern. Nach dem Novemberpogrom haben sich Juden, wie die Gestapoberichte melden, gegen die Zerstörung und den Raub ihres Eigentums zur Wehr gesetzt. Den Höhepunkt des jüdischen Widerstandes in Deutschland markierte aber ohne Zweifel die Berliner Gruppe um Herbert Baum, der zur Hälfte Frauen angehörten. Die Gruppe ging im Mai 1942 mit Brandbomben gegen die nationalsozialistische Propagandaausstellung »Das Sowjetparadies« vor, die im Berliner Lustgarten gezeigt wurde (Wippermann).

Unter den mehrheitlich regimetreuen Studenten des Dritten Reiches bildete die Oppositionsgruppe »Weiße Rose« um die Geschwister Hans und Sophie Scholl, um Christoph Propst, Alexander Schmorell und den Münchener Musikprofessor Kurt Huber eine Ausnahme. Mitglieder der Gruppe wurden am 18. Februar 1943 beim Verteilen von Flugblättern in der Münchener Universität verhaftet und schon wenige Tage später vom Volksgerichtshof unter dem Vorsitz Freislers zum Tode verurteilt. Die Studentinnen und Studenten der »Weißen Rose« verband ein starkes moralisches Anliegen. In ihren Aufrufen sprachen sie von der »Schuld«, die das deutsche Volk auf sich geladen habe, und davon, daß die »Erneuerung des schwerkranken Geistes von innen« kommen müsse (Verhoeven/Krebs).

Für die Herrschenden waren die Aktionen der »Weißen Rose« ein weiteres Indiz dafür, daß die anfänglich begeisterte Zustimmung in der Jugend in Apathie bzw. offene

Ablehnung umschlug. Mit drakonischer Härte hatten Justiz und Polizeiapparat schon bei Beginn des Krieges auf abweichendes Verhalten von Jugendlichen reagiert. Leidtragend ist besonders die »Swing-Jugend« gewesen. Nicht wenige dieser Jugendlichen, die vornehmlich aus bürgerlich-akademischem Milieu stammten, wurden in Konzentrationslager verschleppt, nur weil sie sich die Haare »bis zum Rockkragen« wachsen ließen, karierte Sackos, Schuhe mit Kreppsohlen und auffallende Schals trugen, sich mit »old hot boy« anredeten, vornehmlich Swing-Musik hörten und Jitterbug tanzten.

In den letzten Kriegsmonaten lieferten sich Polizei und Gestapo regelrechte Straßenschlachten mit den »Edelweißpiraten«. Das waren Jugendliche aus vornehmlich proletarischem Milieu, die sich hauptsächlich in den Städten an Rhein und Ruhr, aber auch in Mittel- und Süddeutschland zu Banden zusammengefunden hatten und die den Abscheu vor der totalitären Anmaßung der Hitlerjugend mit bündischen Freiheitsidealen verbanden.

Im Unterschied zur »Weißen Rose« bewegte weder »Swing-Jugend« noch »Edelweißpiraten« eine tiefgehende politisch-moralische Kritik, die sich auf das Dritte Reich als Ganzes bezog; auch arbeitete man nicht auf dessen Sturz hin. Als Widerstand wird man diese Formen jugendlich-abweichenden Verhaltens deshalb wohl kaum bezeichnen können, auch wenn die Machthaber gegen sie oft ebenso brutal vorgingen wie gegen die geschworenen politischen Feinde des NS-Regimes.

Solche Feinde waren ohne Zweifel die Männer um den Oberst im Generalstab Claus Graf Schenk von Stauffenberg, die am 20. Juli 1944 im ostpreußischen »Führerhauptquartier« das Attentat auf Hitler und anschließend in Berlin den Staatsstreich wagten. Vor allem wegen dieser Tat ist der »20. Juli« bis heute als herausragende Widerstandsbewegung in Deutschland begriffen und seit den 50er Jahren auch als Kern des »anderen Deutschland« stilisiert worden (P. Steinbach). Dies sicherlich nicht zu Unrecht, setzten doch die Verschwörer in ihrem Wollen einen sittlichen Kontrapunkt zur nationalsozialistischen Staats- und Parteiführung. Sie handelten mit bewundernswertem Mut und in dem vollen Bewußtsein, ihr Leben zu wagen. Außerdem umfaßte kein anderer Widerstandskreis auf seinem Höhepunkt einen ähnlich breiten Querschnitt der deutschen Gesellschaft. Sozialdemokraten und Gewerkschafter gehörten dem »20. Juli« genauso an wie ehemals konservative Politiker, höhere Beamte, hohe Offiziere und Diplomaten, evangelische ebenso wie katholische Christen.

Dennoch blieb der »20. Juli« im Kern ein bürgerlich-aristokratischer Zusammenschluß, der sich aus der »Sphäre der Herrschaftsträger« und im systemimmanenten Konkurrenzkampf zwischen den altern konservativen und den neuen nationalsozialistischen Eliten entwickelt hatte (Hüttenberger). NS-Gegner der ersten Stunde wie Helmuth James Graf von Moltke bildeten die Ausnahme. Wichtige Exponenten des »20. Juli« wie Carl Goerdeler, Ludwig Beck, Ulrich von Hassell und Ernst von Witzleben waren – zumeist vor dem Kriege und oft unfreiwillig – aus dem Staats- und Militärapparat entfernt worden. Ihre moralische Sensibilität und kritische Aufmerksamkeit für die Schwächen und Verbrechen des Dritten Reiches waren mit ihren enttäuschten Hoffnungen und verlorenen Illusionen eng verbunden. Andere Repräsentanten des »20. Juli« wie Stauffenberg selbst, Fritz-Dietlof Graf von der Schulenburg, Henning von Treskow und vor allem jüngere Offiziere waren erst im Kriege zu kompromißlosen Gegnern des Regimes geworden, manche erst, als sich mit der Niederlage von Stalingrad die militärische Katastrophe ankündigte und sich der drohende Untergang des Deutschen Reiches am Horizont abzuzeichnen begann. Zum Widerstand um Stauffenberg stießen schließlich auch Männer, die wie der Militärbefehlshaber in Frankreich, General Karl-Heinrich von Stülpnagel, und Generaloberst Erich Hoepner, in enger Zusammenarbeit mit den Exekutionskommandos der Einsatzgruppen in Polen und in der Sowjetunion operiert hatten (Koch). Reichskriminaldirektor Arthur Nebe, später ebenfalls zum »20. Juli« zählend, hatte sogar zeitweise als Chef eines solchen Einsatzkommandos fungiert.

Das Beispiel Nebes zeigt auch: Bis zum gescheiterten Attentat unterhielt der »20. Juli« gute Beziehungen in den Staats-, Partei- und Polizeiapparat hinein, vom militärischen Sektor ganz zu schweigen. Verglichen mit den Aktionsmöglichkeiten des Arbeiterwiderstandes agierte hier eine ›privilegierte‹ Opposition, die zudem von der Gestapo lange Zeit kaum behelligt wurde. Die bürgerlich-aristokratischen Repräsentanten des »20. Juli« waren außerdem mit ihrem Unbehagen an der NSDAP und an den SS-Sonderorganisationen keineswegs so isoliert, wie später behauptet wurde. Kritik, die an der Basis der Gesellschaft unweigerlich Justiz und Gestapo auf den Plan gerufen hätte, war an ihrer Spitze besonders in den letzten Kriegsjahren weit verbreitet. So ergab eine behördeninterne Umfrage, die das Reichsinnenministerium im Herbst 1942 bei 13 Dienststellen im Reichsgebiet startete, eine Reihe von Klagen über den »pluralistischen Imperialismus« der nationalsozialistischen Sonderbehörden sowie die unmißverständliche Forderung, die allgemeine Staatsverwaltung auch gegenüber SS und Gestapo zu stärken. In der Ministerialbürokratie dachte man sehr wohl über das Kriegsende hinaus. Im Innenministerium und in der »Reichsstelle für Raumordnung« arbeiteten die Beamten trotz Hitlers ausdrücklichem Verbot weiter an der sogenannten Reichsreform, und das Justizministerium faßte eine umfassende Justizreform und die Zurückdrängung des Gestapo-Einflusses für die Zeit nach dem Kriege ins Auge. Ludwig Erhards unter dem Schutz des SS-Brigadeführer- und Wirtschafts-Staatssekretärs Otto Ohlendorff entwickeltes Konzept einer »gelenkten Marktwirtschaft« gehört ebenfalls in den Zusammenhang dieser Planungen.

Überpointiert ausgedrückt, bildete der »20. Juli« die Spitze eines Eisbergs; den radikalen Flügel einer diffusen Reformströmung, die sich seit Stalingrad vornehmlich aus Furcht vor der Niederlage in Bürokratie und Militär entwickelt hatte und die – wie das Beispiel der Waffen-SS zeigt (Wegner) – sogar auf die eigentlichen Bastionen des NS-Staates übergriff. Alle diese Reformüberlegungen klammerten jedoch die Frage nach dem Schicksal Hitlers und der NSDAP eskapistisch aus. Sie blieben insoweit im Rahmen des Regimes und unterschieden sich damit substantiell von den Vorstellungen des »20. Juli«, für dessen Pläne die Beseitigung Hitlers und des NS-Apparates die wesentliche Grundvoraussetzung war.

Rechtsstaatlichkeit, Glaubens- und Gewissensfreiheit, Selbstverwaltung – das waren Fixpunkte in den ansonsten eher uneinheitlichen Neuordnungsvorstellungen des »20. Juli«. Einig war man sich auch darin, daß die Erneuerung Deutschlands im Zeichen des Christentums erfolgen sollte. Dem Parlamentarismus westlicher Prägung stand man hingegen äußerst skeptisch gegenüber. Die Männer des »20. Juli« machten in ihrer Mehrzahl die Weimarer »Massendemokratie« und nicht das antidemokratische Ideengut, dem sie gutenteils selbst während der 20er Jahre angehangen hatten, für den Aufstieg Hitlers verantwortlich. Nicht zuletzt deshalb hat Ralf Dahrendorf die Repräsentanten des bürgerlich-aristokratischen Widerstandes als »absichtliche und unabsichtliche Verteidiger des Ancien-Regime« beschrieben.

Die meisten Deutschen lehnten den Attentatsversuch vom 20. Juli ab und brachten seinen Trägern wenig Sympathien entgegen. Mochte der Führernimbus auch seine aktive, fesselnde Kraft verloren haben, so wirkte er doch wie eine Respekt-Schwelle, die verhinderte, daß die ehemalige Gläubigkeit in begründete oder überzeugte Gegnerschaft umschlug (Kershaw).

Das Ende der »inneren Front« setzte dann weit undramatischer ein; es wurde nicht beschleunigt durch Akte der Selbstbefreiung, aber auch nicht verzögert durch die vorher großsprecherisch angekündigten »Werwolf«-Aktionen. Selbst die Alliierten hatten das Ausmaß an ›fanatischer Treue‹, mit der die deutsche Bevölkerung hinter dem Dritten Reich und seiner Führung stand, bei weitem überschätzt.

Der neue Landrat von Gunzenhausen (Bayern) schrieb verwundert in seinem ersten Lagebericht im August 1945: »Obwohl der Krieg erst seit einigen Monaten beendet ist, wird vom Nationalsozialismus fast nicht mehr und wenn schon, dann im nachteiligen Sinne gesprochen. Bei Leuten, die in ihren Heimen Zeichen des nationalsozialistischen Staates in jeglicher Form zeigten, ist keine Spur davon zu sehen« (Kershaw).

Zunächst galt es einfach zu überleben, und bald ließen die neuen, demokratischen Verhältnisse das erwarten, was man sich vor 1933 vielerorts von Hitler erhofft und was sich im Bewußtsein nicht Weniger bis zum Kriegsbeginn auch ansatzweise erfüllt hatte: »Ruhe, Ordnung und persönlicher Erfolg« (Niethammer). Noch lange hielt sich in der deutschen Bevölkerung – wie Umfragen ergaben – die Ansicht, der Nationalsozialismus sei eine »gute Idee« gewesen, »die nur schlecht realisiert wurde« (Kleßmann).

Literatur zum Thema

ALLEN, WILLIAM SHERIDAN: »Das haben wir nicht gewollt!« Die nationalsozialistische Machtergreifung in einer Kleinstadt 1930–1935. Gütersloh 1966.

ANGERMUND, RALPH: Die geprellten ›Richterkönige‹. Zum Niedergang der Justiz im NS-Staat. In: Mommsen, Hans (Hrsg.): Herrschaftsalltag im Dritten Reich. Studien und Texte. Düsseldorf 1988, S. 304–342.

AYASS, WOLFGANG: »Ein Gebot der nationalen Arbeitsdisziplin«. Die Aktion »Arbeitsscheu Reich« 1938. In: Feinderklärung und Prävention. Kriminalbiologie, Zigeunerforschung und Asozialenpolitik (= Beiträge zur nationalsozialistischen Gesundheits- und Sozialpolitik, Band 6). Berlin 1988, S. 43–74.

BARKAI, AVRAHAM: Vom Boykott zur ›Entjudung‹. Der wirtschaftliche Existenzkampf der Juden im Dritten Reich, 1933–1943. Frankfurt/M. 1988.

BEIER, GERHARD: Die illegale Reichsleitung der Gewerkschaften. In: Löwenthal, Richard, Mühlen, Patrik von zur (Hrsg.): Widerstand und Verweigerung in Deutschland 1933–1945. Berlin, Bonn 1982, S. 25–50.

BRELOER, HEINRICH (Hrsg.): Mein Tagebuch. Geschichten vom Überleben 1939–1947, Köln 1984.

BROSZAT, MARTIN: Der Staat Hitlers. Grundlegung und Entwicklung seiner inneren Verfassung, München 1969.

BROSZAT, MARTIN, FRÖHLICH, ELKE: Alltag und Widerstand. Bayern im Nationalsozialismus, München 1987.

DAHRENDORF, RALF: Gesellschaft und Demokratie in Deutschland. München 1966.

Deutschland-Berichte der Sopade. 1934–1940. Hrsg. und mit einem Register versehen von Klaus Behnken. Frankfurt/M. 1980.

DIPPER, CHRISTOPH: Der Widerstand und die Juden. In: Der Widerstand gegen den Nationalsozialismus. Die deutsche Gesellschaft und der Widerstand gegen Hitler. Hrsg. v. Schmädeke, Jürgen, Steinbach, Peter. München, Zürich 1985, S. 598–616.

DREWNIAK, BOGUSLAW: Der deutsche Film 1938–1945. Ein Gesamtüberblick. Düsseldorf 1987.
GRUNBERGER, RICHARD: Das zwölfjährige Reich. Der deutsche Alltag unter Hitler. Wien, München, Zürich 1972.
HAASE, NORBERT: Deutsche Deserteure. Berlin 1987.
HARLANDER, TILMANN, FEHL, GERHARD (Hrsg.): Hitlers sozialer Wohnungsbau 1940–1945. Wohnungspolitik, Baugestaltung und Siedlungsplanung. Aufsätze und Rechtsgrundlagen zur Wohnungspolitik, Baugestaltung und Siedlungsplanung. In: Zeitschrift »Der soziale Wohnungsbau in Deutschland«, Band 6, Hamburg 1987.
HEIM, SUSANNE, ALY, GÖTZ: Die Ökonomie der Endlösung. Menschenvernichtung und wirtschaftliche Neuordnung. In: Sozialpolitik und Judenvernichtung. Gibt es eine Ökonomie der Endlösung? (= Beiträge zur nationalsozialistischen Gesundheits- und Sozialpolitik, Band 5). Berlin 1987, S. 11–90.
HEINEMANN, ULRICH: Fritz-Dietlof Graf von der Schulenburg. Das Problem von Kooperation und Opposition und der Entschluß zum Widerstand gegen das Hitlerregime. In: Der Widerstand gegen den Nationalsozialismus (s. o.), S. 417–435.
HERBERT, ULRICH: Fremdarbeiter. Politik und Praxis des ›Ausländer-Einsatzes‹ in der Kriegswirtschaft des Dritten Reiches. Berlin, Bonn 1985.
HOCH, ANTON, GRUCHMANN, LOTHAR, ELSER, GEORG: Der Attentäter aus dem Volke. Frankfurt/M. 1980.
HÜTTENBERGER, PETER: Vorüberlegungen zum »Widerstandsbegriff«. In: Geschichte und Gesellschaft. Sonderheft 3. Göttingen 1977, S. 117–134.
KARDORFF, URSULA V.: Berliner Aufzeichnungen. Aus den Jahren 1942–1945. München 1976.
KERSHAW, IAN: Der Hitler-Mythos. Volksmeinung und Propaganda im Dritten Reich (= Schriftenreihe der Vierteljahrshefte für Zeitgeschichte, Nr. 41). Stuttgart 1980.
KLESSMANN, CHRISTOPH: Die doppelte Staatsgründung. Deutsche Geschichte 1945–1955. Bonn 1982.
KOCH, HANNSJOACHIM W.: Volksgerichtshof. Politische Justiz im 3. Reich. München 1988.
LANG, JOCHEN V.: Das Eichmann-Protokoll. Tonbandaufzeichnungen der israelischen Verhöre. Berlin 1982.
LIFTON, ROBERT J.: Ärzte im Dritten Reich. Stuttgart 1988.
MASON, TIMOTHY W.: Arbeiterklasse und Volksgemeinschaft. Dokumente und Materialien zur deutschen Arbeiterpolitik 1936–1939. Opladen 1975.
MESSERSCHMIDT, MANFRED, WÜLLNER, FRITZ: Die Wehrmachtsjustiz im Dienste des Nationalsozialismus. Zerstörung einer Legende. Baden Baden 1987.
MOMMSEN, HANS: Der Widerstand gegen Hitler und die deutsche Gesellschaft. In: Der Widerstand gegen den Nationalsozialismus (s. o.), S. 3–23.
MÜLLER, INGO: Furchtbare Juristen. Die unbewältigte Vergangenheit unserer Justiz. München 1987.
MÜLLER, KLAUS-JÜRGEN: Nationalkonservative Eliten zwischen Kooperation und Widerstand. In: Der Widerstand gegen den Nationalsozialismus (s. o.), S. 24–49.
NIETHAMEMR, LUTZ: Entnazifizierung in Bayern. Säuberung und Rehabilitierung unter amerikanischer Besatzung. Frankfurt/M. 1972.
PEUKERT, DETLEV: Die KPD im Widerstand. Verfolgung und Untergrundarbeit an Rhein und Ruhr 1933–19445. Wuppertal 1980.
PRINZ, MICHAEL: Vom neuen Mittelstand zum Volksgenossen. Die Entwicklung des sozialen Status der Angestellten in der Weimarer Republik bis zum Ende der NS-Zeit (= Studien zur Zeitgeschichte, Band 30). München 1986.
RECKER, MARIE-LUISE: Nationalsozialistische Sozialpolitik im Zweiten Weltkrieg (= Studien zur Zeitgeschichte, Band 29). München 1985.
ROTH, KARL-HEINZ u. a. (Hrsg.): Das Daimler-Benz-Buch. Ein Rüstungskonzern im »1000jährigen Reich«. Nördlingen 1987.
SCHÄFER, HANS DIETER: Das gespaltene Bewußtsein. Deutsche Kultur und Lebenswirklichkeit 1933–1945. München, Wien 1981.
SCHOENBAUM, DAVID: Die braune Revolution. Eine Sozialgeschichte des Dritten Reiches. Köln 1968.

SIEGEL, TILLA: Rationalisierung statt Klassenkampf. Zur Rolle der deutschen Arbeitsfront in der nationalsozialistischen Ordnung der Arbeit. In: Mommsen, Hans (Hrsg.), Herrschaftsalltag im Dritten Reich (s. o.) S. 97–150.

SIEGFRIED, KLAUS-JÖRG: Das Leben der Zwangsarbeiter im Volkswagenwerk 1939–1945. Frankfurt/M., New York 1988.

SMELSER, RONALD: Robert Ley: Hitlers Labour Front Leader. Oxford 1987.

SPODE, HASSO: Arbeiterurlaub im Dritten Reich. In: Sachse, Karola u. a.: Angst, Belohnung, Zucht und Ordnung. Herrschaftsmechanismen im Nationalsozialismus. Opladen 1982, S. 275–328.

STEINBACH, PETER: Vergangenheit als Last und Chance. Vergangenheitsbewältigung in den 50er Jahren. In: Weber, Jürgen u. a.: Die Bundesrepublik wird souverän. 1945–1955. München 1986, S. 309–329.

STEINERT, MARLIES: Hitlers Krieg und die Deutschen. Stimmung und Haltung der deutschen Bevölkerung im Zweiten Weltkrieg. Düsseldorf, Köln 1970.

THAMER, HANS-ULRICH: Verführung und Gewalt. Deutschland 1933–1945. Berlin 1986.

VERHOEVEN, MICHAEL, KREBS, MARIO: Die weiße Rose. Der Widerstand Münchener Studenten gegen Hitler. Frankfurt/M. 1982.

VOLKMANN, HANS-ERICH: Landwirtschaft und Ernährung in Hitlers Europa 1939–1945. In: Militärgeschichtliche Mitteilungen. 35. Jahrgang (1/84), S. 48ff.

VORLÄNDER, HERWART: Die NSV. Darstellung und Dokumentation einer nationalsozialistischen Organisation (= Schriften des Bundesarchivs, 35). Boppard am Rhein 1988.

WEGENER, BERND: Hitlers politische Soldaten. Die Waffen-SS 1933–1945. Paderborn 1982.

WERNER, WOLFGANG FRANZ: »Bleib übrig«. Deutsche Arbeiter in der nationalsozialistischen Kriegswirtschaft. Düsseldorf 1983.

WIMSCHNEIDER, ANNA: Herbstmilch. Lebenserinnerungen einer Bäuerin. München, Zürich 1985[7].

WIPPERMANN, WOLFGANG: Der konsequente Wahn. Ideologie und Politik Adolf Hitlers. Mit einem Essay von Saul Friedländer. Gütersloh 1989.

ZIMMERMANN, MICHAEL: Ausbruchshoffnung. Junge Bergleute in den 30er Jahren. In: Niethammer, Lutz (Hrsg.): »Die Jahre weiß man nicht, wo man die heute hinsetzen soll«. Faschismus-Erfahrungen im Ruhrgebiet. Berlin, Bonn 1983, S. 97–132.

Ute Frevert

Frauen an der »Heimatfront«

I. Vorbemerkungen

Als Zeitungen, Volksempfänger und öffentlich installierte Lautsprecher dem deutschen ›Volk‹ am 1. September 1939 die Nachricht verkündeten, daß es sich ab sofort im Kriegszustand befände, brachen keine Begeisterungsstürme los. Anders als zu Beginn des Ersten Weltkriegs begrüßten die Menschen die Meldung nicht mit Jubel und klassenübergreifenden Loyalitätsbekundungen. »Nichts sei zu spüren«, schrieb die damals 48jährige Else Behrend-Rosenfeld am 2. September 1939 in ihr Tagebuch, »von der Begeisterung, die wir 1914 miterlebten, nirgends siehst Du ein Zeichen davon, und selbst vor den ersten Siegesmeldungen stehen die Menschen stumm und mit ungerührtem Antlitz« (Behrend-Rosenfeld). Auch die eine Generation jüngere Melita Maschmann, die den Kriegsausbruch in der Potsdamer Reichsführerinnenschule des BDM (Bund deutscher Mädel) miterlebte, erinnerte sich »an das Verstummen, das plötzlich in unserer fröhlichen Gemeinschaft um sich griff... Überall zeichnete sich der gleiche Schreck ab« (Maschmann).

Das Erschrecken war jedoch, zumindest bei überzeugten Parteimitgliedern und FunktionsträgerInnen des nationalsozialistischen Regimes, nur von kurzer Dauer und wich rasch einer angestrengten Geschäftigkeit. Zeigten sich die Menschen 1939 auch weit weniger erfreut über die Mobilmachungsnachricht als 25 Jahre zuvor, sollten sie auf die kommenden Ereignisse doch ungleich besser vorbereitet sein. Vor allem die Frauen, hieß es, seien vorzüglich gerüstet für ihre vielfältigen Aufgaben an der Heimatfront. Im Unterschied zu 1914, als »die Notwendigkeit eines Fraueneinsatzes... nicht rechtzeitig bedacht« worden war, rühmte sich das Dritte Reich, seine weibliche Bevölkerungshälfte »durch jahrelange Aufklärung und Schulung« für den Kriegsfall präpariert zu haben (Kuhn/Rothe, II).

II. Vorbereitung auf den Krieg

In der Tat hatten sich die zuständigen Ämter und Planungsstäbe schon frühzeitig damit beschäftigt, wie Frauen in einer unter Kriegsbedingungen organisierten Wirtschaft optimal eingesetzt werden könnten. Man hatte die Erfahrungen des Ersten Weltkriegs ausgewertet und aus ihnen gelernt: Waren 1916 nur Männer vom gesetzlich verfügten Arbeitszwang erfaßt worden, galten die im Frühjahr 1939 konzipierten Dienstpflichtverordnungen für Deutsche beiderlei Geschlechts. Zugleich sollten Schutzvorschriften und sozialpflegerische Betreuung dafür sorgen, daß sich die gesundheitlichen Belastungen erwerbstätiger Frauen in vertretbaren Grenzen hielten und ihre Fähigkeit zur biologischen und sozialen Mutterschaft nicht gefährdet wurde.

Frauen tauchten in den Militär- und Wirtschaftsplanungen der Vorkriegszeit jedoch nicht nur als potentielle Arbeitskräfte in Industrie, Verwaltung und Landwirtschaft auf, sondern auch in ihrer ›normalen‹ Funktion als Hausfrauen. Wie wichtig der sparsame Umgang mit knappen Nahrungsmitteln für die Ernährungssituation – und damit die Zufriedenheit und Durchhaltebereitschaft – der Bevölkerung war, hatte der Erste Weltkrieg zur Genüge bewiesen. Das Deutsche Frauenwerk, die unter nationalsozialistischer Leitung stehende Gesamtorganisation deutscher Frauen, bot spezielle Hauswirtschaftskurse an, und bis 1938 hatten bereits 1,8 Millionen Frauen gehört und gesehen, wie sie ihre Kleidung am schonendsten pflegen, einheimisches Obst und Gemüse am besten konservieren und ihrer Familie mit begrenzten Ressourcen, aber größtem Arbeitsaufwand möglichst nährwerthaltiges Essen zubereiten konnten (Stephenson). Als Lebensmittel unmittelbar nach Kriegsbeginn rationiert wurden und nur noch ›auf Karten‹ erhältlich waren, konnten Frauen dieser Situation folglich gewappnet ins Auge sehen – im Zweifelsfall halfen ihnen Zeitungen und Broschüren mit Koch- und Sparrezepten.

Auch ideologisch waren Frauen auf den Krieg und seine unabdingbare Notwendigkeit vorbereitet worden. Der von Goebbels meisterhaft instruierte Propagandaapparat hatte die deutsche Bevölkerung mit Horrormeldungen über an ›Volksgenossen‹ im Ausland, vorzugsweise an Frauen und Kindern, verübte Greueltaten reichlich versorgt, und Hitler selber hatte seine Leser und Zuhörer nie im unklaren gelassen, daß militärische Expansion, die Gewinnung von ›Lebensraum‹ für deutsche Familien, die ultima ratio seines Regimes war. Da es sich im nationalsozialistischen Selbstverständnis nicht so sehr um ökonomische Beutekriege als um einen ›Rassenkrieg‹ handelte, der die deutsche ›Rasse‹ zur Herrschaft über alle anderen, ›minderwertigen Rassen‹ führen wollte, mußten sich Frauen, in ihrer Eigenschaft als Hüterinnen dieser ›hochwertigen Rasse‹, besonders angesprochen fühlen. Indem sie in gesunden ›arischen‹ Familien Kinder zur Welt brachten und großzogen, waren sie Mütter eines ›rassisch wertvollen‹ Volkes, das sich im Kampf um knappe Ressourcen mühe- und bedingungslos gegen andere, weniger ›wertvolle‹ Völker durchsetzen sollte. Je mehr ›reinrassige‹ deutsche Kinder geboren wurden, desto stärker war das deutsche Volk, desto unabweisbarer aber auch sein Bedürfnis, seine »Ernährungsvoraussetzungen«, seinen »Lebensraum« auf Kosten schwächerer, weniger widerstandsfähiger Völker zu vergrößern. Eine solche »Anpassung des Bodens... an die gewachsene Volkszahl« sei, so Adolf Hitler, »am natürlichsten« auf militärischem Wege zu erreichen, und dies sei auch das einzige Ziel, das den »Bluteinsatz« eines Volkes rechtfertige (Kuhn/Rothe, I).

III. Bevölkerungspolitik und Mutterschafts-Ideologie

Diese Vision, 1928 im Tonfall schicksalsgewisser Prophetie formuliert, entbehrte allerdings jeglicher materieller Grundlage. Zwar nahm die ›Volkszahl‹ in Deutschland zu, indem jedes Jahr mehr Menschen geboren wurden als starben, doch zeigte diese

Wachstumsrate deutlich sinkende Tendenz: Hatte sie 1913 noch bei 1,26 Prozent gelegen, betrug sie 1928 nur noch 0,57 Prozent und sollte sich bis 1932 auf 0,43 Prozent verringern. Überdies ging die immer mehr schrumpfende Zunahme vornehmlich auf das Konto älterer Menschen, deren Lebenserwartung sich langsam, aber stetig erhöhte, während zugleich die Geburtenrate abnahm: Waren 1913 noch 27,5 Neugeborene auf 1000 Einwohner gezählt worden, hatte sich diese Zahl 1928 auf 18,6 verringert und lag 1932 nur noch bei 15,1 (Petzina u. a.).

Solche Zahlen bereiteten Bevölkerungspolitikern aller Richtungen Sorge; die Angst vor dem ›Volkstod‹ war kein nationalsozialistisches Monopol. Bereits während des Ersten Weltkriegs und in der Weimarer Republik hatte es eine intensive Debatte über pronatalistische Familienpolitik und materielle Anreize zur Erhöhung der Kinderzahlen gegeben, und auch in Ländern wie Frankreich fürchtete man angesichts dramatisch sinkender Geburtenraten um den Bestand der Nation. Der deutsche Nationalsozialismus jedoch reagierte auf die demographische Entwicklung mit besonderer Schärfe, bedeutete sie doch eine massive Gefährdung seiner zentralen Systemziele. Schließlich wirkte das Argument, das deutsche Volk sei in seiner Entfaltung durch die östliche Grenzziehung behindert, bei einem minimalen, gegen Null strebenden Bevölkerungswachstum nicht gerade überzeugend. Die beabsichtigte Kolonialisierung und Besiedelung Osteuropas erforderten ebenso wie die militärische Unterwerfung und Befriedung westlicher und nördlicher Nachbarstaaten ein quantitativ und qualitativ gleichermaßen starkes ›Herrenvolk‹, nicht aber einen stetig schrumpfenden ›Volkskörper‹, dessen Qualität noch dazu durch Erbkrankheiten, soziale Außenseiter und ›Rassenvermischung‹ beschädigt schien.

Anders als vorangegangene Regierungen beließen es die Nationalsozialisten deshalb nicht dabei, über bevölkerungspolitische Probleme sorgenvoll zu reden, sondern leiteten unmittelbar nach ihrer Machtergreifung eine Reihe von Maßnahmen in die Wege, um den bedrohlich erscheinenden Rückwärtstrend zum Stillstand zu bringen und umzukehren. Außer finanziellen Zuwendungen und materiellen Hilfen für kinderreiche Familien sorgte eine wohlinszenierte Propaganda dafür, daß Frauen ihre wichtigste staatsbürgerliche Aufgabe, Kinder zu gebären und aufzuziehen, nicht aus den Augen verloren. Der Muttertag, aus der Weimarer Republik übernommen, wurde im Dritten Reich als nationales Fest begangen, mit öffentlichen Ehrungen fleißiger Mütter, politischer Reden und Geschenken. Am Muttertag 1939 verlieh der Staat etwa drei Millionen Frauen das »Ehrenkreuz der deutschen Mutter«, eine Medaille für herausragende Gebärleistungen. Für vier oder fünf Kinder gab es das Kreuz in Bronze, für sechs und sieben in Silber, und Mütter mit acht und mehr Kindern konnten ein goldenes Kreuz nach Hause tragen. Mitglieder der NS-Jugendorganisationen waren verpflichtet, Trägerinnen des Mutterkreuzes in aller Form zu grüßen, was den politischen Charakter dieser Auszeichnung unterstrich. Die Nationalsozialisten brauchten Nachwuchs, um ihre ehrgeizigen Eroberungsziele erreichen zu können, und immer wieder betonten führende Politiker, jedes Kind, das eine Frau zur Welt bringe, sei »eine Schlacht, die sie besteht für das Sein oder Nichtsein ihres Volkes« (Hitler in einer Rede vor der NS-Frauenschaft 1934, Domarus).

Dieses Bild von der Geburt als Schlacht, als nationaler Kampfhandlung, hob die große Bedeutung hervor, die das NS-Regime in seinem geplanten Rassenkrieg der Produktion von Kindern beimaß. Dafür benötigte es Frauen, die sich ihrer Aufgabe willig und gelehrig unterzogen. In der Weimarer Republik, hieß es, hätten Frauen diese

›Pflicht‹ sträflich vernachlässigt und statt dessen, angestachelt von der einen »schrankenlosen Individualismus« predigenden Frauenbewegung, mit Männern um politische Macht, Berufe und Geld konkurriert. Den Verführungen großstädtischer Un-Kultur, dem »glitzernde(n) Verfall einer verfaulenden Zeit«, seien sie widerstandslos gefolgt, ohne von ihrer vordergründigen Freiheit wirklich profitiert zu haben (Alfred Rosenberg 1930, Kuhn/Rothe, I). Der Nationalsozialismus dagegen geleitete die Frauen zurück zu ihrer wirklichen, wesentlichen Bestimmung; im völkischen Staat, so Hitler 1934, dürften Frauen wieder »echte« Frauen sein, die in ihrer »kleinen Welt« das Fundament legten für die »große Welt« der Männer (Domarus). Propaganda-Minister Goebbels sprach es 1933 klar aus: »Den ersten, besten und ihr gemäßesten Platz hat die Frau in der Familie, und die wunderbarste Aufgabe, die sie erfüllen kann, ist die, ihrem Land und Volk Kinder zu schenken.« Goebbels verteidigte in diesem Zusammenhang die Position der Nationalsozialisten, Frauen von der Tagespolitik fernzuhalten und keine weiblichen Abgeordneten in die Parlamente geschickt zu haben, mit dem Hinweis, »daß Dinge, die dem Mann gehören, dem Mann auch verbleiben müssen. Und dazu gehört die Politik und die Wehrhaftigkeit eines Volkes.« Der völkische Staat zeichne sich gerade dadurch aus, die »natürliche« Arbeitsteilung zwischen den Geschlechtern wieder ins Recht zu setzen, Männer- und Frauenräume klar voneinander zu trennen und die öffentliche Geringschätzung der weiblichen »Mission« ein für allemal zu beenden (Schmidt/Dietz).

Daß diese Mission in erster Linie in der Mutterschaft lag, verdeutlicht eine bevölkerungspolitische Propagandakampagne, die im Herbst 1933 begann und Frauen durch millionenfach aufgelegte Broschüren und Plakate auf ihre Verpflichtung gegenüber der ›Volksgemeinschaft‹ einzuschwören suchte: »Ihr Mütter und ihr, die ihr Mütter sein werdet, seid euch dessen bewußt, daß bei euch Deutschlands Zukunft ruht, daß aus eures Herzens Glutwelle die heilige Flamme völkischer Erneuerung emporlodern muß.« Die erneuerte Zukunft aber sei nur dann gesichert, wenn die mit dem Geburtenrückgang verbundene Vergreisung der Bevölkerung gestoppt werde. Deshalb laute die Devise: »Unsere Geburtenzahl muß hoch ansteigen!« (Bock).

Das Regime begnügte sich nicht mit propagandistischen Appellen und ideologischer Aufrüstung, um Frauen bzw. Ehepaare zu generativen Höchstleistungen anzuspornen. Materielle Zuwendungen sollten auch Frauen, die im Wochenbett keine Schlachten für das deutsche Volk und seinen Führer schlagen wollten, gebärfreudiger machen. Seit 1933 konnten Heiratswillige unter bestimmten Bedingungen ein Ehestandsdarlehen beanspruchen, das in Einkaufsgutscheinen in Höhe von maximal 1000 RM (zum Vergleich: das Jahreseinkommen abhängig Beschäftigter lag 1933 bei 1520 RM) ausbezahlt wurde. Abgesehen davon, daß dieses Darlehen Eheschließungen und Haushaltsgründungen erleichtern sollte, bot es auch einen Anreiz, möglichst rasch möglichst viele Kinder zu bekommen: Die Darlehensschuld verminderte sich je Kind um ein Viertel und galt nach vier Geburten als ›abgekindert‹. Kinderreiche Eltern wurden darüber hinaus steuerlich begünstigt, kinderlose mit einem hohen Steuersatz belegt. Außerdem kamen Familien mit mehreren Kindern in den Genuß direkter finanzieller Beihilfen. Seit 1936 erhielten Arbeiter- und Angestelltenfamilien, deren Monatseinkommen unter 185 RM lag, für das fünfte und jedes weitere Kind zehn Reichsmark monatlich, und zwei Jahre später gab es ein solches Kindergeld bereits für das dritte und vierte Kind. Finanziert wurde dieses aufwendige staatliche Unterstützungsprogramm, von dem 1938 immerhin 2,5 Millionen Kinder und deren Eltern profitierten, aus der Arbeitslosenversicherung, die dank des ökonomischen Aufrüstungsbooms mit vollen Kassen aufwarten konnte (Mason, 1976).

Das Arsenal nationalsozialistischer Bevölkerungspolitik enthielt aber nicht nur ein ›Zuckerbrot‹ in Form finanzieller Anreize zur Erhöhung der Geburtenzahlen. Zu den ersten Gesetzen, die das neue Regime erließ, gehörte die Wiedereinführung der Paragraphen 219 und 220 des Strafgesetzbuchs. 1926 auf Druck der linken Parteien gestrichen, sahen diese Paragraphen eine schärfere Bestrafung und Verfolgung von Abtreibung vor. Zugleich wurden kommunale und private Sexualberatungsstellen geschlossen und der Zugang zu Verhütungsmitteln erschwert (von Soden). Frauen sollten Schwangerschaften fortan weder verhindern noch unterbrechen können, die Trennung zwischen Sexualität und Fortpflanzung sollte im Interesse positiven Bevölkerungswachstums aufgehoben sein.

Ob es der staatlich verordnete ›Gebärzwang‹ oder die materiellen Lockmittel waren, die zum tatsächlichen Anstieg der Geburtenrate zwischen 1934 und 1939 führten, muß ungeklärt bleiben. Manches spricht dafür, daß die Trendwende – 1939 war die Geburtenrate mit 20,4 pro 1000 Einwohner wieder fast so hoch wie 1924 – auch ohne die pronatalistische Politik der Nationalsozialisten eingetreten wäre. Daß in den fünf Jahren nach 1933 mehr Kinder geboren wurden als in der entsprechenden Zeit vorher, bedeutete nicht etwa, daß die Kinderzahl je Ehe stieg. Alle Bemühungen, die Entwicklung zur Zwei-Kinder-Familie aufzuhalten, scheiterten. So kamen in den 1920 geschlossenen Ehen durchschnittlich 2,3 Kinder zur Welt, in den 1930 und 1940 geschlossenen Ehen jedoch nur noch 2,2 bzw. 1,8 Kinder. Die durchschnittliche Haushalts- und Familiengröße schrumpfte auch im Dritten Reich weiter: Lebten 1933 3,6 Personen in einem Haushalt, waren es 1939 nur noch 3,27. Ehepaare ließen sich offensichtlich weder durch Abtreibungsverbot noch Kindergeld oder Ehestandsdarlehen davon abhalten, die Zahl ihres Nachwuchses niedrig zu halten.

Wenn sich die Geburtenrate dennoch erhöhte, lag das hauptsächlich daran, daß mehr Ehen geschlossen wurden, in denen Kinder geboren werden konnten. Kamen 1932 auf 1000 Einwohner 7,9 Eheschließungen, waren es zwei Jahre später 11,2, und obgleich sich dieser hohe Wert nicht stabilisieren ließ, lag die Heiratsquote bis 1939 um fast 20 Prozent über dem Mittel der Jahre 1923 bis 1932. Nachdem die schlechte Wirtschaftslage in der Endphase der Weimarer Republik Familiengründungen eher aufgeschoben hatte, scheinen das optimistische Aufschwungsversprechen der Nationalsozialisten und die rasch zurückgehenden Arbeitslosenzahlen heiratsstimulierend gewirkt zu haben; und auch das Ehestandsdarlehen mag einen zusätzlichen Anreiz geboten haben, Liebesbeziehungen zu legitimieren. Daß in den Jahren 1936 bis 1939 extrem wenige uneheliche Kinder geboren wurden – nur 7,7 Prozent aller Geburten im Vergleich zu 12,2 Prozent in den Jahren 1926 bis 1930 –, spricht ebenfalls für die These, daß die Heiratsbereitschaft junger Leute in den Anfangsjahren des Dritten Reichs außergewöhnlich hoch war. Je mehr Ehen geschlossen wurden, desto mehr Kinder kamen insgesamt auf die Welt, auch wenn jede einzelne Familie für sich genommen klein blieb. Die Gebärprämien des nationalsozialistischen Staates wurden nur von relativ wenigen Ehepaaren voll ausgeschöpft, die meisten scheinen sich mit zwei Kindern begnügt zu haben.

IV. Rassenhygiene und Geburtenkrieg

Allerdings hatten sich pronatalistische Propaganda und Maßnahmen ohnehin nicht an alle Frauen gerichtet. Der Nationalsozialismus ließ keinen Zweifel daran, daß es ihm ausschließlich um ›rassisch wertvolle‹ Mütter und deren Kinder ging. Die Fortpflanzung jener 20 bis 30 Prozent der deutschen Bevölkerung, die 1933 nach strengen rassehygienischen Kriterien als ›minderwertig‹ galten, war dagegen alles andere als erwünscht (Bock). Millionen Frauen, die den rassischen, sozialen und politischen Ansprüchen der NS-Volkszüchter nicht genügten, wurden folgerichtig mit allen Mitteln daran gehindert, »ihrem Land und Volk Kinder zu schenken«. Schon in den Genuß des Ehestandsdarlehens kamen nur solche Paare, von denen man erwarten konnte, daß sie sozial und biologisch einwandfreie Nachkommen hervorbringen würden. Bewerber hatten sich einer ärztlichen Untersuchung zu unterziehen, die nicht nur eventuelle Erbkrankheiten, sondern auch soziale Normverletzungen in der weiteren Verwandtschaft ausfindig machen sollte. Seit Oktober 1935 mußten darüber hinaus alle Heiratswilligen eine Gesundheitsprüfung über sich ergehen lassen; ohne die Vorlage eines Ehegesundheitszeugnisses durfte kein Standesbeamter eine Eheschließung vornehmen. Einen Monat zuvor hatten bereits die Nürnberger ›Gesetze zum Schutz des deutschen Blutes und der deutschen Ehre‹ Ehen zwischen Juden und »Staatsangehörigen deutschen oder artverwandten Blutes« verboten. Auch Farbige und Zigeuner kamen für ›gute Deutsche‹ nicht mehr als Heiratspartner in Betracht. Übertretungen dieser Verbote wurden mit Zuchthaus und Gefängnis bestraft.

Bis in die letzte Konsequenz verfolgten die Nationalsozialisten ihr ideologisches Ziel, die deutsche Bevölkerung in den altgermanischen Zustand angeblicher ›Rassereinheit‹ zurückzuversetzen. Mit Hilfe einer kühl und geschäftig exekutierenden Auslese- und Vernichtungspolitik sollten Menschen ›minderwertiger Rassen‹ aus dem ›Volkskörper‹ eliminiert und der verbleibende Rest zur ›Herrenrasse‹ hochgezüchtet werden. ›Rasse‹ war hier nicht allein biologisch, sondern auch sozial bzw. sozialmedizinisch definiert. Prostitution, Alkoholismus, Kriminalität, längere Abhängigkeit von Wohlfahrtsunterstützungen wurden als potentiell erbliche Krankheitserscheinungen angesehen, die um so bedrohlicher waren, als derart kranke und ›gemeinschaftsunfähige‹ Personen in der Regel die meisten Kinder hatten und sich weit schneller vermehrten als die ›rassisch wertvolle‹ Bevölkerung. Gleiches galt für die Träger physischer und psychischer Anomalien, denen deshalb ebenso wie ›Asozialen‹ das Recht auf Fortpflanzung genommen werden sollte.

Diese rassenhygienisch-eugenischen Vorstellungen waren alles andere als originell oder auf Deutschland beschränkt. Die Nationalsozialisten gaben sich jedoch nicht damit zufrieden, die Debatte fortzuführen; sie handelten. Bereits im Juli 1933 erließen sie ein ›Gesetz zur Verhütung erbkranken Nachwuchses‹, das die Sterilisation jener Frauen und Männer erzwang, die an Schwachsinn, Schizophrenie, Epilepsie, Taub- und Blindheit sowie angeborenen körperlichen Mißbildungen litten. Bis Kriegsende wurden etwa 400000 bis 500000 Personen beiderlei Geschlechts nach diesem Gesetz unfruchtbar gemacht (Bock). Auch Abtreibungen aus eugenischen Gründen waren seit 1935 erlaubt: Um das deutsche Volk vor ›minderwertigem Material‹ zu schützen, war dem sonst so pronatalistischen Regime jedes Mittel recht. Jüdische Frauen durften seit 1938 ohne Angabe von Gründen eine Schwangerschaft unterbrechen lassen, denn auf ihre Kinder legten die Nationalsozialisten ebenso wenig Wert wie auf die Nachkommen von Zigeunern, Mischlingen oder Ostarbeiterinnen. Ihren Höhepunkt fand die Politik der Auslese und Ausmerzung in den Konzentrations- und Vernichtungslagern, wo Frauen, die den exklusiven Qualitätsansprüchen der Nazis nicht standhielten, zunächst als Opfer gynäkologischer Experimente mißbraucht wurden, um dann, wenn sie diese Tortur überlebten, ausgehungert und ermordet zu werden (Milton, Elling, Ebbinghaus).

V. Schutz der Familie?

Deutsche Jüdinnen, Zigeunerinnen, Prostituierte kamen folglich ebenso wenig wie Polinnen oder Russinnen in den Genuß nationalsozialistischer Mütterverehrung und -unterstützung. Auch vor ihren Familien hatte das NS-Regime keinen Respekt, wogegen die ›rassisch hochwertige arische‹ Familie unter dem besonderen Schutz des Staates stand. Daß die Familienpolitik im Dritten Reich ganz unmittelbar bevölkerungs- und rassenpolitischen Zielen diente, zeigte sich 1938 bei der Novellierung des Scheidungsrechts. Die Einführung des Zerrüttungsprinzips – danach konnte eine Ehe ohne Angabe von Gründen geschieden werden, sofern die Partner seit drei Jahren getrennt lebten – sollte Scheidungen erleichtern und neue Ehen ermöglichen, in denen aller Voraussicht nach mehr Kinder geboren würden als in gescheiterten Verbindungen. Auch Mischehen zwischen Juden und Nichtjuden, die vor den Nürnberger Gesetzen geschlossen worden waren, konnten mit Hilfe des neuen Paragraphen 55 rascher und problemloser aufgelöst werden.

Die Änderung des Scheidungsrechts führte sofort zu einem merklichen Anstieg der Scheidungsrate, was jedoch nicht als Indiz einer Krise der Familie, sondern als Chance für neue Familiengründungen interpretiert und aus bevölkerungs- und rassenpolitischer Perspektive begrüßt wurde. Die Familie war eben nur so lange schützens- und erhaltenswert, wie sie gesunde, ›rassisch hochwertige‹ Kinder hervorbrachte und im nationalsozialistischen Sinn aufzog. Erfüllte sie diese Funktion nicht mehr oder nicht zufriedenstellend, verlor sie ihre Daseinsberechtigung.

Um die ›Produktion‹ rassisch einwandfreien ›Menschenmaterials‹ zu beschleunigen, erwog man sogar, die bisher geltende Familiennorm außer Kraft zu setzen. Viele Naziführer betrachteten die monogame Ehe als bevölkerungspolitisch eher hinderlich und plädierten für eine politische und materielle Förderung unehelicher Mutterschaft. Heinrich Himmler, ›Reichsführer SS‹, gründete 1936 den Verein ›Lebensborn‹, dessen satzungsgemäße Aufgabe darin bestand, »den Kinderreichtum in der SS zu unterstützen, jede Mutter guten Blutes zu schützen und zu betreuen und für hilfsbedürftige Mütter und Kinder guten Blutes zu sorgen«. Der ›Lebensborn‹ unterhielt 15 Heime, in denen Ehefrauen mittelloser SS-Männer vor und nach der Geburt ihrer Kinder Aufnahme fanden. Aber auch ledige Frauen, die von einem SS-Angehörigen oder Wehrmachtssoldaten ein Kind erwarteten, konnten hier unterkommen, das Kind in aller Diskretion gebären und zur Adoption freigeben. Angesichts der hohen Kriegsverluste erschien die Förderung und Unterstützung illegitimer Mutterschaft als immer dringender geboten, um die zwangsläufig sinkenden Eheschließungs- und Geburtenraten auszugleichen. In einem offenen Brief an eine unverheiratete Mutter, deren Bräutigam an der Front gefallen war, sprach sich Rudolf Heß, offizieller Vertreter Hitlers, 1939 dafür aus, »Bedenken, die in normalen Zeiten ihre Berechtigung haben«, für die Dauer des Krieges zurückzustellen. Hitler und Himmler erwogen gar, nach dem Krieg die »satanischen« Ehegesetze zu ändern, jedem deutschen Mann zwei Frauen zu geben und so die allgemeine Fruchtbarkeit zu steigern (Kuhn/Rothe, II, Schmidt/Dietz).

Solange das Dritte Reich bestand, blieben die Ehegesetze jedoch in Kraft, und die öffentliche Moral hielt sowohl an der monogamen Ehe als auch an der Verurteilung lediger Mütter und unehelicher Kinder fest. Auch die im BGB festgeschriebene rechtliche Diskriminierung lediger Mütter wurde nicht gestrichen, und ihr sozialer Status verbesserte sich nur unwesentlich. Seit 1937 konnten unverheiratete Frauen auf Anweisung des Justizministers zwischen der Anrede ›Frau‹ und ›Fräulein‹ wählen, und 1939 verordnete derselbe Minister, daß ledige Mütter nicht mehr automatisch aus dem öffentlichen Dienst entlassen werden durften (Stephenson, 1975). Wie beim Scheidungsrecht realisierte der Nationalsozialismus auch in diesem Punkt, zumindest ansatzweise, die seit Jahrzehnten vorgebrachten Forderungen liberaler Frauenverbände, die Stigmatisierung unverheirateter Mütter und illegitimer Kinder zu beenden. Die Motive waren jedoch gänzlich andere: Für das NS-Regime zählte nur die Nettosumme ›erbgesunder‹, ›rassereiner‹, ›arischer‹ Kinder, und die zaghaften Versuche, uneheliche Mutterschaft gesellschaftsfähig zu machen, dienten ebenso wie familienpolitische Maßnahmen dazu, die Geburtenrate durch eine Verbesserung der Rahmenbedingungen zu steigern.

Demgegenüber rückte die Familie als ehemals zentrale gesellschaftliche Institution eher in den Hintergrund nationalsozialistischer Politik. Wenngleich sie als Hege- und Pflegestätte kommender Generationen unersetzlich war, sollte ihr Einfluß auf die geistige und soziale Entwicklung der Kinder allen Ehrbezeugungen und Sonntagsreden zum Trotz nach Möglichkeit eingeschränkt werden. Nur in den ersten Lebensjahren gehörten Kinder zu ihren Müttern (und Vätern), und selbst in dieser Zeit sorgten Mütterkurse und -beratungen, die von Millionen Frauen aufgesucht wurden, dafür, daß der Staat seine Interessen geltend machen konnte. Sobald Kinder das schulpflichtige Alter erreichten, verstärkte sich der politische Zugriff. Schon in der Volksschule kamen Mädchen und Jungen mit nationalsozialistischer Ideologie in Berührung, waren Lehrerinnen und Lehrer streng angehalten, ihre Schüler im Geiste der ›Volksgemeinschaft‹ und des ›Rassenbewußtseins‹ zu erziehen. Neben die Schule – und das war die wichtigste Innovation – traten neugegründete Jugendorganisationen, deren Aufgabe darin bestand, eine dem Regime treu ergebene, opferbereite und anpassungswillige Staatsjugend heranzubilden. Nicht die Eltern, sondern der Führer sollte die höchste Autorität im Leben dieser Jugendlichen sein, und sein Befehl galt mehr als jede Anordnung der Mutter oder des Vaters. Im Konfliktfall hatte sich das Kind, unter Rückendeckung seines Jugendverbandes, gegen die Eltern zu entscheiden.

Daß dieses Erziehungsprogramm Früchte trug, zeigte sich an jenen Extremfällen, in denen Kinder ihre Eltern wegen politischer Unzuverlässigkeit denunzierten. Wo sich die Familie dem totalen Machtanspruch des Staates entgegenstellte, hatte sie ihr Existenzrecht verspielt bzw. wurde durch andere Institutionen öffentlicher Erziehung ersetzt. In dieser Hinsicht verdient der NS-Staat in der Tat das Prädikat ›modern‹, das ihm von manchen Soziologen und Historikern zugedacht wird. Verbarg sich doch hinter aller rückwärtsgewandten Rhetorik eine politische Strategie, die traditionelle Bindungen nur insoweit akzeptierte, als sie mit den Systemzielen harmonierten.

VI. Töchter, Mütter, Kameradinnen

Seit 1939 mußte jedes deutsche Mädchen ›arischen Blutes‹ Mitglied der ›Staatsjugend‹ sein; Jüdinnen waren als Angehörige einer fremden Rasse ausgeschlossen. Aber schon vorher gehörte mehr als die Hälfte aller Jugendlichen den NS-Jugendverbänden an. Obwohl der Beitritt damals noch freiwillig war, übten Schulen und NS-Institutionen einen starken Druck aus. Ausbildungsplätze waren oft nur mit dem HJ-Mitgliederausweis zu ergattern, Anstellungen im Öffentlichen Dienst setzten seit 1935 eine erfolgreiche Tätigkeit in der Hitler-Jugend voraus. Doch bedurfte es meist nicht einmal solcher Anreize, um Kinder und Teenager für die NS-Verbände zu interessieren. Für viele war das Angebot, in einer Jugendgruppe mitzuarbeiten, durchaus attraktiv: Man konnte sich vom Elternhaus absentieren, war mit Gleichaltrigen zusammen und ›erlebte‹ etwas.

In bislang einmaliger Weise verstand es der Nationalsozialismus, Jugend als besondere soziale Rolle zu verankern und inhaltlich zu prägen. Dreizehnjährige Pimpfe und Jungmädel fühlten sich nicht mehr als Kinder, aber auch noch nicht als Erwachsene. Indem das NS-Regime ihnen eigene Organisationen, eigene Verhaltensregeln, eigene Kleidung, eigene Verbindlichkeiten und Zuständigkeiten übertrug, verlieh es der Jugend als biographischer Zwischenphase eine feste Form, deren Grenzen und Spielräume deutlich markiert waren. Töchtern, die ungleich stärker als Söhne in die Familie eingebunden waren, mußten diese Spielräume als besonders groß und verlockend erscheinen, befreite sie doch die Jugendgruppe zumindest zeitweilig von den geschlechtstypischen Pflichten und Einschränkungen, die eine weibliche Sozialisation kennzeichneten. Der mütterlichen Allgegenwart und Autorität für ein paar Stunden zu entrinnen, bedeutete ein nicht zu kleines Stück persönlicher Freiheit, auch wenn diese Freiheit in der BDM-Gruppe wieder ihre Grenze fand. Es war jedoch etwas grundsätzlich anderes, sich von einer nur wenig älteren ›Führerin‹ lenken zu lassen, als unter Aufsicht der Mutter Hausarbeit zu verrichten und Strümpfe zu stopfen. Eine einigermaßen phantasiebegabte Schaftsführerin konnte ihre Mädchen ohne große Schwierigkeiten zu begeisterten BDMlerinnen erziehen, zumal die Jugendgruppe interessante Freizeitvergnügungen versprach: Zeltlager, Fahrradtouren, Jugendherbergswanderungen, Sport. Nicht viel anders als Jungen gingen auch Mädchen ›auf Tour‹, veranstalteten Geländespiele und sportliche Wettkämpfe. Von einer Erziehung zum ›Heimchen am Herd‹ war in den meisten Gruppen nicht die Rede; man hielt sich nicht so sehr an Hitlers Diktum von der »kommenden Mutter«, sondern zitierte lieber jene Passagen aus ›Mein Kampf‹, in denen die Notwendigkeit »körperlicher Ertüchtigung« durch Sport und Wettkampf auch für Frauen hervorgehoben wurde.

Obwohl die Erziehungsideale von BDM und männlicher HJ faktisch gar nicht so stark differierten, wurde auf die organisatorische Trennung der Geschlechter viel Wert gelegt. Die Heimabende und Wochenendzeltlager der Mädchen fanden selbstverständlich ohne männliche Präsenz statt, und nur bei offiziellen Anlässen traten BDM und HJ gemeinsam in Erscheinung. Dieses Strukturprinzip spiegelte einmal mehr das grundlegende Konzept nationalsozialistischer Politik und Pädagogik, Frauen und Männern verschiedene Räume zuzuweisen und geschlechtsneutrale oder -übergreifende Tendenzen zu unterbinden. Da solche ›Nivellierungs‹bemühungen aber schon in der Weimarer Republik nur von marginaler Bedeutung gewesen waren, nahm sich die verbindliche Wiedereinsetzung der Geschlechtertrennung im Nationalsozialismus weniger revolutionär aus, als es zunächst den Anschein hatte. Die meisten Jugendlichen akzeptierten die Trennung als selbstverständlich, zumal sie die Homogenität der Gruppe und das Kameradschaftsverhalten ihrer Mitglieder eher förderte.

Kameradschaft, Gemeinschaft mit Gleichaltrigen waren offenbar die Zauberworte, die die meisten Mädchen (und Jungen) in die Jugendorganisationen lockten. Renate Finckh, Kind einer Juweliersfamilie, erinnerte sich rückblickend an das »wunderbare ›Wir‹-Bewußtsein« und fand im BDM »eine emotionale Heimat, einen Hort der Geborgenheit und bald auch eine Stätte der Anerkennung« (Finckh). Christa Wolf beschreibt in ihrem autobiographischen Roman ›Kindheitsmuster‹, wie die zehnjährige Nelly ihren ersten Heimabend bei den Jungmädeln erlebte und wie sie es genoß, sich auf dem Nachhauseweg »durch häufigen inneren Gebrauch des neuen Wortes zu versichern: Kameradschaft. Ein gehobenes Dasein stand ihr bevor . . ., jenseits und abseits auch von der weißen Gestalt im Ladenmantel, die vor die Tür getreten war und sicher schon lange nach ihr, Nelly, Ausschau hielt. Wo sie denn so lange bleibe. Sie solle sich bloß gründlich die Schuhe abputzen, man habe sie ja wohl durch sämtliche Pfützen gejagt. Was sie denn gemacht hätte? Gesungen? Singen kannst du auch zu Hause. Kein Wort von ›Kameradschaft‹ . . . Dort, wo Micky (die Schaftsführerin, UF) mit ihnen sang und spielte und marschierte und Geländespiele machte – da gab es etwas, was die Mutter ihr nicht geben konnte und was sie nun mal nicht missen mochte« (Wolf).

Betrachtete die Mutter das zeit- und gefühlsintensive Engagement der Tochter mit Mißtrauen, Skepsis und Eifersucht, war diese Abneigung für die Tochter ein Grund mehr, im BDM aktiv zu werden und ihr Bedürfnis nach Unabhängigkeit von der Mutter zu dokumentieren. Von einem ganz ähnlichen Generationskonflikt berichtete Melita Maschmann, die 1933 heimlich und gegen den Willen ihrer deutschnational gesinnten Eltern dem BDM beitrat, weil sie sich mit diesem Schritt von ihrer autoritären und elitär-konservativen Mutter distanzieren wollte.

Wenngleich viele, vor allem jüngere Mädchen die sportlichen und pfadfinderhaften Freizeitangebote der Hitlerjugend mit Begeisterung annahmen, stießen paramilitärisches Dienstethos samt Uniform und Arbeitseinsatz gerade bei älteren Teenagern auf wenig Gegenliebe. Sie erlebten den BDM ebenso wie die zahlreichen anderen Pflichtmitgliedschaften eher als unangenehmen Zwang, der sich nach 1939 noch stärker ausprägte. Während die jugendspezifischen und daher oft attraktiven Aktivitäten der Mädchengruppen eingeschränkt wurden, nahmen Dienstverpflichtung und ›freiwilliger‹ Arbeitseinsatz überhand. Der Staat machte sich seine Jugend überall dort dienstbar, wo er ihre kostenlose Arbeit benötigte: beim Kräuter- ebenso wie beim Geldsammeln fürs Winterhilfswerk, beim Verteilen von Lebensmittelkarten wie bei der Land- und Erntehilfe, beim Telefondienst in Behörden und beim militärischen Flugmeldedienst (Reese).

Unter den Bedingungen des Krieges lockerte sich auch die ideologische Fixierung auf eine möglichst rigide Geschlechtertrennung. Hatte die BDM-Führung 1936, nicht zuletzt als Reaktion auf zunehmende Kritik an der ›Vermännlichung‹ der weiblichen Jugend bei Geländemärschen, Lagerfeuern und Wettkämpfen, empfohlen, mehr Gewicht auf die hauswirtschaftliche Ertüchtigung der Mitglieder und die Vorbereitung auf ihren zukünftigen Beruf als Hausfrau und Mutter zu legen (Klaus), instruierte der Führerinnendienst der HJ seine Mädelführerinnen 1943, bei jeder Gelegenheit auf die große Bedeutung weiblicher Berufsarbeit als »wichtigstem Kriegseinsatz« hinzuweisen. Im totalen Krieg, der alle wehrfähigen Männer an die Front beordere, müßten

Mädchen und Frauen, unterstützt durch zwangsverpflichtete Ausländer, die männlichen Arbeitsplätze ausfüllen und dafür sorgen, daß die Front stets über genügend Waffen, Munition, Nahrung und Kleidung verfüge (Kuhn/Rothe, II). Propagandaschriften in hoher Auflage betonten ebenfalls die »vielfachen Rollen«, die die deutsche Frau mit »Anmut und fröhlichen Ernst auf ihrem Teil der Kriegsbühne« zu spielen wisse: Müsse sie als Gattin und Mutter noch »Schwereres leisten... als in ruhigen Zeiten«, habe sie darüber hinaus »auf allen Lebensgebieten, wo es an Männern fehlt, ...den Mann zu vertreten. Hinter dem Pflug und in der Rüstungsindustrie, in der Eisenbahn und am Postschalter, an ungezählten Orten, wo wir ihr nicht oder doch nicht in gleich schwerer Tätigkeit zu begegnen pflegten, füllt nun die Frau die Lücken, die der Krieg an der Front der Arbeit gerissen hat« (Kuhn/Rothe, II).

VII. Frauen an der »Front der Arbeit«

Daß es in einem Krieg, der die Wirtschaft zu Höchstleistungen verpflichtete und ihr zugleich Millionen männliche Arbeiter und Angestellte entzog, auf die maximale und optimale Mobilisierung weiblicher Ersatzarbeitskräfte ankam, hatten die verantwortlichen Stellen in Bürokratie, Militär und Wirtschaft bereits vor 1939 bedacht. Von vielen Seiten wurde die Forderung laut, bei Kriegsbeginn alle deutschen Frauen zwischen 14 und 60 Jahren dienstzuverpflichten. Vor allem Hermann Göring, Generalbevollmächtigter für die wirtschaftliche Aufrüstung und Vorsitzender des Reichsverteidigungsrats, gehörte zu den lautstärksten Protagonisten einer weiblichen Dienstpflicht und schuf mit den Verordnungen vom Frühjahr 1939 die gesetzlichen Voraussetzungen für eine allgemeine Erfassung arbeitsfähiger Frauen. Trotzdem blieben diese Verordnungen bei Kriegsbeginn in der Schublade und wurden auch im weiteren Kriegsverlauf nur teilweise angewandt. Obwohl hohe NS-Funktionäre immer wieder darauf verwiesen, daß eine millionenstarke weibliche Reservearmee bereitstünde und unbedingt für kriegswichtige Arbeit in Rüstungsbetrieben, Administration und Landwirtschaft herangezogen werden müsse, widersetzte sich die Parteispitze, allen voran Hitler persönlich, einer solchen Maßnahme. Ideologische, bevölkerungspolitische und machtstrategische Erwägungen sprachen gegen eine totale Mobilisierung, und selbst eingeschränkte Arbeitsverpflichtungen fanden in der obersten Führung lange Zeit keine Zustimmung.

Erst 1943 wurde im Zeichen des ›totalen Krieges‹ eine umfassende Meldepflicht für Frauen zwischen 17 und 45 (später: 50) Jahren eingeführt, damit sie auf ihre Arbeits- und Einsatzfähigkeit hin überprüft werden konnten. Doch auch diese Verordnung enthielt so viele Ausnahmebestimmungen und wurde auf Anweisung von oben so milde gehandhabt, daß sie bis Ende des Jahres nur knapp eine halbe Million Frauen mobilisierte (Winkler). In den ›besseren Kreisen‹ stieß die Meldepflicht auf Ablehnung, und viele bürgerliche Frauen entzogen sich dem Arbeitseinsatz, indem sie Beziehungen spielen ließen oder Scheinarbeitsverhältnisse eingingen. Als der Unmut über die Ungleichbehandlung unter den Frauen proletarischer und kleinbürgerlicher Schichten immer schärfere und offenere Formen annahm, warnten NS-Funktionäre und Sicherheitsbeauftragte vor »klassenkämpferischen Instinkten« in der Arbeiterschaft und vor einer Gefährdung des »sozialen Friedens«. Trotzdem fand keine Änderung der äußerst zögerlichen, klassenspezifisch differenzierten Erfassungspraxis statt, da, so der Generalbevollmächtigte für den Arbeitseinsatz Sauckel im Mai 1942, »man ein Übel nicht dadurch verbessert, daß man es bis zur letzten Konsequenz verallgemeinert und über alle heraufbeschwört« (Bajohr).

Nicht nur Frauen und Töchter von Unternehmern, Offizieren, Freiberuflern oder höheren Beamten widersetzten sich dem Ansinnen des nationalsozialistischen Staates, in Rüstungsbetrieben und Büros für den Endsieg zu arbeiten. Auch Frauen aus der Arbeiterschaft und den unteren Mittelschichten bemühten sich, den Verpflichtungen nach Möglichkeit zu entgehen. Viele Soldatenfrauen gaben ihre schlechtbezahlten Arbeitsplätze auf, denn da ihr Verdienst von der Kriegsunterstützung abgezogen wurde, fiel der materielle Anreiz zur Erwerbstätigkeit weitgehend fort. Aber selbst als im Mai 1940 die Verfügung erging, nur noch ein Drittel des Nettolohns auf die staatlichen Unterhaltszahlungen anzurechnen, änderte das nichts an der häufig monierten Verweigerungshaltung. In dem Maße, wie Hausarbeit infolge der Verknappung und Rationierung von Lebensmitteln und Konsumartikeln schwerer wurde, fühlten sich vor allem verheiratete Frauen mit Kindern den Belastungen einer vollen Erwerbstätigkeit nicht mehr gewachsen.

Zahlreiche NS-Institutionen wie DAF (Deutsche Arbeitsfront), NSV (Nationalsozialistische Volkswohlfahrt) oder NS-Frauenschaft kümmerten sich um die sozialfürsorgerische Betreuung der Arbeiterinnen, und auch der gesetzliche Arbeiterschutz hatte sich für Frauen seit 1933 fortlaufend verbessert. Noch 1942 trat ein neues Mutterschutzgesetz in Kraft. Erstmals kamen jetzt auch Arbeiterinnen und Angestellte in der Land- und Hauswirtschaft in den Genuß eines bezahlten Mutterschaftsurlaubs von jeweils sechs Wochen vor und nach der Geburt eines Kindes. Außerdem hatte das in dieser Zeit gezahlte Wochengeld nunmehr dem vollen Grundlohn zu entsprechen. Zugleich verhinderte aber der Kriegszustand, daß die im internationalen Vergleich vorbildlichen Schutzbestimmungen überall verwirklicht wurden. Vor allem in Rüstungsbetrieben, aber auch in Landwirtschaft und Verwaltung waren seit Kriegsbeginn viele Schutzverordnungen gelockert oder aufgehoben worden, und die wöchentliche Arbeitszeit, die vor 1939 bei 48 Stunden gelegen hatte, wurde sukzessive ausgedehnt. Obgleich einige Unternehmen angesichts der negativen Folgen – Produktivitätsabfall, Krankmeldungen, Proteste der Arbeiterinnen – wieder zum Achtstundentag zurückkehrten, waren solche Rücksichtnahmen spätestens seit 1943 nicht mehr geboten (Winkler).

Eine andere Möglichkeit, die weibliche Stammbelegschaft zu höheren Leistungen zu motivieren und neue, dringend benötigte Arbeiterinnen anzuwerben, hätte darin bestanden, Frauen höhere Löhne zu zahlen. Die DAF plädierte bereits seit 1933 dafür, gleiche Arbeit gleich zu entgelten, konnte sich mit diesem Vorschlag jedoch weder im Reichsarbeitsministerium noch bei den Unternehmern durchsetzen. Facharbeiterinnen verdienten im Dritten Reich ein Drittel, Hilfsarbeiterinnen 30 Prozent weniger als ihre männlichen Kollegen, und in den Tarifverträgen weiblicher Angestellter war ein Lohnabzug von 10 bis 20 Prozent fixiert. Während des Krieges, als viele Frauen in andere Beschäftigungen und Industriezweige versetzt wurden und hier die Arbeit eingezogener Männer verrichteten, verschärfte sich das Problem, und die betroffenen Arbeiterinnen empörten sich immer vernehmlicher über die ungerechte und ungerechtfertigte Lohndifferenz.

Nur im Öffentlichen Dienst hatte ihr Protest Erfolg: Im Oktober 1939 verfügte das Reichsarbeitsministerium, daß Frauen dort, wo sie als Bus- und Bahnschaffnerinnen oder Stromableserinnen ›Männerarbeit‹ leisteten, auch Männerlöhne erhalten sollten. In der privaten Wirtschaft, die an staatliche Lohndirektiven gebunden war, sollte die durchschnittliche Lohndifferenz von 25 Prozent nicht unterschritten werden. Unter bestimmten, sehr eng definierten Bedingungen jedoch konnten Rüstungsbetriebe seit 1940 Akkordarbeiterinnen den Lohn ihrer männlichen Kollegen auszahlen, und manche Unternehmer griffen zu dieser Maßnahme, um unverzichtbare Arbeitskräfte zu halten oder neu zu rekrutieren. Besonders weibliche Angestellte profitierten von ihrer starken Marktposition und konnten nicht selten in höhere Leistungs- und Gehaltsgruppen aufsteigen – stets jedoch in dem Bewußtsein, diese Plätze nach Kriegsende den heimkehrenden Männern überlassen und sich wieder mit relativ schlecht bezahlten Jobs im Stenotypistenkader zufriedengeben zu müssen (Schmidt). Im Produktionsbereich wurden solche Aufstiegsmöglichkeiten viel seltener angeboten, und die Ungleichheit von Männer- und Frauenlöhnen blieb trotz einzelner Korrekturen bestehen (Winkler).

Weitaus aufgeschlossener zeigten sich Betriebs- und Staatsführer, wenn es um die Verbesserung betrieblicher Sozialleistungen ging, die weniger kostenaufwendig waren und denen man zugleich größere soziale und politische Integrationskraft beimaß. Betriebskindergärten wurden ebenso wie Kinderhorte der DAF, NSV oder Kommunen massiv gefördert. Das Frauenamt der DAF setzte sich mit seinen 10000 Funktionärinnen und fast 50000 Vertreterinnen in Betrieben und Geschäften für ein besseres Arbeitsklima ein und organisierte hauswirtschaftliche Schulungskurse. Großunternehmen stellten soziale Betriebspflegerinnen ein, die sich der persönlichen und familiären Probleme von Fabrikarbeiterinnen annahmen und sie in »allen Fragen der Lebensführung« berieten (Sachse). Mitglieder der NS-Frauenschaft und des nationalsozialistischen Studentinnenbundes übernahmen drei bis sechs Wochen lang ohne Bezahlung die Arbeitsplätze kinderreicher Fabrikarbeiterinnen, die auf diese Weise einen zusätzlichen bezahlten Erholungsurlaub erhielten (Tidl). Alle diese Angebote richteten sich in erster Linie an erwerbstätige Ehefrauen und Mütter, denen man helfen wollte, Erwerbs- und Familienpflichten ohne übermäßige Reibungsverluste miteinander in Einklang zu bringen. Der im Krieg besonders hervortretenden Überlastung der Arbeiterinnen mit ihren gefährlichen Folgen für Gesundheit und ›politische‹ Moral war aber weder durch Sozialfürsorge noch durch Haushaltsunterricht beizukommen.

Aus Sorge um die Loyalität und Durchhaltebereitschaft der ›Heimatfront‹ weigerten sich dann auch die NS-Parteioberen, verheiratete Frauen ohne Ausnahme zum außerhäuslichen Arbeitseinsatz zu verpflichten. Was Hitler dazu bewog, den Forderungen des Rüstungsministers Speer nach einer umfassenden weiblichen Dienstpflicht nicht stattzugeben, war die traumatische Angst vor einem politischen ›Dolchstoß‹, einer Delegitimierung des Herrschaftssystems, einem neuen November 1918 (Mason, 1975). Großbritannien als demokratisch verfaßter Staat konnte es sich erlauben, 1941 eine allgemeine Dienstverpflichtung für Frauen einzuführen, das nationalsozialistische Deutschland hingegen fürchtete um seine Massenbasis. Es beschränkte sich auf Appelle an den Opferwillen der weiblichen Volkshälfte und forderte sie auf, ihren Beitrag zur Stärkung und Rettung der ›Volksgemeinschaft‹ freiwillig zu leisten.

Dennoch erhöhte sich die Zahl erwerbstätiger Frauen während der Kriegsjahre nur unwesentlich, ging bis 1941 sogar um eine halbe Million zurück und lag im September

1944 bei 14,9 Millionen (zum Vergleich: 14,6 Millionen im Mai 1939) (Winkler). Bedenkt man, daß die Zahl weiblicher Erwerbspersonen in den ersten sechs Jahren des Dritten Reichs immerhin um 2,3 Millionen gestiegen war, steht die Stagnation nach 1939 in noch deutlicherem Widerspruch zum bisherigen Trend und zur Politik einer maximalen Ausschöpfung aller Arbeitskraftreserven. Obwohl nach den Ergebnissen der Volks- und Berufszählung 1939 fast eine Million ledige Frauen und 5,4 Millionen kinderlose Ehefrauen im erwerbsfähigen Alter keiner Erwerbsarbeit nachgingen, wurde dieses Potential nicht mobilisiert. Lediglich diejenigen Frauen, die bereits erwerbstätig waren, konnten als Manövriermasse benutzt werden. Außer durch Fremdarbeiter wurde der erhöhte Arbeitskräftebedarf in den Kriegsindustrien durch Umschichtungen gedeckt: Textilarbeiterinnen wechselten in die chemische und Metallindustrie, haus- und landwirtschaftliche Arbeiterinnen suchten Beschäftigung als Fabrikarbeiterinnen, und der enorm expandierende Verwaltungs- und Dienstleistungssektor rekrutierte seine Angestellten vorwiegend aus jungen Berufsanfängerinnen.

Wenig erfolgreich in der Mobilisierung zusätzlicher Arbeitskräfte erwiesen sich auch die verschiedenen Arbeitsdienstorganisationen, die während des Krieges stark ausgebaut wurden. Ein Gesetz hatte zwar 1935 festgelegt, daß alle jungen Deutschen beiderlei Geschlechts zum Arbeitsdienst verpflichtet seien, angewandt wurde es zunächst aber fast nur auf die männliche Jugend. Erst im September 1939, drei Tage nach dem Einmarsch deutscher Truppen in Polen, erhielt der Reichsarbeitsführer den Auftrag, »ledige Mädchen im Alter von 17 bis 25 Jahren, die nicht berufstätig sind, nicht in beruflicher oder schulischer Ausbildung stehen und als mithelfende Familienangehörige in der Landwirtschaft dringend benötigt werden, zur Erfüllung der Reichsarbeitsdienstpflicht heranzuziehen« (Kleiber). Haupteinsatzgebiet der Arbeitsmaiden war die Landwirtschaft, wo der Arbeitskräftemangel angesichts abwandernder Arbeiterinnen und eingezogener Männer immer extremere Formen annahm. Seit dem Sommer 1941 wurde der halbjährige Arbeitsdienst um einen sechsmonatigen Kriegshilfsdienst ergänzt, der in Rüstungsbetrieben, Heeresdienststellen, bei Behörden und Krankenhäusern abzuleisten war. Mit dieser Maßnahme reagierte das Regime auf die Proteste von Wehrmacht und Industrie, die gegen die ihrer Ansicht nach konterproduktive Politik, zehntausende junger Mädchen mehrere Monate lang vom offiziellen Arbeitsmarkt abzuziehen, opponierten und wirksamere Programme zur Erhöhung des Arbeitskräftepotentials forderten. Aber auch der Kriegshilfsdienst erfüllte diese Ansprüche nicht, was vor allem auf die hohe Fluktuation und kurze Verweildauer der jungen Frauen zurückzuführen war. Erst die Entfristung des Dienstes 1944 behob diesen Schönheitsfehler, konnte aber den Sieg ebenso wenig erzwingen wie die Verwendung der Mädchen als Flakhelferinnen (Bajohr).

Nicht nur der weibliche Arbeitsdienst, auch das sog. Pflichtjahr, von Göring 1938 eingeführt, stieß bei Interessenvertretern der Industrie auf Ablehnung. Alle ledigen Frauen unter 25 Jahren, die ein Arbeitsverhältnis in der Textil-, Bekleidungs- und Tabakindustrie eingehen oder sich um einen Angestelltenjob bewerben wollten, mußten zuvor ein Jahr lang in der Haus- und Landwirtschaft arbeiten. Dieser direkte Versuch einer gezielten Berufslenkung mochte zwar kurzfristig von Nutzen sein: Bäuerinnen und kinderreiche Familien profitierten ganz unmittelbar von der zusätzlichen Arbeitskraft, und rein quantitativ war die Größenordnung des Landjahr-Projekts beachtlich: 1939 gab es 217000 Pflichtmädel, 1940 bereits 335972 (Winkler). Langfristig jedoch ließ sich der Trend zur Umstrukturierung des gesamtwirtschaftlichen Arbeitsmarktes nicht aufhalten, sondern wurde nur vorübergehend unterbrochen. Die betroffenen Industriezweige wiederum beklagten den Ausfall ganzer Jahrgänge schulentlassener Mädchen und beschwerten sich über die kriegswirtschaftlichen Einbußen und Verzögerungen, die eine solche Bevorzugung des Agrarsektors nach sich zog. Trotzdem wurden das Pflichtjahr ebenso wie der Reichsarbeitsdienst beibehalten, und selbst im Zeichen des ›totalen Krieges‹ seit 1943 zeigte die Partei- und Staatsführung keine Bereitschaft, einen ›Primat der Industrie‹ anzuerkennen und alle anderen wirtschaftlichen oder ideologischen Ziele dahinter zurücktreten zu lassen.

Ob diese Haltung wirklich so irrational war, wie häufig angenommen wird, ist fraglich. Junge Mädchen phasenweise als Arbeitskräfte auf Bauernhöfen einzusetzen, konnte im Rahmen einer angestrebten landwirtschaftlichen Autarkiepolitik durchaus sinnvoll sein, und das Zögern der Nazis, alle erwerbsfähigen Frauen ohne kleine Kinder zur Kriegsarbeit zu verpflichten, durchkreuzte zwar das Produktionsinteresse der Rüstungsindustrie, mochte sich jedoch auf die innenpolitische Machtbalance des Systems und sein Ansehen in der Bevölkerung positiv auswirken.

VIII. Frauenloyalität und -widerstand

In der Tat erwies sich die Furcht der Regimespitze vor einem Dolchstoß à la 1918 letztlich als unbegründet: Die überwiegend weibliche Heimatfront hielt stand. Massenstreiks wie im Ersten Weltkrieg blieben aus, auch wenn sich Sabotageakte häuften; Hungerkrawalle und Lebensmitteldemonstrationen fanden nicht statt, obwohl Unzufriedenheit mit den schlechten Arbeits- und Lebensbedingungen laut wurde. Bombennächte und Evakuierungen förderten zwar die allgemeine Kriegsmüdigkeit, führten aber nicht zum Aufstand der Betroffenen gegen die Regierenden. Doch zwangen beileibe nicht nur Terror, Bespitzelung und unnachgiebige Ahndung ›subversiver‹ und ›systemfeindlicher‹ Äußerungen die Bevölkerung zur Gefolgschaft bis zum bitteren Ende; vielmehr bewahrte das strahlende Bild einer ›Volksgemeinschaft‹, die in guten und schlechten Tagen zu ihrem ›Führer‹ stand, auch im Zeichen der Katastrophe einen Gutteil seiner Leuchtkraft. Zu tiefgreifend und flächendeckend war die organisatorische und ideologische Erfassung gerade auch von Frauen durch den Nationalsozialismus gewesen, als daß sich unmittelbarer und massenhafter Protest hätte entwickeln können.

1939 gehörten 12 Millionen Frauen einem der zahlreichen NS-Verbände an, Hunderttausende übernahmen Führungspositionen, und ausländische Beobachter zeigten sich immer wieder verblüfft über den hohen Grad politischer Mobilisierung der angeblich doch nur privatisierenden deutschen Frauen. Manche Autoren sprechen in diesem Zusammenhang davon, daß die Frauenemanzipation im Dritten Reich und besonders während des Krieges trotz aller verbalen Ablehnung »große Sprünge« gemacht habe (Haffner), andere sind etwas vorsichtiger und konzedieren lediglich eine »Ersatzemanzipation« einiger Frauen in einem speziell weiblichen Aufgabengebiet (Mason, 1976).

Tatsächlich gelang es keiner Frau, in die zentralen Entscheidungsgremien von Partei und Staat aufzusteigen – unter diesem Aspekt unterschied sich das Dritte Reich weder von vorhergehenden noch von darauffolgenden parlamentarischen Regierungsystemen. Die Differenz lag lediglich dort, wo die nationalsozialistische Führungselite ihren männerbündischen Charakter offensiv zur Schau stellte, während demokratisch verfaßte Institutionen sich offiziell als geschlechtsneutral verstanden und verstehen. Auch die Trennung und Hierarchisierung männlich-weiblicher Einflußsphären war kein alleiniges Kennzeichen nationalsozialistischer Politik, denn schon in der Weimarer Republik hatten sich Politikerinnen und Parteifrauen nur mit Themen befaßt und befassen dürfen, die dem weiblichen Lebenszusammenhang entstammten. Die Nationalsozialisten knüpften an dieses Muster getrennter politischer Zuständigkeitsbereiche an und hatten weniger ideologische Skrupel, es nach außen zu verteidigen.

Aber sie taten noch mehr: Indem sie die gesamte Gesellschaft, nicht nur deren männliche Hälfte, politisch zu integrieren und in loyalitätsstiftende Organisationen einzubinden trachteten, schufen sie eine Vielzahl öffentlicher Positionen, in denen Frauen am Vollzug staatlicher Macht partizipieren konnten. In den Massenorganisationen der NS-Frauenschaft, der NSV, der DAF, des BDM arbeiteten Hunderttausende, ja Millionen ehrenamtlicher und bezahlter Funktionärinnen, deren Aufgabe es war, ihre weibliche Klientel nach den Wünschen der Parteioberen zu beraten und zu erziehen, zu kontrollieren und zu formieren, zu bestimmten Arbeiten an- und von anderen fernzuhalten. Vom Standpunkt des Regimes aus gesehen, war dieses Engagement in genau umgrenzten Tätigkeitsfeldern gewiß ein Ersatzangebot für die bewußt vorenthaltene Gleichberechtigung; für die Frauen selber aber bedeutete es Teilnahme, Öffentlichkeit, Anerkennung und das alles in weit größerem Ausmaß als jemals zuvor.

Selbst wenn die meisten dieser Frauen keine glühenden Nationalsozialistinnen oder Parteimitglieder waren (Koonz), blieben zwölf Jahre Volksgemeinschaftserziehung und -propaganda nicht ohne Wirkung auf individuelles Bewußtsein und kollektives Gedächtnis. Auch die wohlfahrtsstaatlichen Leistungen hatten Massenloyalität schaffen können: Ehestandsdarlehen und Kindergeld, Müttererholungen und verbesserte Mutterschutzgesetze (Einfeldt). Viele Familien aus unteren Sozialschichten waren über das DAF-Programm ›Kraft durch Freude‹ erstmals verreist: 10,3 Millionen Menschen nahmen allein 1938 an organisierten Urlaubsfahrten, 54,6 Millionen an sportlichen und kulturellen Freizeitveranstaltungen teil (Mason, 1975). Im übrigen versuchte die politische Führung alles, die weibliche Heimatfront gerade während der Kriegsjahre in guter Stimmung zu halten, wie die verzögerte und nie ganz durchgesetzte Dienstverpflichtung für Frauen und die intensiven Bemühungen um eine auskömmliche Lebensmittelversorgung bezeugen.

Eine solche Politik, die neben dem ›Zuckerbrot‹ sozialer Unterstützungen und Vergünstigungen die ›Peitsche‹ der Denunziation und Hinrichtung bereithielt, konnte um so erfolgreicher sein, je radikaler jede politische Alternative verdrängt und zerstört war. Anders als im Ersten Weltkrieg gab es im Zweiten keine gesellschaftlichen Organisationen, Parteien und Verbände, die ein möglicherweise latentes Widerstandspotential hätten aktivieren und mobilisieren können. Allenfalls im kirchlichen Milieu konnte sich Protest sammeln, in privaten katholischen Zirkeln oder im Umkreis der protestantischen Bekennenden Kirche, die über den Kampf gegen die religiösen ›Irrlehren‹ der ›Deutschen Christen‹ allmählich zur politischen Distanzierung vom Nationalsozialismus gelangte. Hier spielten Frauen eine wichtige, wenngleich wenig sichtbare Rolle (See/Weckerling/Szepansky), ebenso wie in den Widerstandsgruppen der illegalen Arbeiterbewegung. Nach der Zerschlagung der linken Organisationen und der Verhaftung oder Emigration der meisten prominenten Genossen lagen der Aufbau neuer Gruppen und die Aufrechterhaltung von Kontakten vielfach in den Händen von Frauen. In Tarnvereinen und Nachbarschaften sorgten sie für die Kontinuität politischer Untergrundarbeit, schmuggelten Flugblätter in Kinderwagen, versteckten verfolgte Genossen in ihren Wohnungen, unterstützten die Familien Internierter oder Ermordeter. Dieser alltägliche und alles andere als ungefährliche Widerstand war zwar nicht so spektakulär wie die organisierten Aktionen der ›Roten Kapelle‹, der ›Weißen Rose‹ oder der ›Männer des 20. Juli‹, entsprach aber dem eingeschränkten Handlungsspielraum von Frauen, die sich ungleich seltener als Männer in einer Position befanden, von der aus sie mehr als logistische und soziale Hilfestellungen hätten bieten können (Elling, Szepansky, Schefer).

Gelang es der Gestapo, solche organisierten oder individuellen Widerstandshandlungen aufzudecken, nahm die Vernichtungsmaschinerie auf das Geschlecht der Verhafteten keine Rücksicht. Weder Schwangerschaft noch Mutterschaft retteten Frauen, die zu ›Reichsfeinden‹ gestempelt wurden, vor Folter und Ermordung. Auch bei der Auswahl seiner Folterknechte praktizierte das NS-Regime keine strikte geschlechtsspezifische Arbeitsteilung. Ungefähr 3500 Frauen wurden zwischen 1942 und 1945 im Frauen-KZ Ravensbrück zu SS-Aufseherinnen ausgebildet und in den Frauenabteilungen der anderen Konzentrationslager eingesetzt (Schmidt/Dietz). Viele hatten sich freiwillig auf Zeitungsinserate gemeldet, angelockt durch hohe Löhne, gute Verpflegung und Aufstiegschancen. Nicht anders als ihre männlichen Kollegen quälten und folterten sie weibliche Häftlinge, zerschmetterten Babys an Mauerwänden und töteten Kinder im Beisein ihrer Mütter. Sie selektierten geeignete Frauen für Arbeitseinsätze oder medizinische Experimente und trieben die anderen in die Gaskammern. Nur in Kleidung und Frisur unterschieden sie sich von den SS-Männern, die die Vernichtungspolitik des NS-Regimes exekutierten.

In der ›Einheit im Töten‹ verwischte sich ebenso wie in der ›Einheit im Leiden‹ die von der NS-Ideologie so sehr betonte Geschlechterdifferenz, und auch im Straßenbild der zerstörten Städte fiel die angeblich natürliche Ungleichheit kaum noch ins Auge. Ursula von Kardorff, eine Berliner Journalistin, notierte 1944 in ihrem Tagebuch: »Das Geschöpf, das in Hosen Brandbomben löscht wie ein Feuerwehrmann, das mit der Hacke in verschütteten Kellern Ausgänge buddelt, das im Stahlhelm auf dem Dach Brandwache hält, Möbel aus brennenden Zimmern schleppt, Flakschüsse und Bombeneinschläge zu taxieren weiß wie ein gelernter Artillerist, dieses geschlechtslose, tapfere, tüchtige Wesen, ist es eigentlich noch eine Frau? Bedarf es noch des Schutzes? Frauen fallen nicht mehr in Ohnmacht, sie haben keine Migränen und keine Kapricen, sie sind keine Luxusgeschöpfe mehr, sondern nur noch Lasttiere.« (von Kardorff).

Literatur zum Thema

Bajohr, Stefan: Weiblicher Arbeitsdienst im »Dritten Reich«. Ein Konflikt zwischen Ideologie und Ökonomie. In: Vierteljahrshefte für Zeitgeschichte 28 (1980), S. 331–357.

Bajohr, Stefan: Die Hälfte der Fabrik. Geschichte der Frauenarbeit in Deutschland 1914 bis 1945. Marburg 1984².

Behrend-Rosenfeld, Else R.: Ich stand nicht allein. Leben einer Jüdin in Deutschland 1933–1944. München 1988.

Bock, Gisela: Zwangssterilisation im Nationalsozialismus. Studien zur Rassenpolitik und Frauenpolitik. Opladen 1986.

Domarus, Max (Hrsg.): Hitler. Reden und Proklamationen 1932–1945. Bd. I/1. München 1965.

Ebbinghaus, Angelika (Hrsg.): Opfer und Täterinnen. Frauenbiographien des Nationalsozialismus. Nördlingen 1987.

Einfeldt, Anne-Katrin: Auskommen – Durchkommen – Weiterkommen. Weibliche Arbeitserfahrungen in der Bergarbeiterkolonie. In: Niethammer, Lutz (Hrsg.): »Die Jahre weiß man nicht, wo man die heute hinsetzen soll«. Faschismus-Erfahrungen im Ruhrgebiet. Berlin, Bonn 1983, S. 267–296.

Elling, Hanna: Frauen im deutschen Widerstand 1933–45. Frankfurt 1981[3].

Finckh, Renate: Im Gespräch mit Heike Mundzeck. In: Schüddekopf, Charles (Hrsg.): Der alltägliche Faschismus. Frauen im Dritten Reich. Berlin 1982, S. 69–79.

Haffner, Sebastian: Anmerkungen zu Hitler. München 1978.

Kardorff, Ursula von: Berliner Aufzeichnungen 1942–1945. München 1982[2].

Klaus, Martin: Mädchen im Dritten Reich. Der Bund Deutscher Mädel. Köln 1983.

Kleiber, Lore: »Wo ihr seid, da soll die Sonne scheinen!« – Der Frauenarbeitsdienst am Ende der Weimarer Republik und im Nationalsozialismus. In: Frauengruppe Faschismusforschung: Mutterkreuz und Arbeitsbuch. Zur Geschichte der Frauen in der Weimarer Republik und im Nationalsozialismus. Frankfurt 1981, S. 188–214.

Klinksiek, Dorothee: Die Frauen im NS-Staat. Stuttgart 1982.

Koonz, Claudia: Mothers in the Fatherland. Women, the Family and Nazi Politics. New York 1987.

Kuhn, Annette/Rothe, Valentine: Frauen im deutschen Faschismus. 2 Bde. Düsseldorf 1982.

Maschmann, Melita: Fazit. Mein Weg in der Hitler-Jugend. München 1983[5].

Mason, Timothy W.: Zur Lage der Frauen in Deutschland 1930–1940. Wohlfahrt, Arbeit und Familie. In: Gesellschaft. Beiträge zur Marxschen Theorie 6. Frankfurt 1976, S. 118–193.

Mason, Timothy W.: Sozialpolitik im Dritten Reich. Arbeiterklasse und Volksgemeinschaft. Opladen 1975.

Milton, Sybil: Women and the Holocaust: The Case of German and German-Jewish Women. In: Bridenthal, Renate u. a. (Hrsg.): When Biology Became Destiny. Women in Weimar and Nazi Germany. New York 1984, S. 297–333.

Petzina, Dietmar u. a.: Sozialgeschichtliches Arbeitsbuch. Bd. III: Materialien zur Statistik des Deutschen Reiches 1914–1945. München 1978.

Reese, Dagmar: Bund Deutscher Mädel – Zur Geschichte der weiblichen deutschen Jugend im Dritten Reich. In: Frauengruppe Faschismusforschung: Mutterkreuz und Arbeitsbuch. Frankfurt 1981, S. 163–187.

Sachse, Carola: Hausarbeit im Betrieb. Betriebliche Sozialarbeit unter dem Nationalsozialismus. In: Sachse, Carola u. a.: Angst, Belohnung, Zucht und Ordnung. Herrschaftsmechanismen im Nationalsozialismus. Opladen 1982, S. 209–274.

Scheffer, Gitte: Wo Unterdrückung ist, da ist auch Widerstand – Frauen gegen Faschismus und Krieg. In: Frauengruppe Faschismusforschung: Mutterkreuz und Arbeitsbuch. Frankfurt 1981, S. 273–291.

Schmidt, Margot: Krieg der Männer – Chance der Frauen? Der Einzug von Frauen in die Büros der Thyssen AG. In: Niethammer, Lutz (Hrsg.): »Die Jahre weiß man nicht, wo man die heute hinsetzen soll«. Berlin, Bonn 1983, S. 133–162.

Schmidt, Maruta/Dietz, Gabi (Hrsg.): Frauen unterm Hakenkreuz. Eine Dokumentation. München 1985.

See, Wolfgang/Weckerling, Rudolf: Frauen im Kirchenkampf. Beispiele aus der Bekennenden Kirche Berlin-Brandenburg 1933–1945. Berlin 1984.

Soden, Kristine von: Die Sexualberatungsstellen der Weimarer Republik 1919–1933. Berlin 1988.

Stephenson, Jill: Women in Nazi Society. New York 1975.

Stephenson, Jill: The Nazi Organisation of Women. London 1981.

Szepansky, Gerda: Frauen leisten Widerstand 1933–1945. Frankfurt 1983.

Thalmann, Rita: Frausein im Dritten Reich. München 1984.
Tidl, Georg: Die Frau im Nationalsozialismus. Wien 1984.
Wiggershaus, Renate: Frauen unterm Nationalsozialismus. Wuppertal 1984.
Winkler, Dörte: Frauenarbeit im »Dritten Reich«. Hamburg 1977.
Wolf, Christa: Kindsheitsmuster. Berlin 1976.

Detlev J. K. Peukert:

Rassismus und »Endlösungs«-Utopie. Thesen zur Entwicklung und Struktur der nationalsozialistischen Vernichtungspolitik.

I.

Mit dem deutschen Überfall auf Polen hatte Hitler nicht nur den »Endkampf« um die Herrschaft über Europa angetreten, sondern zugleich auch eine neue »innere Front« eröffnet. Der mündlichen Anweisung, mit der systematischen Ermordung psychisch Kranker zu beginnen, folgte wenige Wochen später ein bezeichnenderweise auf den 1. September 1939 zurückdatierter schriftlicher Befehl zur sogenannten »Aktion T4», in deren Verlauf etwa 70000 Behinderte in eigens dafür bestimmte Anstalten zur Vergasung abtransportiert wurden. Obwohl die euphemistisch so genannte »Euthanasie«-Aktion offiziell abgebrochen wurde, als immer größere Bevölkerungskreise durch Gerüchte von den Krankenmorden beunruhigt worden waren und sich mit Graf von Galen ein Repräsentant der Katholischen Kirche zum öffentlichen Protest entschied, ging doch der verdeckte Krankenmord weiter. Etwa die gleiche Anzahl Kranker fanden den Tod durch Sonderaktionen wie die Mordkampagne »14 f 13« gegen KZ-Häftlinge, die Kinder-»euthanasie«, medikamentöse Tötungen und Hungerrationen in den Anstalten sowie durch gezielte Verlegungsaktionen an Orte, wo die Patienten unerkannt starben.

Jene »technischen« Fachleute, die in der ersten Phase der »Euthanasie«-Morde die Vergasungsvorgänge durchgeführt hatten, fanden danach ein neues und grauenhaft ausgeweitetes Tätigkeitsfeld in den Vernichtungslagern des Ostens, als die sogenannte »Endlösung der Judenfrage« begonnen wurde.

Der großtechnisch und bürokratisch organisierte Völkermord an den Juden hatte also einen Vorlauf im ebenso bürokratisch organisierten Krankenmord, in dem erstmals die Vergasungstechnik massenhaft erprobt wurde. Zugleich war der »Holocaust« am jüdischen Volk, wie uns heute immer deutlicher wird, Teil und Kernstück einer weiter gespannten rassistischen Herrschafts-, Versklavungs- und Vernichtungspolitik des nationalsozialistischen Deutschland gegen die unterworfenen Völker insbesondere des »Ostens«, Polens und der Sowjetunion zumal, und der rassistischen Politik gegen die Zigeuner, die deportiert, selektiert und zu großem Teil ebenfalls ermordet wurden.

Dieser nationalsozialistischen Utopie einer rassistischen »Endlösung« nach außen entsprach die Utopie einer entsprechenden rassistischen »Endlösung« nach innen, deren gewaltsame Realisierung im Krankenmord ihren vorläufigen Höhepunkt fand. Aber so wie die auf die Völker Europas zielende »Endlösung« nicht mit dem Mord an den Juden enden sollte, mit dem sie begann, so sollte die nach innen zielende »Endlösungs«-Utopie zwar mit dem Krankenmord beginnen, aber nicht auf ihn beschränkt bleiben.

II.

Über Jahrzehnte hat sich die historische Forschung auf die beiden manifestesten Aspekte des nationalsozialistischen Rassismus, auf die Massenmorde an Juden und Kranken konzentriert, auch wenn selbst in diesen Bereichen noch viel Forschungsarbeit geleistet werden muß. Besonders gravierend sind aber immer noch unsere Wissenslücken im weiteren Kontext der nationalsozialistischen Vernichtungspolitik und ihrer rassistischen Begründungen. Erst in den letzten Jahren hat sich die Forschung verstärkt dem Schicksal der Zigeuner, der sowjetischen Kriegsgefangenen und der sogenannten Fremdarbeiter überhaupt zugewandt. Zu wenig wissen wir bisher über Planung und Praxis der Eroberungs-, Besatzungs- und Neuordnungspolitik im Osten, obwohl jetzt schon deutlich wird, welch gewichtiger Teil der deutschen Behörden und Institutionen und der in ihnen tätigen Fachleute die besetzten Gebiete und den Kosmos der Konzentrationslager als gigantisches Experimentierfeld für ihre wissenschaftlichen Obsessionen betrachtete, gleich ob es sich um die Bereitstellung menschlicher Versuchsobjekte für die Medizin, um großindustrielle Innovationen und Investitionen oder um »Sandkastenspiele« bevölkerungspolitischer Verschiebungen im Maßstab 1:1 handelte.

Bezieht man in das Feld der historischen Rekonstruktion nun auch noch die Jahre zwischen Weltwirtschaftskrise und Weltkrieg ein, so wird das Bild eines außerordentlich vielfältigen Netzwerks rassistischer Projekte noch dichter. Man denke etwa an jenes Gesetz vom 14. Juli 1933, das die zwangsweise Sterilisation sogenannter Erbkranker gebot und in beinahe 400000 Fällen (unter Inkaufnahme einer besonders hohen Todesrate bei den betroffenen Frauen) angewandt wurde. Und man denke an die in den letzten Jahren schrittweise historisch rekonstruierten Maßnahmen einer rassistischen Prinzipien folgenden Neuordnung der gesamten Gesundheits- und Sozialpolitik, des Erziehungswesens, der Jugendarbeit, Kriminalpolitik und der Städteplanungs- sowie der Industrie- und Bevölkerungspolitik durch die Nationalsozialisten. Alle diese Forschungen legen es nahe, den Rassismus nicht nur als ideologischen Ausfluß obskurer Fanatiker zu betrachten, sondern ihn als ein Strukturelement ernst zu nehmen, das Denken und Handeln der Parteiführer und der technokratischen Fachleute durchzog. Rassismus in diesem Sinne wäre dann ein Muster des Umgangs mit Menschen, ein Ordnungsprinzip zu ihrer Einteilung, ihrer Wertung und ihrer Behandlung. Die Analyse rassistischer Ideologie würde sich dann weniger mit den Groschenheften »geistiger« Vorläufer Hitlers vom Schlage eines Lanz von Liebenfels aufhalten, sondern den Nationalsozialismus in seiner mit Technokraten durchsetzten Machtstruktur und Bewegungsdynamik auch als gesellschaftliches Projekt so ernst nehmen, wie es die Resultate seiner in kurzer Frist vollzogenen Massenvernichtungspolitik verlangen.

Es fehlt immer noch an Einzelforschungen auf den Gebieten nationalsoialistischer Gesellschaftspolitik, um die Konturen jener rassistischen »Endlösungen« der sozialen und nationalen Frage, wie die Nationalsozialisten sie wahrnahmen und praktizierten, genau bestimmen zu können. Dennoch sei eine thesenhafte Deutung der Zusammenhänge versucht, an die sich eine hypothetische Skizze jener Vorgeschichte anschließt, aus der heraus erst die Ermöglichung der großtechnischen bürokratischen Massenvernichtung erklärlich wird.

III.

Begonnen sei mit einer Definition von Rassismus, die die verschiedenen Aspekte nationalsozialistischer Theorie und Praxis verknüpfen kann:

1. Rassismus ist die Theorie und Praxis des Umgangs mit Menschen unter Voraussetzung ihrer angeborenen Ungleichwertigkeit und nach der Maxime, den Einzelnen nur nach Maßgabe seines Werts oder Unwerts für den überindividuellen erbgebundenen Volkskörper zu betrachten.
2. Der nationalsozialistische Rassismus nährte sich aus zwei unterschiedlichen, wenn auch oft miteinander verknüpften historischen Schulen:
   der älteren Rassenanthropologie, die sich letztlich auf Eigenheiten des körperlichen oder kulturellen Phänotyps bezog (z. B. Schädelformen und Sitten),
   der jüngeren Rassebiologie, die sich – modern gesprochen – auf den Genotyp bezog, also auf vermutete genetische Eigenschaften.
   Das Besondere am nationalsozialistischen Rassismus bestand nun in der Amalgamierung dieser beiden Tendenzen. Dabei schlug die Rassenanthropologie eine Brücke zu Antisemitismus und Germanenkult als typischen Versatzstücken völkischer Ideologie, während die Rassebiologie das Terrain der modernen Humanwissenschaften und Sozialtechnologien erschloß, vor allem der Medizin und Bevölkerungspolitik.
3. Auch die verschiedenen rassistischen Praktiken gewannen ihre Konturen aus diesen Traditionszusammenhängen: die Praktiken der Verächtlichmachung und des Pogroms standen der völkisch-rasseanthropologischen Tradition näher, während die Praktiken der bürokratischen Definition und Selektion nach verborgenen, als vererbt gedachten Merkmalen dem moderneren rassebiologischen Denken zuzuordnen sind.
4. In der nationalsozialistischen Utopie sollten nun die beiden Grundfragen der im 19. Jahrhundert entstandenen Moderne, die »nationale Frage« wie die »soziale Frage«, einer rassistischen »Endlösung« zugeführt werden. Wie in anderen Bereichen der NS-Ideologie auch, mußte ein solches Endziel in der Aufführung positiver Forderungen denkbar vage bleiben. Wo in der krisengeschüttelten Verunsicherung der deutschen Bevölkerung die bloße Form der nationalsozialistischen Aufbruchsbewegung weitaus integrierender wirkte als ihre propagierten End- und Teilziele, so galt auch für den Rassismus, daß das Versprechen einer gewaltsamen »Endlösung« von als bedrängend empfundenen Problemen bedeutsamer war als das positive Programm einer homogenen Volksgemeinschaft, das sich immer wieder in den Niederungen des Alltags und in polykratischen Rivalitäten verschliß.
5. Wenn der »Endlösungs«-Utopie aber die positive Erfüllung immer wieder zerrann, so gewann ihre negative Definition immer wieder entscheidenden Charakter. Identitätsstiftend blieb, was man nicht war bzw. nicht sein wollte. Allein über die Ausgren-

zung der als »andersartig« Definierten ließ sich der rassistische Konsens erzielen. Kriterien solcher Ausgrenzung konnte die Konstruktion einer Stufenleiter der Völker vom Herrenvolk bis zum Heloten liefern oder eine Skalenbildung sozialer Tüchtigkeit und körperlicher Wohlbeschaffenheit. Immer aber galt die Alternative: was nicht erzieherisch anverwandelbar schien, mußte demzufolge als genetisch andersartig ausgeschieden, ja »ausgemerzt« werden. Je heterogener, ja gegensätzlicher die konkreten Zielsetzungen waren, die die verschiedenen am Herrschaftskompromiß des Dritten Reiches und in der NS-Bewegung beteiligten Gruppen verfochten, desto mehr trat die Ausgrenzung-, ja Vernichtungsstrategie als die andere, negative Seite der »Endlösung« in den Vordergrund. Das erklärt, warum die Gaskammern gerade dann auf höchsten Touren liefen, als alle utopischen Hoffnungen auf ein Ostimperium durch die Kriegslage längst dementiert waren.

6. Beide rassistischen Traditionen, die Rassenanthropologie wie die Rassenbiologie beriefen sich zu ihrer Legitimation wie in der praktischen Ausgestaltung ihrer Methoden auf Wissenschaft, sei sie etwas angejahrt wie bei den Schädelmessungen oder hochmodern wie in der genetischen Forschung. Und beide Ansätze ergänzten eine mehr als lückenhafte Empirie mit gewagten theoretischen Verallgemeinerungen und noch gewagteren Schlüssen auf angeblich notwendiges praktisches Handeln zu Erhalt und Aufwertung der bevorzugten »Rassemerkmale«. Insofern wäre der damalige Rassismus durch einen strengen und selbstkritischen Wissenschaftsbegriff durchaus auch damals zu widerlegen gewesen. Andererseits wichen die Konstruktionen etwa der Rassebiologen der zwanziger und dreißiger Jahre von den herrschenden Standards in den Humanwissenschaften nicht allzu auffällig ab. Wenn wir also diesen Rassismus in seiner Verflechtung mit der zeitgenössischen Wissenschaft betrachten, so nicht, um den Rassismus zu entschuldigen, sondern vielmehr, um aufzuzeigen, was der modernen Wissenschaft möglich ist.
7. Im heterogenen Feld eugenischer, völkischer und anthropologischer Rassismen, die in der NS-Ideologie auftauchten, spielte der Antisemitismus eine Schlüsselrolle, weil in ihm die imaginäre Einheit der rassistischen Feindbilder hergestellt werden konnte. In ihm verbanden sich die nach innen gerichteten Phantasmagorien von der Reinigung des »Volkskörpers« von »Schädlingen« mit den nach außen gerichteten Konstruktionen rassistischer Stufenleitern vom »arischen Herrenvolk« bis zum »jüdischen Untermenschen«. In der Fiktion des »Juden« legte sich der Rassismus jenes im negativen vereinheitlichende Feindbild zu, das er brauchte.
8. Eine weniger auffällige, dafür aber für die Konstruktion des NS-Rassismus strategisch mindestens genauso wichtige Rolle fiel den Zigeunern zu. Ihre jahrhundertelang ausgegrenzte Gruppenexistenz machte sie zum bevorzugten Objekt sowohl von auf den Phänotyp wie auf den Genotyp fixierten Rassisten. Über die Forschungen Robert Ritters, der erbliche Veranlagung zur Kriminalität aus der Beimischung von »Zigeunerblut« ableitete, gewann die Utopie einer »Endlösung der sozialen Frage« den Schein wissenschaftlicher Plausibilität: die alten Übel von Armut, Krankheit und Kriminalität könnten demnach ausgerottet werden, wenn sich der arische Herrenmensch von rassisch minderwertigen Helotenvölkern versorgen ließe, wenn die Erbkrankheiten durch Sterilisation und die unheilbar Kranken durch »Euthanasie« beseitigen würden und wenn alles abweichende Verhalten, sofern nicht pädagogisch therapierbar, als Beimischung von »Gaunerblut« diagnostizierbar, selektiert und »ausgemerzt« würde.

9. Was die nationalsozialistischen Massenmorde als weltgeschichtliches Ereignis von den zahlreichen anderen im 20. Jahrhundert auf Verfolgung und Vernichtung orientierten Ideologien und Praktiken unterscheidet, sind Merkmale, die aus ihrer rassebiologischen Legitimation ableitbar sind:
das starre, am Primat des »Volkskörpers« ausgerichtet urteilende Wertschema, dem der Einzelne nichts gilt;
die Verdammung zur »Minderwertigkeit« auf der Grundlage eines hypothetisch erschlossenen genetischen Code, deren Folgen das Verhalten des Einzelnen nicht mehr beeinflussen kann;
die bürokratische Erfassung, Selektion und »Sonderbehandlung«, die den Einzelnen seines Menschenstatus entkleidet;
und schließlich der Einsatz großtechnischer Vernichtungsapparaturen, der Menschen wie Insekten kostengünstig vertilgt.
10. Den Nationalsozialisten blieben 5 Jahre Zeit, bis der Sieg der Alliierten das Vernichtungshandwerk stoppte. Die alle Vorstellungskraft übersteigenden »Endlösungs«-planungen auf allen Gebieten der inneren und äußeren Unterdrückung konnten daher nur teilweise realisiert werden, zum Glück für die, die so durch den Kriegsverlauf gerettet wurden, und zum namenlosen Leid für diejenigen, die der Vernichtungsmaschinerie noch vor der Befreiung zum Opfer fielen.

An einem entscheidenen Punkt hatten die Nationalsozialisten jedoch in fanatischer Hartnäckigkeit alle Kräfte konzentriert, um den Vernichtungswahn ihrer Rassenideologie zu erfüllen, in der möglichst lückenlosen Erfassung, Deportation und Einordnung der europäischen Juden.

Es ist schon erwähnt worden, daß gerade im antisemitischen Feindbild die im einzelnen ganz verschiedenen rassistischen Ansätze zusammentrafen. Zwar mochten immer neue, direkt oder indirekt an den bürokratisch arbeitsteilig organisierten antijüdischen Maßnahmen beteiligte Gruppen und Institutionen des NS-Regimes Einzelpläne und -begründungen für ganz verschiedene Verfolgungspraktiken vorlegen, zwar wechselten solche Pläne wie die der verstärkten Auswanderung, der Zwangsdeportation nach »Madagaskar«, der Ghettoisierung in Polen, der mörderischen Massenabschiebung ins russische Hinterland unter verschiedenen Bedingungen einander ab und radikalisierten sukzessive den Verfolgungsdruck auf die Juden, aber durchgehender gemeinsamer Nenner blieb die rassistische Stigmatisierung der Juden als der Urform des »Bösen«, die unbedingt auszuschalten sei.

So flossen zwar die verschiedensten Impulse zum Mord an den Juden zusammen, von der persönlichen mörderischen Brutalität anläßlich einer Pogromsituation über die achtlos in Kauf genommenen hohen Sterberaten bei Deportation, Internierung und Ghettoisierung bis hin zum seriellen Tötungsprogramm durch die SD-Einsatzgruppen in Rußland. Aber daß aus allen diesen Einzelaktionen die Entscheidung zum totalen Völkermord an allen in Europa greifbaren Juden erwuchs und daß am Vollzug dieser Entscheidung bis zur endgültigen Niederlage festgehalten wurde, zwingt dazu, den Rassismus als Ideologie und damit auch als handlungsbestimmende Kraft selbst dann ernst zu nehmen, wenn sich der konkrete nationalsozialistische Entscheidungsprozeß auf den Weg zur »Endlösung« durchaus in Kategorien eines Prozesses kumulativer Radikalisierung darstellen läßt. Deshalb wird im Zentrum jeder Geschichte der weitgefaßten nationalsozialistischen »Endlösungs«-Utopien das Schicksal des jüdischen Volkes als der absoluten Verkörperung des rassistischen Feindbildes stehen, das daher mit etwa 5 Millionen Ermorderter die meisten Opfer des NS-Rassismus zählt. Zugleich erklären sich entscheidende Besonderheiten dieser Vernichtungspolitik gegen die Juden gerade nicht allein aus der Tradition des herkömmlichen Antisemitismus, sondern aus dessen Radikalisierung durch den Biologismus der »Rassenhygieniker«, durch die Arbeitsteilung der bürokratischen Apparate und durch die rassistische Verallgemeinerung einer zuerst »Euthanasie« genannten medizinischen Doktrin von angeblich im Interesse des »Volksganzen« liegender »therapeutischer« Tötung von Individuen, die als »minderwertig« stigmatisiert waren.

IV.

Zwei grundsätzliche Fragen zum Verhältnis von rassistischer Utopie und Politik des Dritten Reiches sind noch zu klären:

- Wie läßt sich die Rolle rassistischer Ideologie im realgeschichtlichen Verlauf interpretieren? Hat sie treibenden Charakter, wie die Intentionalisten behaupten, oder dient sie nur als Legitimationsinstanz im polykratischen Konflikt, wie die Funktionalisten sagen?
- Wie verhalten sich bei der Propagierung und Realisierung des rassistischen Projekts nationalsozialistische Politiker und technokratische Funktioneliten? Sind die ersteren die Ideologen, denen die letzteren ihre fachliche Rationalität opportunistisch unterordnen?

Die in beiden Fragen knapp skizzierten traditionellen Forschungspositionen scheinen sich in ihrem Erklärungswert abzuschwächen, wenn man in eingehenden Detailforschungen unter Berücksichtigung erfahrungsgeschichtlicher Ansätze nach der alltäglichen Rolle von Ideologie fragt.

1. Sicherlich erhält man auf der Ebene der Alltagsgeschichte kein schlüssiges Bild des Dritten Reiches, wenn man im Sinne der Intentionalisten »Hitlers Weltanschauung« linear auf die ideologische Alltagspraxis ableitet. Hier bleibt der Einwand der Funktionalisten überzeugend, daß die praktischen Handlungen im polykratischen Instanzenchaos momentgebunden und einem Opportunismus der Macht unterworfen sind.

   Dennoch spielten Ideologie und inbesondere Rassismus auf der alltagspraktischen Ebene eine bedeutende Rolle in dreierlei Hinsicht:

- Sie stellt die oft nur halb bewußten Kategorien zur Wahrnehmung der Umwelt, zur Beurteilung von Personen und Sachverhalten, und sie liefert Kriterien für Entscheidungen über Wert und Unwert ihres Handelns. Ein so verstandener alltäglicher Rassismus produzierte beispielsweise in der Praxis antisemitischer Diskriminierungen erst jene depravierte jüdische Bevölkerung, deren durch Not und Verfolgung erzwungenes Erscheinungsbild das rassistische Vorurteil über den »jüdischen Untermenschen« wiederum verstärkte. Das gleiche gilt für den sogenannten Pannwitz-Blick, den der Auschwitz-Häftling Primo Levi beschrieben hat, nachdem er von dem KZ-Arzt Pannwitz gemustert wurde. Es kam dem Arzt gar nicht in den Sinn, den Häftling als Menschen oder gar als Mitmenschen anzusehen. Er galt, der Realität des Lagerlebens adäquat, als Nummer, bestenfalls als Objekt des Experiments. »Sie nahmen Menschen, weil sie keine Kaninchen hatten.«

- In den polykratischen Dauerkonflikten des Regimes gewinnt zudem der Appell an ideologische Grundüberzeugungen immer wieder an Bedeutung, wenn nämlich zwischen verschiedenen Optionen, die von konkurrierenden Machtträgern vertreten werden, entschieden werden muß. Hier hat Ideologie nicht nur legitimierende, sondern auch radikalisierende Funktion, weil die kämpfenden Parteien sich gegenseitig an Grundsätzlichkeit zu übertrumpfen suchen. Dieser Mechanismus der kumulativen Radikalisierung der ideologischen Optionen im regimeinternen Machtkonflikt läßt sich auf allen Gebieten zeigen, die für die »Endlösungs-«politik entscheidend waren, im Umgang mit den Kranken, den Fremdarbeitern wie den Juden.
- Es kann in diesem Zusammenhang nicht oft genug betont werden, daß eine Ideengeschichte des nationalsoialistischen Rassismus nicht ausreicht, um die Ermöglichung der »Endlösung« zu erklären, vielmehr bedarf es der strukturgeschichtlichen Analyse der Herrschaftsapparate, die in ihren Rivalitäten auch den Kampf um die Behandlung der Opfer immer weiter bis zu konkurrierenden Vernichtungsplanungen radikalisierten. Zudem bedarf es noch einer alltagsgeschichtlichen Analyse der Erfahrungshorizonte der am arbeitsteiligen Prozeß der Stigmatisierung, Verfolgung, Internierung, Deportation und schließlich Vernichtung beteiligten Täter, Mittäter, Zeugen und Opfer, um nachvollziehen zu können, wieso millionenfacher Mord »machbar« war.
- Rassistische Utopien spielen aber noch eine weitere Rolle im Alltag. Sie formulieren Richtung und vages Ziel von Fluchtbewegungen aus einer beengten und frustrierenden Alltagspraxis der Verwaltung und der Humandisziplinen. Während beispielsweise die Besatzungspolitik in Polen in einer Flut von Improvisation ertrinkt, gewinnen die Träume von einer gewaltsamen bevölkerungspolitischen Neuordnung des Ostens für die Planer an Faszination und schlagen sich in immer neuen radikalen Projekten nieder. Die Utopie der »Endlösungen« gewinnt hier für diejenigen, die sie träumen und alptraumhaft zu ihrer Realisierung schreiten, die Dimension einer prinzipiellen Flucht aus den Kontingenzen des Alltags, eines Befreiungsschlags, der ein für allemal Ordnung schafft und sei es die Ordnung eines gigantischen Friedhofs vom Atlantik bis zum Ural.

2. Damit nähern wir uns der zweiten Frage nach dem Verhältnis von Ideologie und Alltagspraxis des Dritten Reichs, nämlich nach der Rolle der nationalsoialistischen Politiker im engeren Sinne und der technokratischen Funktionseliten, die an der Machtausübung teilhaben. Welche Rolle spielten die Fachleute, die Verwaltungsspezialisten, Industriemanager, Sozialpolitiker und Mediziner, die Städteplaner und Pädagogen, um nur einige Gruppen zu nennen, die nach den Ergebnissen der neueren Forschung auf das engste mit der Praxis des inneren und äußeren Rassismus verknüpft waren? Traditionell wird das Verhältnis von Ideologie und Technokratie in Dichotomien beschrieben:

- hier die Fachleute, dort die ideologischen Fanatiker;
- hier die wissenschaftliche Rationalität, dort die ideologische Irrationalität;
- hier der schlimmstenfalls angepaßte Spezialist, dort der tonangebende Parteibonze.

Nimmt man aber den alltäglichen Rassismus als ideologische Praxis ernst und verfolgt man die tatsächlichen Beteiligungen an Plänen und Ausführung der »Endlösungs«-utopie, dann verlieren diese Dichotomien ihren Erklärungswert.

Schlüsselfiguren der »Endlösungs«-Utopien sind sicherlich auf der höchsten Entscheidungsebene Parteiideologen wie Hitler und Himmler. Aber selbst auf dieser

Ebene wäre der Krankenmord etwa ohne das hartnäckige Projekteschmieden der wissenschaftlichen Fachleute gar nicht denkbar und machbar gewesen.

Obwohl der Forschungsstand endgültige Aussagen noch nicht erlaubt, kann jetzt schon gesagt werden, daß die historische Evidenz die traditionellen und exkulpativen Dichotomien von Fachmann und Fanatiker widerlegt hat. Wie aber kann statt dessen die offensichtliche Schlüsselrolle von Humanwissenschaften und Technokraten in der Genesis der »Endlösung« gedacht werden?

Die beiden traditionellen Großtheorien zur Erklärung des Faschismus, Marxismus und Modernisierungstheorie, führen hier wenig weiter. Die »Endlösung« ist weder durch eine Theorie der Kapitalakkumulation oder eine Theorie von der Diktaturform monopolkapitalistischer Machtausübung zu erklären, noch paßt sie zur modernisierungstheoretischen Grundannahme, daß sich Modernisierung und Fortschritt identifizieren ließen und der Nationalsozialismus als modernisierungsfeindlicher Rückfall in die Barbarei zu interpretieren sei.

Eine historische Erklärung der »Endlösung« muß vielmehr zwei Fragen zu beantworten versuchen:

- Welche Rolle spielten Technokraten, Fachleute, Intellektuelle bei der Herausbildung und Machtausübung des Nationalsozialismus?
- Wie war es möglich, daß sich in deren fachlicher wie allgemeiner Weltsicht und Praxis das Projekt der rassistischen Endlösung festsetzt?

Die Antworten auf beide Fragen können hier nur angedeutet werden:

- Gerade in der akademischen Intelligenz, ganz besonders in deren jüngerer Generation gewann der Nationalsozialismus frühzeitig Einfluß. Sie brauchten, sich in großen Teilen nicht erst 1933 anzupassen, weil der NS schon längst ihr Projekt geworden war.
- Rassistisches Denken und Handeln war in vielen humanwissenschaftlichen und sozialtechnischen Disziplinen als eine ideologische Praxis (neben anderen allerdings) längst angelegt. Es kommt darauf an zu zeigen, unter welchen Bedingungen sich die rassistische Option gegenüber anderen, menschlicheren Varianten moderner Humandisziplinen durchsetzte.
- Die erschreckende Kontinuität rassistischer Konzepte in der deutschen intellektuellen Elite vor und nach 1933 und das ebenso erschreckende Vorkommen sozialrassistischer Ideen und Praktiken bei den Humanwissenschaftlern vieler Nationen schon vor 1933 darf aber nicht dazu verleiten, die Brüche in der Kontinuität, die der Machtantritt der Nationalsozialisten bewirkte, zu unterschätzen; denn seit 1933 war mit jeder kritischen Öffentlichkeit auch die fachinterne Kritik am Rassismus in den Humanwissenschaften ausgeschaltet; seitdem standen zwischen den rassistischen Tätern und ihren Opfern auch nicht mehr die Institutionen des Rechtsstaats als Appell- und Schutzinstanz; seitdem stellte sich der Diktaturstaat über Gleichschaltung, zentralisierendem Bürokratismus und vermittels der allgemein präsenten Gewaltdrohung allein auf die Seite des Rassismus. Ein Vergleich mit anderen Ländern, in denen Rassismus virulent war, aber nicht zur Staatsdoktrin wurde, zeigt, daß bei aller Kontinuität der Ideologien letztlich für die Enthemmung der Töter die Diktaturform der NS-Herrschaft der entscheidende Faktor war.

V.

Das führt zum letzten Abschnitt des Argumentationsganges, der Frage nach der Vorgeschichte der Endlösungsutopie und der ihr zugrundeliegenden rassistischen ideologischen Praxis in jenen Kreisen von Humanwissenschaftlern und Technokraten, die sich 1933 willig und oft genug freiwillig mit dem Nationalsozialismus an der Macht verbanden und ihnen in vielen Fällen überhaupt erst ihre »Endlösung«-Projekte aufschwatzten.

Auch zu dieser Frage nach Kontinuität und Diskontinuität in den Humandisziplinen liegen inzwischen einige Detailuntersuchungen vor (z. B. zur Eugenik, zur Gesundheitspolitik allgemein, zur Sozialpädagogik und teilweise auch schon zur Sozialpolitik und zur Rationalisierung der Arbeitsverhältnisse), die einige zusammenfassende thesenhafte Aussagen zur Genesis der Endlösung aus dem Geiste der Wissenschaft erlauben:

1. Um die Jahrhundertwende wachsen den modernen Humanwissenschaften und Sozialtechnologien Aufgabenfelder zu, die eine ungeheure soziale Machtsteigerung, einen gigantischen Zuwachs an professionellem Personal und damit eine dramatische ideologische Herausforderung bedeuten. Die Gesellschaft scheint planbar zu werden, der endgültige Sieg über Unwissenheit, Armut, Kriminalität, Krankheit und Tod scheint in die Reichweite des wissenschaftlichen Fortschritts und der sozialstaatlichen Erfassung zu geraten. Die in den Fortschrittsutopien der Jahrhundertwende zum Ausdruck kommende Selbstüberhebung der Wissenschaften mit ihrem Allmachtswahn und ihren Machbarkeitsphantasien ist aber noch durch das ihr zugrundeliegende optimistische Vertrauen in stetiges lineares Wachstum gemildert.
2. Dennoch stellt sich in den verschiedenen Disziplinen mit unterschiedlicher Schärfe bereits die Frage, was mit jenen Menschen passieren soll, die unheilbar, unerziehbar, unanpassbar oder untüchtig sind und aus objektiven und subjektiven Gründen auch bleiben. Für diese Ärgernisse in der Utopie der »Schönen neuen Welt« werden bereits Formen der Ausgrenzung aus der Normalität mitbedacht, die von der zwangsweisen kostengünstigen Verwahrung bis zur Unfruchtbarmachung und in Einzelfällen sogar schon bis zur Ermordung im Zeichen der »Euthanasie« reichen. Aber diese Ausgrenzungsstrategien bleiben solange relativ marginal, wie der humanwissenschaftliche und sozialtechnologische Machbarkeitsoptimismus vorherrscht.
3. Erst als Weltkrieg und Weltwirtschaftskrise diesen linearen Fortschrittsoptimismus dementieren, verschiebt sich das Verhältnis zwischen Erfassung und Selektion. Die Grenzen der Machbarkeit geraten mit den (Kosten-)Grenzen des Sozialstaats in den Blick. Zentral wird die Debatte über die zweckmäßige Allokation beschränkter Mittel für diejenigen, die wertvoll, weil therapeutisch erfolgversprechend sind. Diese Auslese der »Wertvollen« bedingt die Ausgrenzung jener, die als »minderwertig« gelten, weil sie unheilbar, unerziehbar, unanpassbar oder untüchtig seien. Schon vor dem Machtantritt der Nazis wird infolge der Krisensituation der Diskurs in den meisten Humanwissenschaften und Sozialtechnologien von der Dichotomie: fördernde Auslese der »Wertvollen«, Selektion und »Ausmerze« der »Minderwertigen« beherrscht.
4. Der Machtantritt des Nationalsozialismus 1933 bringt in diesen bereits herrschenden ideologischen Auslese-Ausmerze-Diskurs drei, allerdings für die weitere Entwicklung entscheidende Neuerungen ein:

- er verschafft ihm mit der Rassendoktrin eine scheinbar schlüssige ideologische Begründung, ein theoretisches gutes Gewissen im Einklang mit der Staatsdoktrin;

- er mobilisiert die staatlichen Mittel zur Realisierung des Rassismus und zur Ausschaltung aller Mahner und Warner.
- er verknüpft die allgemeine gewaltsame Fluchtdynamik der nationalsozialistischen Bewegung aus der umfassenden Modernisierungskrise mit den spezifischen gewaltsamen Endlösungsutopien der humanwissenschaftlichen und technokratischen Funktionseliten.

Dieser hier idealtypisch zugespitzt geschilderte historische Entwicklungsprozeß führt zu dem beklemmenden Urteil, daß Massenvernichtung und Moderne unter bestimmten krisenhaften Bedingungen wahlverwandt sind, daß die systematische Massenvernichtung nach abstrakten, verhaltensunabhängigen Selektionskriterien in einer bürokratisch-großtechnischen Selektions- und Mordapparatur eine mögliche Handlungsvariante ist, die die Krise der Moderne hervorbringen kann. (Die »Moderne« sei hier verstanden als jene historische Struktur aus kapitalistischer Industriewirtschaft und Klassengesellschaft, rational-bürokratischer Staatsorganisation und Sozialintegration, wissenschaftlich-technischer Weltbemächtigung und sozialdisziplinierter Lebensführung, die sich um die Jahrhundertwende herausgebildet hat und in der wir heute noch leben.) Einschränkend sei hier gesagt, daß es sich nicht um eine notwendige, sondern um eine mögliche Entwicklung handelt, die allerdings im Paradigma des modernen Umgangs mit dem Menschen potentiell angelegt ist. Die rassistische Utopie der Endlösung ist der Versuch, den immanenten Widersprüchen dieser Moderne gewaltsam ein Ende zu machen. Insofern ist die Verabschiedung des Zwangssterilisationsgesetzes als rassistischem Grundgesetz des Dritten Reiches ausgerechnet am 14. Juli 1933 durchaus Programm. Am Jahrestag des revolutionären Sturms auf die Bastille, der eine Moderne in Freiheit, Gleichheit und Brüderlichkeit ins Leben rufen wollte, verkünden die Machthaber des Dritten Reiches im Einvernehmen mit den ihnen verbundenen Technokraten die Vision einer anderen Moderne, in der Großtechnik und Bürokratie die Freiheit, rassistische Hierarchie die Gleichheit und gewaltsame Auslöschung des Andersartigen die Brüderlichkeit auf ewig vergessen machen sollten.

Literatur zum Thema

Adam, Uwe D.: Judenpolitik im Dritten Reich. Königstein i. Ts. 1979.

Beiträge zur nationalsozialistischen Gesundheitspolitik.

Bde. 1 5: Aussonderung und Tod; Reform und Gewissen; Herrenmensch und Arbeitsvölker; Biedermann und Schreibtischtäter; Sozialpolitik und Judenvernichtung; Feinderklärung und Prävention. Berlin (West) 1985–1988.

Blasius, Dirk: Der verwaltete Wahnsinn. Frankfurt 1980.

Ders.: Umgang mit Unheilbaren. Bonn 1986.

Bock, Gisela: Zwangssterilisation im Nationalsozialismus. Opladen 1986.

Byer, Doris: Rassenhygiene und Wohlfahrtspflege. Frankfurt 1988.

Dörner, Klaus: Tödliches Mitleid. Gütersloh 1988.

Ebbinghaus, Angelika u. a. (Hrsg.): Heilen und Vernichten im Mustergau Hamburg. Hamburg 1984.

Herbert, Ulrich: Fremdarbeiter. Politik und Praxis des »Ausländer-Einsatzes« in der Kriegswirtschaft des Dritten Reiches. Berlin 1985.

Ders.: Arbeit und Vernichtung. Ökonomisches Interesse und Primat der »Weltanschauung« im Nationalsozialismus, in: Dan Diner (Hrsg.): Ist der Nationalsozialismus Geschichte?. Frankfurt 1987, S. 198–236.

Hilberg, Paul: Die Vernichtung der europäischen Juden. Die Gesamtgeschichte des Holocaust. Berlin 1982.

Hillgruber, Andreas: Die »Endlösung« und das deutsche Ostimperium als Kernstück des rassenideologischen Programms des Nationalsozialismus. In: Ders.: Deutsche Großmacht- und Weltpolitik im 19. und 20. Jahrhundert. Düsseldorf 1979[2], S. 252–275.

Kaupen-Haas, Heidrun (Hrsg.): Der Griff nach der Bevölkerung. Nördlingen 1986.

Kenrick, Donald, Puxon, Grattan: Sinti und Roma. Die Vernichtung eines Volkes im NS-Staat. Göttingen 1981.

Klee, Ernst: »Euthanasie« im NS-Staat. Frankfurt 1983.

Ders.: Dokumente zur »Euthanasie«. Frankfurt 1985.

Ders.: Was sie taten – was sie wurden. Ärzte, Juristen und andere Beteiligte am Kranken- oder Judenmord. Frankfurt 1986.

Klingemann, Carsten (Hrsg.): Rassenmythos und Sozialwissenschaften in Deutschland. Opladen 1987.

Kogon, Eugen u. a. (Hrsg.): Nationalsozialistische Massentötungen durch Giftgas. Frankfurt 1983.

Labisch, Alfons, Tennstedt, Florian: Der Weg zum »Gesetz über die Vereinheitlichung des Gesundheitswesens vom 3. Juli 1934«. 2 Tle. Düsseldorf 1985.

Lifton, Robert: Ärzte im Dritten Reich. Stuttgart 1988.

Medizin im Nationalsozialismus. Kolloquien des Instituts für Zeitgeschichte. München 1988.

Mitscherlich, Alexander, Mielke, Fred: Medizin ohne Menschlichkeit. Frankfurt 1978.

Mommsen, Hans: Die Realisierung des Utopischen: Die »Endlösung der Judenfrage« im »Dritten Reich«. In: Geschichte und Gesellschaft 9 (1983), S. 381–420.

Der Mord an den Juden im Zweiten Weltkrieg. Entschlußbildung und Verwirklichung. Hrsg. von Eberhard Jäckel und Jürgen Rohwer. Stuttgart 1985.

Müller-Hill, Benno: Tödliche Wissenschaft. Die Aussonderung von Juden, Zigeunern und Geisteskranken 1933–1945. Reinbek 1984.

Nadav, Daniel: Julius Moses und die Politik der Sozialhygiene in Deutschland. Gerlingen 1985.

Nowak, Kurt: »Euthanasie« und Sterilisierung im »Dritten Reich«. Göttingen [3]1984.

Peukert, Detlev J. K.: Grenzen der Sozialdisziplinierung. Aufstieg und Fall der deutschen Jugendfürsorge 1878 bis 1932. Köln 1986.

Roth, Karl-Heinz (Hrsg.): Erfassung zur Vernichtung. Berlin 1984.

Schmuhl, Hans-Walter: Rassenhygiene, Nationalsozialismus, Euthanasie. Göttingen 1987.

Weingart, Peter u. a. (Hrsg.): Rasse, Blut und Gene. Geschichte der Eugenik und Rassenhygiene in Deutschland. Frankfurt 1988.

Der Wert des Menschen. Medizin in Deutschland 1918–1945. Hrsg. v. d. Ärztekammer Berlin. Berlin 1989.

Christoph Klessmann

Untergänge – Übergänge. Gesellschaftsgeschichtliche Brüche und Kontinuitätslinien vor und nach 1945

I. Vorbemerkungen

Am 8. Mai 1945 kapitulierte die Deutsche Wehrmacht bedingungslos, am 5. Juni übernahmen die vier Besatzungsmächte offiziell die »oberste Regierungsgewalt in Deutschland« in seinen Grenzen von 1937, und knapp zwei Monate später legten sie in Potsdam ihre Grundsätze für die territoriale, politische und wirtschaftliche Neuordnung Deutschlands fest. Der Untergang des Deutschen Reiches schien damit in dreifacher Weise besiegelt. Die künftigen territorialen, politischen und ökonomischen Strukturen waren noch kaum erkennbar, programmatisch jedoch sollte alles von Grund auf erneuert werden.

Der in den drei genannten Daten gleichsam punktuell konzentrierte Untergang des Deutschen Reiches hatte jedoch lange vor der militärischen Kapitulation begonnen, doch war er nicht so vollständig, wie es zunächst den Anschein hatte. Daß es 1945 keine »Stunde Null« gab, ist mittlerweile ein so gängiger Gemeinplatz, daß sich der Hinweis auf den zeitgenössischen Erfahrungsgehalt dieser Formel empfiehlt. Zum einen brachte sie die Empfindung der Befreiung und vermeintlichen Chance zu einem vollkommenen Neubeginn zum Ausdruck; zum anderen spiegelte sie die Erfahrung des totalen Zusammenbruchs ohne individuelle und kollektive Perspektive für einen sozialen Wiederaufstieg. Die intensive öffentliche politische Diskussion anläßlich des 40. Jahrestages des 8. Mai hat die nach Generation und Standort sehr unterschiedlichen Urteile über dieses Datum – wie mir scheint erstmals in der Geschichte der Bundesrepublik – hinreichend deutlich werden lassen (Grix, Knoll; Albrecht u. a.; Brusis).

In dieser scheinbaren »Stunde Null« kumulierten jedoch Entwicklungen, die im nachhinein für den Historiker schon unübersehbar in den letzten Kriegsjahren erkennbar sind. Ebenso klar zeichnen sich aus der Rückschau Kontinuitätsstränge ab, die sowohl die Hoffnung auf Neubeginn als auch die Befürchtung des dauerhaften Zusammenbruchs überlagerten und belegen, daß der »Aufstieg aus dem Nichts« (Zentner) eine ebenso verständliche wie falsche Wahrnehmung der Situation war. Im Prozeß des Untergangs des deutschen Reiches waren somit viele Elemente des Übergangs zum Nachkriegsdeutschland enthalten, und die ersten Jahre der »Trümmerzeit« setzten vielfach nur in drastischeren Formen fort, was sich schon im Krieg entwickelt hatte. Der aus politikgeschichtlicher Sicht tiefe – und gegenüber allen Kontinuitätsdebatten auch nachdrücklich zu betonende – Bruch von 1945 mit der totalen Niederlage nach einem totalen Krieg löst sich damit in gesellschaftsgeschichtlicher Perspektive in eine größere Umbruch- und Inkubationsphase von mehreren Jahren vor und nach Kriegsende auf, die provokativ und programmatisch mit den beiden Eckdaten »Stalingrad« und »Währungsreform« umschrieben worden sind (Broszat u. a.).

Im Sinne dieser Frage nach Parallelität und Verflechtung von Destruktion des Alten und Grundlegung des Neuen, von Untergang und Übergang sollen im folgenden einige Grundlinien der Entwicklung der letzten Kriegs- und ersten Nachkriegsjahre skizziert werden. Kontinuitäten und Brüche erscheinen unterschiedlich ausgeprägt, je nachdem, ob man nach politischen Strukturen, nach der wirtschaftlichen Gesamtsituation, nach sozialen Gruppen und Hierarchien, alltäglichen Lebenserfahrungen oder kulturellen Möglichkeiten und Aktivitäten fragt. Jedoch gab es in jeder dieser gesellschaftshistorischen Dimensionen beides: die Anknüpfung an produktive und fatale Traditionen ebenso wie erzwungene oder bewußt gewollte Brüche mit der Vergangenheit.

II. Erosion politischer Loyalitäten und politisch-soziale Initiativen im Umbruch

Der von Hitler entfesselte Krieg löste zwar 1939 anders als 1914 bei der Bevölkerung mehrheitlich keine Begeisterungsstürme aus, aber die Massenloyalität zum »Führer« stieg nach den »Blitzsiegen« von 1939 bis 1941 ins Mythische und begann erst nach der traumatisch wirkenden Niederlage von Stalingrad allmählich brüchig zu werden. Die Resonanz auf das gescheiterte Attentat vom 20. Juli 1944 ist schwer präzise abzuschätzen, doch sprechen die greifbaren Indizien dafür, daß die Führerbindung bei der breiten Bevölkerung dadurch eher noch gefestigt als gelockert wurde. Dagegen machen alle zentralen und regionalen Stimmungsberichte deutlich, daß die politische Zustimmung zum Regime insgesamt – und schließlich bei Kriegsende auch zu Hitler – einem rapiden Erosionsprozeß ausgesetzt war (Steinert; Kershaw). Ein Bericht des Sicherheitsdienstes (SD) konstatierte schon am 20. April 1944 »fatalistische Ergebenheit«: »Vor allem in den Großstädten treffe man z. Z. auf eine ganze Menge von Volksgenossen, die zwar bei genauem Zusehen alle ihre Pflicht tun, aus ihrem Mißmut und ihrer Verdrossenheit aber keinen Hehl machen. Von ihnen wird offen dahergeredet, daß es bei einem verlorenen Krieg auch nicht schlimmer sein könne als jetzt. Mehr arbeiten als vom frühen Morgen bis in die späte Nacht könne man nicht. Und zu verlieren habe man ohnehin nichts mehr. Was solle einem schon passieren« (Meldungen Bd. 16).

Die sich abzeichnende Niederlage blieb auch denen nicht verborgen, die ihre Informationen nur aus den Bekanntmachungen des OKW und den offiziellen Medien bezogen. Das Ende des Regimes war daher nicht nur eine Folge der militärischen Zerschlagung, sondern auch des partiellen, inneren Machtzerfalls der Institutionen und Hierarchien (Münkler). Besonders deutlich wurde die innere Absetzbewegung angesichts der vorrückenden alliierten Truppen an der Westfront. Ein Fernschreiben Himmlers an Bormann vom 26. Dezember 1944 charakterisierte die Einstellung der Bevölkerung im Kreis Düren als absolut feindlich: »Der Gruß ›Heil Hitler‹ ist dort geradezu unbekannt, selbst bei manchen örtlichen Hoheitsträgern« (Steinert). Die britisch-amerikanischen Flächenbombardements hatten zwar nicht in dem Ausmaß die politische

Moral der Bevölkerung untergraben, wie sich ihre Initiatoren das gewünscht hatten, aber sie hatten den Vertrauensverlust beschleunigt. Insofern ist es kein Widerspruch, wenn einer der letzten SD-Berichte vom März 1945 die tägliche Pflichterfüllung und die »vorbildliche Arbeitsdisziplin« in den »vom Bombenterror getroffenen Städten« lobt, aber auch feststellt: »Das Volk hat kein Vertrauen zur Führung mehr. Es übt scharfe Kritik an der Partei, an bestimmten Führungsgruppen und an der Propaganda. Der Führer ist für Millionen der letzte Halt und die letzte Hoffnung, aber auch der Führer wird täglich stärker in die Vertrauensfrage und in die Kritik einbezogen« (Meldungen Bd. 17).

Territoriale Verluste, Zerstörung der Städte, Evakuierungsmaßnahmen und anschwellende Flüchtlingsströme ließen den propagierten Endsieg immer schemenhafter werden. Andererseits blieb trotz der lauter werdenden Kritik an Bonzentum und Korruption die Ohnmacht eine betimmende Erfahrung der Kriegsjahre. Sie überdauerte das Kriegsende, auch wenn nun unter alliierter Besatzung Terror und organisierte Zwangsherrschaft entfielen: Politische Verantwortung trugen »die da oben«, von aktiver politischer Mitgestaltung war der Normalverbraucher ausgeschlossen, er war Objekt der Herrschaft. Politische Ohnmacht als Gefühl, den Siegern auf Gedeih und Verderb ausgeliefert zu sein, prägte aber nicht nur die Haltung der Mehrheit. Auch die kleine Schar dezidierter Gegner des NS-Regimes mußte sie nach 1945 in verschiedenen Formen erfahren. Soziale und politische Radikalisierung als Kennzeichen fast aller Widerstandsbewegungen in Europa, Vorbereitung sozialer Umbrüche in den Betrieben und Anwachsen konspirativer Aktivitäten lassen sich in Deutschlands bestenfalls in rudimentären Ansätzen erkennen. Das wachsende Unbehagen blieb diffus und eskalierte nirgendwo zum massenhaften offenen Protest. Zwar zeigte insbesondere der kommunistisch beeinflußte Widerstand eine erstaunliche Zähigkeit. So wuchs die Zahl der örtlichen Gruppen des »Nationalkomitees Freies Deutschland« (NKFD), die eine der Grundlagen für die 1945 überall kurzzeitig auftauchenden Antifaschistischen Ausschüsse (Antifa) wurden (Niethammer u. a.). Dominierend aber blieb bei denen, die vom Regime nicht korrumpiert waren, »Resistenz«, nicht Widerstand. Ansätze zur »Befreiung von innen« gab es kaum. Dennoch sind die Antifas der Umbruchphase oftmals schon im Krieg vorbereitet worden.

Ob sie eine politische Perspektive hätten entwickeln können, wären sie von den Alliierten nicht gedrosselt oder verboten worden, muß letztlich offen bleiben. Immerhin wird man ihnen ein größeres Gewicht beimessen müssen, als es lange Zeit geschehen ist. Ein Stück politischer Kontinuität vom Widerstand über die militärische Niederlage 1945 hinweg in einen neuen Anfang läßt sich hier konkretisieren. In diesem Sinne stellte ein Bericht des US-Geheimdienstes vom 30. Juni 1945 fest:

»Das Versagen des deutschen Volkes, das Nazi-Regime zu stürzen, führte bei vielen alliierten Beobachtern zu der Erwartung, die Besatzung würde eine deutsche Gesellschaft vorfinden, die so sehr vom Nationalsozialismus durchdrungen und durch die Verbindung von Terror und nationaler Niederlage so apathisch sei, daß selbst die anfänglichen Aufgaben der sozialen Reorganisation nur einzeln ausgewählten Beamten übertragen werden können... Westlich des Rheins entstand jedoch ein neues soziales Phänomen... Es handelt sich um die örtlichen Massenorganisationen aktiver Anti-Nazis (sie selbst nennen sich Anti-Faschisten), die spontan entstanden sind und beabsichtigen – so ihre eigenen Worte –, alle politisch gesunden Kräfte in der Bevölkerung zu mobilisieren, um dadurch die Voraussetzungen für ein neues demokratisches Deutschland zu schaffen« (Borsdorf/Niethammer).

Über das politische Potential des Antifas hinaus waren soziale Resistenz und Aufrechterhaltung alter politischer Gesinnungsgemeinschaften ein Traditionsstrang aus der Arbeiterbewegung (insbesondere der SPD und der Gewerkschaften), den die Gestapo niemals vollständig hatte zerstören können. Insofern bestand 1945 für linke Gruppen die Chance, die Initiative zu ergreifen. Dieser Aktionsvorsprung ließ sich jedoch aus verschiedenen Gründen nicht in politische Macht umsetzen. Zum einen wurden die Antifas in allen Besatzungszonen ausgeschaltet, verboten oder kleingehalten. Zum anderen wurden Gewerkschaften und politische Parteien in den Westzonen mit einer Fülle organisationspolitischer Querelen (wie dem Verbot überlokaler Zusammenschlüsse) konfrontiert, die ihre politischen Aktionsmöglichkeiten erheblich einschränkten. Schließlich wurden die im Zusammenbruch sofort wieder präsenten Betriebsvertretungen und Betriebsräte in einem Maße mit alltäglichen Aufgaben der Versorgung und Wohnungsbeschaffung überlastet, daß sich politische Perspektiven wie die der Rätebewegung von 1918/19 kaum entwickeln konnten (Plato 1974).

Immerhin zeigt die sofortige Wiederentstehung von Betriebsräten, Gewerkschafts- und Parteigruppen die Kontinuität eines »anderen Deutschland« (einschließlich des Exils), dem erst durch die Niederlage wieder die Möglichkeit gegeben wurde, sich zu artikulieren. Zur Trümmerzeit mit ihrer sozialen Perspektivlosigkeit gehört somit auch ein beachtliches Maß an politischem Engagement und Bereitschaft, zum Neubeginn nicht nur mit programmatischen Erklärungen beizutragen.

Wurde mit den Antifas der Schattenriß einer Alternative sichtbar, so bedeutete ihr Scheitern die weitgehende Restauration der traditionellen Bürokratie. Personal und Struktur der Bürokratie auf kommunaler und Länderebene – und später auf Bundesebene – blieben nach Auswechelung der belasteten Spitzen und nach kurzzeitiger Unterbrechung durch die Entnazifizierung im wesentlichen erhalten. Das Entnazifizierungsverfahren, das sich vom Reinigungs- zum Rehabilitierungsprozeß entwickelte, wurde insofern zur großen »Kontinuitätsschleuse« (Niethammer) zwischen dem Dritten Reich und der Bundesrepublik. Das Berufsbeamtentum überstand – mit Ausnahme der sowjetischen Zone – ähnlich wie 1918 und 1933 auch den politischen Bruch von 1945. Die Beamten verstanden ihre Rechte und Privilegien zu wahren. Sie waren sicher nicht über Nacht zu Musterdemokraten geworden, doch ist ein innerer Wandel insofern unübersehbar, als sich die Distanz zur republikanischen Staatsform, die für Weimar noch bestimmend war, in Bonn verringerte. Mit starker personeller Kontinuität verband sich somit eine deutliche politische Einstellungsveränderung.

III. Territoriale Schrumpfung und demographische Verschiebungen

Im Frühjahr 1944 setzten erste Evakuierungsmaßnahmen in den zum »Großdeutschen Reich« gerechneten östlichen Gebieten des Generalgouvernements ein, bald folgten – meist viel zu spät und mit fatalen Folgen – die »eingegliederten Gebiete« Westpolens und die deutschen Ostgebiete Ostpreußen, Pommern und Schlesien. Daß die Flucht der Bevölkerung zum Vorläufer der Vertreibung und Zwangsumsiedlung und der in Potsdam sanktionierten Abtretung ca. eines Viertels des früheren Reichsterritoriums werden würde, wollte 1945 kaum jemand wahrhaben. De facto aber war der »deutsche

Osten« längst verloren, bevor die Alliierten auf der Potsdamer Konferenz eine Aussiedlung der deutschen Bevölkerung »in ordnungsgemäßer und humaner Weise« beschlossen. Allein diese territorialen Veränderungen, die bald noch verschärft werden sollten durch die faktische Trennung der Ostzone von den Westzonen, hatte weitreichende soziale und politische Konsequenzen für ein künftiges Deutschland. Dem preußischen Adel wurde, sofern er nicht schon in Zusammenhang mit dem nach dem 20. Juli 1944 einsetzenden Terror ins Mark getroffen war, die materielle Basis entzogen. Ein tragendes Element des politischen Konservativismus verschwand. Durch den riesenhaften Flüchtlingsstrom wurden bis dahin relativ geschlossene soziale, konfessionelle, regionale und dörfliche Einheiten und Milieus aufgebrochen.

In einem weiteren Sinne waren aber »Vertriebene« nicht nur diejenigen, die später politisch so bezeichnet wurden und aus dem Osten stammten, sondern darüber hinaus auch viele, die von Zwangsarbeit, Evakuierung, Kinderlandverschickung, Exil, Internierung, Gefangenschaft betroffen waren. »Entwurzelungserfahrungen« in diesem Sinne hat etwa die Hälfte der Nachkriegsbevölkerung vor und nach dem Ende des Dritten Reiches erlebt (Plato 1985). Das in den fünfziger Jahren so ausgeprägte Streben nach Sicherheit hatte hier seine wichtigste Ursache.

Hitler selber hatte bereits mit dem deutsch-sowjetischen Vertrag von 1939 die Welle von staatlich gelenkten bzw. erzwungenen und schließlich ins Chaotische ausufernden Umsiedlungen und Fluchtbewegungen in Gang gesetzt, die 1944/45 kollektiv die gesamte deutsche Bevölkerung in Osteuropa betraf. 1943 begannen die deutschen Behörden innerhalb des Reichsgebiets Evakuierungen und Umquartierungen insbesondere von Stadtbewohnern zunächst in die ländliche Umgebung, später auch in weiter entfernten Gebiete des Reiches. Frauen, Kinder und alte Leute sollten so vor den unmittelbaren Gefahren des Luftkrieges geschützt werden. Im Rahmen der Kinderlandverschickung wurden bis zum Sommer 1943 etwa 300000 Kinder aus Großstädten in ländliche Gebiete geschickt und dort privat oder in Heimen und Lagern untergebracht. Danach ging die Planung immer mehr in Improvisation über, weil kaum noch Aufnahmequartiere zur Verfügung standen.

Die Einwohnerzahl der Großstädte sank durch die Evakuierung rapide ab, die der Dörfer und Kleinstädte nahm erheblich zu. So verlor z. B. Berlin zwischen März 1943 und März 1944 über ein Viertel seiner Einwohner. Goebbels wertete die Evakuierung als »großartige organisatorische Leistung«, der gegenüber die Völkerwanderung »nur ein kleiner und bescheidener Menschenzug« gewesen sei (Recker). Aus Hamburg zogen nach den verheerenden Luftangriffen vom Sommer 1943 etwa 620000 Personen fort, wurden evakuiert oder fanden bei den Bombardements den Tod. Würzburgs Bevölkerung hatte sich 1945 fast halbiert (56380 statt 101345 im Jahre 1939), während die Einwohnerzahl im umliegenden Luftkreis Sonthofen auf das Vierfache stieg (von 40000 auf 160000) (Broszat u. a.). In welchen Dimensionen sich dieser Gesamtvorgang abspielte, zeigt eine Statistik der NSDAP-Reichsleitung, der zufolge es Ende 1944 im »Großdeutschen Reich« 8,9 Millionen »Umquartierte« gab (Kleßmann).

Bereits vor Kriegsende mischten sich die Evakuierten mit einer Gruppe, die politisch besonders nachhaltig das Erinnerungsbild der Zeitgenossen geprägt hat, und einer, die lange Zeit fast aus dem kollektiven Gedächtnis verschwunden ist: den deutschen Flüchtlingen und Vertriebenen einerseits und den ausländischen Displaced Persons (DPs) andererseits.

Mit den Begriffen Flucht, Vertreibung, Zwangsaussiedlung lassen sich die verschiedenen Stadien der gewaltsamen Völkerwanderung, vor allem der Jahre 1944 bis 1946, umschreiben. Etwa die Hälfte der deutschen Bevölkerung östlich von Oder und Neiße floh noch während des Krieges vor der Roten Armee, eine bei 250000 liegende Zahl von Deutschen wurde zwischen Kapitulation und Potsdamer Abkommen in besonders brutalen und noch vom spontanen Haß der Unterdrückten gegen die ehemaligen Unterdrücker diktierten Formen vertrieben, mehrere Millionen in den folgenden Jahren aus Osteuropa in organisierten Transporten zwangsumgesiedelt. Insbesondere die agrarischen Regionen, die Dörfer und Kleinstädte im mittleren und westlichen Deutschland wurden so bereits während des Krieges und in den ersten Nachkriegsmonaten und -jahren in einer nie erlebten Intensität mit »Fremden« konfrontiert, die Unterkunft, Essen und Arbeit benötigten und auf diese Weise in beängstigendem Ausmaß den vom Krieg noch relativ verschont gebliebenen ländlichen Lebensraum zu bedrohen schienen.

Die dritte Gruppe – mit 8 bis 11 Millionen zahlenmäßig ähnlich stark wie die beiden anderen – waren die DPs. Sie symbolisierten besonders ausgeprägt den Untergang des alten Systems, in dem sie zur Zwangsarbeit verpflichtet worden waren, und den Beginn einer neuen Freiheit, die oft mit Plünderungen und Gewalttätigkeiten begann. Die schnelle Rückkehr in die Heimat war jedoch das Ziel der meisten DPs. Den alliierten Truppen bot sich überall ein ähnliches Bild. »Man kann die Vagabundierenden sehen«, schrieb eine britische Zeitung am 11. April 1945, »wie sie die Straße allein entlangziehen, manchmal kleine Banden bis zu einem Dutzend, alle ihre Habseligkeiten auf einem Handwagen: einige in Lumpen, andere in schäbigen Uniformen von einem Dutzend Armeen« (Jacobmeyer).

Die DPs wurden bis zu ihrer Repatriierung aus Gründen der Kontrolle und Fürsorge in Lagern untergebracht. Immerhin gelang es relativ schnell, den größten Teil zu repatriieren, so daß sich Ende 1946 nur noch knapp eine Million DPs in allen drei westlichen Besatzungszonen aufhielt. Ein Teil von ihnen blieb als Relikt des Krieges: aus Zwangsarbeitern des Dritten Reiches wurden »heimatlose Ausländer« in der Bundesrepublik.

Die sozialpsychologischen Probleme, die sich aus der millionenfachen Zwangsmobilität von Evakuierten, DPs und Flüchtlingen/Vertriebenen in der Konfrontation mit den Einheimischen ergaben, waren vielfältig. In einer Regionalstudie zu Bayern wird ihr wichtigster Aspekt zusammenfassend so charakterisiert:

»Durch Evakuierte und Fremdarbeiter haben sich schon in den letzten Kriegsjahren vielfältige Einbrüche in das dörfliche Milieu ergeben. Die Präsenz neuer sozialer Schichten, die Einschränkungen im Wohnbereich sowie die Konfrontation mit vielfach urbanen Verhaltensweisen und Bedürfnissen haben das Gefühl der ›Überfremdung‹ genährt und oft alte, antiurbane Ressentiments stimuliert, die sich mit Kriegsende nun auch gegen die einströmenden Flüchtlinge richteten. Gleichzeitig dürfte sich jedoch auch ein gewisser Gewöhnungseffekt an die ›Fremden‹ ergeben haben. Als die Flüchtlinge ins Dorf kamen, stellten sie für die ländliche Bevölkerung keine Neuigkeit, sondern nur eine weitere Gruppe unter den bereits anwesenden Fremden dar« (Broszat u. a.).

Die durch den Krieg hervorgerufenen demographischen Verschiebungen betrafen aber abgesehen von den spektakulären Formen von Mobilität auch unmittelbar den Aufbau der Bevölkerungspyramide. Der Krieg hatte 3,76 Millionen deutschen Soldaten das Leben gekostet. Zum einen veränderte sich dadurch die Relation zwischen Frauen und Männern von 50,8 Prozent (1939) auf 53,1 Prozent (1950). Zum anderen stieg der Anteil der über 65jährigen überproportional an. Hinzu kam die große Zahl von Invaliden, Waisen und Halbwaisen, physisch und psychisch durch Haft, KZ, Zwangssterilisierung schwer Geschädigten. Die daraus resultierenden sozialpolitischen Aufgaben prägten die Bundesrepublik und die DDR noch weit über die Enstehungsphase beider Staaten hinaus.

Aber auch der Funktionswandel der Familie und der Rolle der Frauen hatte hier eine seiner Ursachen. Innerer Machtzerfall und äußerer Zusammenbruch staatlicher Institutionen verlagerten einen großen Teil »politischer« Aufgaben in den familiären Bereich. Die Organisation des Überlebens im Alltag erforderte individuelle Initiative und kollektive Solidarität in überschaubaren Gruppen.

IV. Probleme des Alltags: Wohnen, Ernährung, Arbeiten

Wirtschaftsblockade, Hungerkrisen und daraus resultierende revolutionäre Unruhen im Rücken der Front gehörten zu den traumatischen politischen Ängsten, die Hitlers Kriegspolitik wesentlich prägten (Mason). Selbst in der Phase des verschärften »totalen Krieges« bestimmten solche Schreckbilder aus den Erfahrungen der Vergangenheit die kriegswirtschaftliche Strategie und Arbeitskräftepolitik. Das hatte u. a. zur Konsequenz, daß sich trotz rigoroser Zwangsbewirtschaftung und schlechter Ernährungslage eine akute Krisensituation vor 1945 nicht einstellte. Auch die technischen Dienstleistungen wie Post, Verkehr und die Versorgung mit Strom, Gas und Wasser in den Städten funktionierten bis in die letzten Monate vor Kriegsende hinein noch in einem angesichts des wachsenden Chaos frappierenden Umfang. Der völlige Zusammenbruch sowohl des Wirtschafts- wie des Kommunikationssystems konzentrierte sich tatsächlich auf die letzten Kriegswochen und setzte sich danach für Monate und Jahre fort.

Gleichwohl sollte man nicht dem Propagandabild eines bis zum bitteren Ende intakten politischen und ökonomischen Systems aufsitzen. Denn selbst wo die Fassaden noch feststanden, waren die Fundamente längst so erschüttert, daß die Risse im Gesamtgebäude auch ohne die Kapitulation vom Mai 1945 sichtbar wurden. Die militärische Niederlage war auch ökonomisch längst vorprogrammiert, und die Übergänge waren gleitend.

Seit 1942, als das britische Kabinett beschloß, durch intensive Bombardierung die Moral der Zivilbevölkerung zu untergraben, begann die Zerstörung der Städte in großen Dimensionen. Wie hoch der Anteil des völlig oder teilweise zerstörten Wohnraums war, läßt sich nur annähernd erfassen. In vielen Großstädten lag er bei 50 Prozent oder sogar darüber. Berlin beispielsweise verlor mit ca. 730000 Wohnungen fast die Hälfte, Köln, Dortmund, Duisburg, Kassel und andere Groß- und Mittelstädte verloren sogar 60 bis 70 Prozent ihres Wohnraums. Angesichts der schon vor Kriegsbeginn unübersehbaren Engpässe in der Wohnungsversorgung, besonders in den westlichen Teilen des Reiches, bedeutete dies eine enorme Verschärfung der Wohnsituation. Als wirksame Vorkehrungen gegen die Bombardements boten sich neben Luftschutzmaßnahmen nur die Evakuierung der Stadtbevölkerung aufs Land und provisorische Ersatzbauten an. Zugleich zwang das Ausmaß der Zerstörung zur Bewirtschaftung des Wohnraums. Die typische Wohnsituation der Nachkriegszeit wurde also in allen wesentlichen Elementen im Krieg bereits vorgezeichnet.

Die Belegungsdichte pro Wohnung wuchs, und die Einweisung Ausgebombter in unterbelegte Wohnungen wurde bereits im Krieg mit rigorosem Druck vorgenommen. Der große Zustrom der Flüchtlinge und Vertriebenen 1945/46 verschärfte die Wohnsituation noch weiter. Selbst wo der formale Vollzug der »Wohnungseinweisung« funktionierte, geben allein die nüchternen Dienstanweisungen und noch mehr die Berichte von Wohnungseinweisern einen plastischen Eindruck davon, welche sozialen Spannungen mit der Organisation der Unterbringung verbunden waren und wieviel Bitterkeit oft bei den Betroffenen als »ungebetenen Gästen« zurückblieb.

Reparaturarbeiten an leicht- oder schwerbeschädigten Wohnungen stießen ebenso wie Neubauten bereits im Krieg an die engen Grenzen des Arbeitsmarktes und der Baustoffversorgung. Priorität hatten daher Teilung oder Umbau von Wohnungen, Ausbau von Dachgeschossen, Umwandlung von Büros und Geschäftsräumen in Wohnungen. Da dies in keiner Weise ausreichte, wurden Ersatzformen wie Behelfsheime und Nissenhütten geschaffen. Das im September 1943 verkündete »Deutsche Wohnungshilfswerk« (DWH) entwickelte Projekte für einfache Behelfsheime, die unter Selbsthilfe der Bevölkerung errichtet werden sollten und vom Reich mit einer Prämie subventioniert wurden. Vorgesehen waren ca. eine Million Behelfsheime pro Jahr. Diese Zahl wurde jedoch nie erreicht: Im ersten Jahr nach Beginn des Programms konnten nur 300000 errichtet werden. Sie blieben dürftige Provisorien, die das Kriegsende überdauerten. Mit 20 qm Wohnfläche, unzureichender Isolierung und oft fehlendem Wasser-, Kanalisations- und Stromanschluß boten sie vielfach keine menschenwürdige Unterkunft. Wie lange noch die elementaren Wohnbedürfnisse unbefriedigt blieben, zeigen die nüchternen Angaben der Wohnungsstatistik von 1950. Danach gab es im Bundesgebiet neben 14,634 Millionen Haushaltungen in »Normalwohnungen« – dazu rechneten auch 136200 Behelfsheime von 30 qm und mehr sowie 23400 Wohnungen in einsturzgefährdeten Gebäude – 628800 Haushaltungen in Notwohnungen (Behelfsheimen unter 30 qm, Wohnbaracken, Nissenhütten, Bunkern, Wohnlauben, Wellblechbaracken, Bretterbuden, Wohnwagen, Kellerwohnungen) und 762000 Haushaltungen in Unterkünften (Lager, Fremdenheime, Gasthäuser usf.) (Kleßmann).

Die sozialen Folgen der Wohnungszerstörung und der dadurch erzwungenen Mobilität waren einschneidend. Zu einem erheblichen Teil sank die »Wohnkultur der ›besseren Kreise‹ buchstäblich in Schutt und Asche« (Recker), und die Einquartierungspolitik tat ein übriges, um die sichtbarsten Formen der Statusdifferenzen im Wohnen einzuebnen. Dieser deutliche soziale Nivellierungsschub mündete erst nach Überwindung der größten Wohnungsnot seit Ende der fünfziger Jahre in der Bundesrepublik wieder in einen neuen Differenzierungstrend ein.

Bei aller Ähnlichkeit der äußeren Notlagen vor und nach Kriegsende sollten jedoch die Unterschiede nicht übersehen werden. Soweit sich die mentalen und sozialpsychologischen Daten aus Lage- und Stimmungsberichten erschließen lassen, lösten die Bombardierungen neben Furcht und Schrecken auch Trotz- und Solidaritätsgefühle aus und bekräftigten den Ruf nach Vergeltung. Trotz aller sozialen Spannungen, die aus Wohnungs- und Hausratsverlust, Evakuierung und Einquartierung entstanden, stärkte die Notsituation auch – wenngleich mit abnehmender Tendenz – Zusammengehörigkeit und Hilfsbereitschaft, die Standes- und Herkunftsunterschiede überlagerten (Steinert).

Aufs engste mit dem Wohnungsproblem verflochten waren die Schwierigkeiten, eine angemessene Versorgung mit Lebensmitteln und Kleidung sicherzustellen und Arbeitsplätze zu beschaffen. Die Ernährungsverwaltung in den westlichen Besatzungszonen übernahm in leicht modifizierter Form den Verwaltungsapparat aus der NS-Zeit. Diese »durch die Umstände erzwungene Wahrung der Kontinuität« (Stüber) kollidierte zwar einerseits mit den Zielen der Entnazifizierung, andererseits wurde ihr der Boden entzogen, weil die Planungsgrundlagen der Ernährungswirtschaft sich durch den Verlust der Ostgebiete und die Bevölkerungsumsiedlungen völlig veränderten. Aber die Notsituation schien kaum Alternativen offenzulassen. »Wollte man die Versorgung nicht völlig zusammenbrechen lassen, so reichten die wenigen unbelasteten deutschen Fachleute nicht aus. Tatsächlich mußte die gesamte Reichsnährstandsverwaltung beibehalten werden, die mit Nazis durchsetzt und alles andere als demokratisch aufgebaut war« (Trittel). Erst ein Gesetz des bizonalen Wirtschaftsrats vom 21. Januar 1948 verfügte die Auflösung des Reichsnährstandes.

Durch die frühzeitig einsetzende Vorbereitung der Ernährungswirtschaft auf den Krieg und insbesondere durch die schlagartige Einführung von Lebensmittelkarten am 27. August 1939 konnte insgesamt – nicht zuletzt aufgrund der rigorosen Ausbeutung der besetzten Länder – eine relativ stabile Versorgung gesichert werden. Der deutsche Normalverbraucher erhielt 1941 ca. 2400 Kalorien. Bis 1944 sank diese Zahl jedoch schon auf 1671 ab. Zwar geben solche Daten nur begrenzten Aufschluß über die tatsächliche Ernährung, weil die Zusammensetzung der verschiedenen Nährstoffe, die erheblichen regionalen Unterschiede und die oft verzögerte Lieferung von Rationen davon nicht erfaßt werden. Dieser Vorbehalt trifft aber sowohl auf die letzten Kriegs- wie auf die ersten Nachkriegsjahre zu. Vor Kriegsende verschlechterte sich die Nährungslage so drastisch, daß Gauleiter und Reichsverteidigungskommissar Lohse als Resümee einer Krisensitzung am 16. Februar feststellte: »Wir können nicht mehr verhindern, daß das Volk hungert, nur noch, daß es verhungert« (Stüber).

Letzteres aber drohte nach dem totalen Zusammenbruch, und hier versuchten die alliierten Besatzungsverwaltungen vorzubeugen. Vor allem die Briten bemühten sich um administrative Kontinuität, befand sich doch ihre Besatzungszone aufgrund der hohen Bevölkerungszahl (einschließlich der Flüchtlinge) in einer besonders kritischen Situation. Hier sollte auch einer der wesentlichen Anstöße zur Schaffung der Bizone liegen, weil Großbritannien allein die enormen Versorgungsprobleme nicht mehr lösen konnte. Die dürren Zahlen der Kaloriensätze in der britischen Zone zeigen die dramatische Verschlechterung der Lebenssituation. Sie schwankten im Juli 1945 in den verschiedenen Bezirken zwischen 1150 und 1450 Kalorien. Für verschiedene Großstädte finden sich Angaben, die weit unter 1000 Kalorien liegen. In den übrigen Besatzungszonen sah die Lage nicht prinzipiell anders und besser aus. Bis zum Herbst 1945 war dennoch in der Regel eine faktisch halbwegs ausreichende Versorgung gesichert, weil es noch individuelle Vorräte gab und weil das »Organisieren« und der Verkauf von Lebensmitteln aus Wehrmachtsbeständen vor dem Einmarsch der alliierten Truppen eine beträchtliche Rolle gespielt hatten.

Die Übernahme des alten Verwaltungsapparates sollte auch dazu dienen, die weitere Ausdehnung des in Ansätzen schon vor Kriegsende entstandenen Schwarzen Marktes einzudämmen. Die Kontrolle der Landwirtschaft ließ sich jedoch nicht so lückenlos durchführen, das der Schwarzmarkt wesentlich begrenzt werden konnte. Im Gegenteil: Er entwickelte sich zur lebensnotwendigen »zweiten Ökonomie«. Die Kriegszerstörungen und die vollständige Auslaugung der Ressourcen durch die »Erzeugungsschlachten« des Dritten Reiches hatten eine Landwirtschaft hinterlassen, die selbst bei funktionierender Organisation den Anforderungen nicht annähernd hätte gerecht werden können. Hinzu kam neben dem Verlust der Ostprovinzen die rapide Verschlechterung der Situation der Welternährungswirtschaft durch die Kriegsfolgen. Insofern war der Hunger keineswegs ein deutsches Phänomen. Ohne die zusätzlichen alliierten Lebensmittellieferungen wären vermutlich Millionen verhungert (Rothenberger).

Da die offiziellen Rationen zum Leben nicht reichten, hing es vom persönlichen Geschick, vom Einfallsreichtum, von Beziehungen und von dem, was man noch hatte, ab, wieweit sich dieser Sockel durch Hamster- und Schwarzmarktgeschäfte aufstocken ließ. Die Grenzen zur Kriminalität wurden fließend. »Gelingt es uns nicht, der Not einigermaßen Herr zu werden«, schrieb ein bayerischer Landrat im November 1946, »dann gehen wir anarchischen Zuständen entgegen. Anzeichen dafür sind schon genügend vorhanden. Unter der derzeitigen Not werden die ruhigsten Menschen zu Radikalisten, die ordentlichsten Bürger zu Dieben. Eine Rückkehr zu Recht und Ordnung ist erst dann wieder möglich, wenn die Not einigermaßen gelindert werden kann« (Broszat u. a.).

Der Zusammenbruch der Agrarpolitik und einer ausreichenden Versorgung war schon im Kriege vorprogrammiert. Zu einer scharfen Zuspitzung der Situation kam es jedoch erst, als eine vergrößerte Bevölkerungszahl auf verkleinertem Territorium unter den Bedingungen der Zusammenbruchsgesellschaft zu überleben versuchte.

V. Der Rückzug in die »kleinen Gemeinschaften«

Das nationalsozialistische Ideal der kinderreichen Familie mit klarer Rollenverteilung zwischen Mann und Frau war zwar ideologisch nachdrücklich propagiert worden, entsprach aber nur selten der sozialen Realität. Vor allem die Totalisierung des Krieges entzog diesem Propagandabild immer stärker den Boden. Immer mehr Männer wurden eingezogen und hinterließen ihren Frauen wachsende Aufgaben. Ebenso kamen immer mehr Frauen in die Rüstungsindustrie, wenn auch nicht im gleichen Umfang wie etwa in der britischen oder sowjetischen Kriegswirtschaft, da die Zwangsarbeiter die umfassende Rekrutierung von Frauen entbehrlich machen sollten. Viele andere Faktoren trugen dazu bei, Familien zu zerreißen oder traditionelle Rollen neu zu verteilen: Evakuierung, Kinderlandverschickung, Flucht vor der Roten Armee, Organisation der Jugend in HJ und BDM und ihr Einsatz für vormilitärische und militärische Aufgaben. Die Zerstörung geschlossener örtlicher und regionaler Milieus, die durch Kriegsfolgen erzwungene Mobilität rief Desorganisationserscheinungen der Familie hervor, veränderte aber auch Einstellungen und Werthaltungen und brachte so – gemessen am traditionellen Muster – einen unbeabsichtigten Modernisierungseffekt mit sich. Auf der anderen Seite förderten und stärkten die mit der Verschärfung des Krieges wachsenden Notlagen das Gefühl und den Wunsch nach Zusammenhalt und gemeinsamer Bewältigung der Not. Wo der Halt am »großen Ganzen«, an der Nation und am »Führer« verlorenging, rückte die Familie in den Vordergrund, um das individuelle Überleben zu sichern und moralischen Halt in einer äußerlich und innerlich zerstörten Welt zu geben. Ein SD-Bericht vom März 1945 formulierte diesen Befund zutreffend so:

»Seit dem Einbruch der Sowjets weiß jeder Volksgenosse, daß wir vor der größten nationalen Katastrophe mit den schwersten Auswirkungen für jede Familie und jeden

Einzelnen stehen. Allgemein ist der Drang, daß sich die Sippen und Familien zusammenschließen; wenn das äußerste Unglück über Deutschland hereinbricht, dann wollen es die Menschen, die zusammengehören, wenigstens gemeinsam tragen... Alles Planen beginnt zu versagen. Es sieht so aus, als wenn alles rastlose Improvisieren nichts mehr hilft. Noch immer werden Wunderleistungen im Zustopfen von Löchern vollbracht, aber wo eine Lücke zugemacht wird, klaffen zwei oder drei andere auf« (Meldungen Bd. 17).

Würde man das Datum um einige Monate ändern, so ließe sich mit diesen Sätzen eine ebenso angemessene Zustandsbeschreibung der Zusammenbruchsgesellschaft nach der Kapitulation geben. Die soziale und materielle Situation rief einerseits Zerfallstendenzen der Familie hervor, andererseits forcierte der Zusammenbruch staatlicher und gesellschaftlicher Organisationen die Orientierung an Primärgruppen, die nun als Ersatz zu dienen hatten.

Gleichwohl wuchs die Jugendkriminalität nach Kriegsende sprunghaft an und lag teilweise höher als nach dem Ersten Weltkrieg. Ebenso stiegen die Scheidungsziffern. Ungefähr ein Viertel aller Kinder mußte nach dem Krieg ohne Vater aufwachsen. Den Alltag hatten, insbesondere solange die überlebenden Männer noch in Gefangenschaft waren, vor allem die Frauen zu bewältigen. Bilder aus der frühen Nachkriegszeit geben einen plastischen Eindruck davon, wie unbezahlte Reproduktionsarbeit von Frauen zur »Garantie des politischen und wirtschaftlichen Wiederaufbaus« wurde: Schlange stehen nach Lebensmitteln, Hamsterfahrten in und auf völlig überfüllten Zügen, Brennmaterial sammeln, Trümmer beseitigen usf. (Freier/Kuhn). Die damit verbundenen physischen Erschöpfungszustände hatten ihre Ursache bereits in den letzten Kriegsjahren und verschärften sich nach 1945 dramatisch. In einer Berliner Familienuntersuchung von 1946 heißt es dazu:

»Bei diesen Erschöpfungszuständen handelt es sich nicht um vorübergehende Ermüdungen, sondern um einen anhaltenden Kräfteverfall. Über etwa ein Drittel der Frauen wurde (in Familienberichten der Sozialfürsorge und medizinischen Befunden) ausgesagt, sie ständen vor einem körperlichen und nervlichen Zusammenbruch und hielten dem Übermaß an Arbeit nur stand durch ihr angespanntes Pflichtgefühl. Dabei muß erinnert werden, daß diese körperliche und seelische Überforderung... in vielen Fällen bis in die Kriegsjahre zurückreicht« (Thurnwald).

Die Kriegs- und Nachkriegsmisere veränderte auch tradierte Rollenbilder und wurde so – meist ungewollt – zum Schrittmacher der Gleichberechtigung der Frauen. Die Verhältnisse stellten die traditionelle Dominanz des Mannes als Familienoberhaupt in Frage, und wo die heimgekehrten Männer versuchten, diese Rolle wieder herzustellen, kam es sehr häufig zu heftigen Konflikten. Das galt auch für die Beziehungen zwischen Eltern und Kindern. Die frühzeitig erzwungene Übernahme von Erwachsenenrollen schuf Distanz, Nüchternheit und Desillusionierung. Die später oft beklagte Einstellung der »skeptischen Generation« hatte hier eine ihrer Wurzeln.

Gleichwohl sind die unübersehbaren Desorganisationserscheinungen nur vorübergehender Natur gewesen, und die düsteren Prognosen vom Verfall moralischer und sozialer Normen haben sich nicht erfüllt. Nachdem die ärgste Not überwunden war, erfuhren alte Konventionen, tradierte Rollenmuster und gutbürgerliche Lebensformen eine frappierende Renaissance.

Die Ambivalenz des Befundes reicht aber über den Rahmen der Familie hinaus. Auch Nachbarschaften, Dorf- und Kirchengemeinden wurden als soziale Einheiten zeitweilig wieder stark aufgewertet, auch wenn sie längerfristig deutlichen Zerfallstendenzen ausgesetzt waren. Über den Funktionswandel oder die Kontinuität von Nachbarschaften in den Städten und auf den Dörfern wissen wir bislang wenig. Die Erfahrung gemeinsamer Bedrohung im Luftschutzkeller und der Hilfeleistung bei Lösch- oder Aufräumarbeiten überlagerte häufig soziale Statusdifferenzen und tendenziell auch politische Einstellungen. Der Einbruch »der Fremden« in fest gefügte dörfliche Milieus trug einerseits zur Abschottung und zum Rückzug bei, andererseits veränderte er aber langfristig herkömmliche dörfliche Lebensweisen und Kommunikationsstrukturen.

Das galt nicht zuletzt für die Kirchengemeinden, die in vieler Hinsicht sowohl im Kriege wie unter alliierter Besatzung eine herausgehobene und privilegierte Stellung hatten. Auch hier verschränkten sich säkulare Trends mit kurzfristig retardierenden Tendenzen. Wo die Kirchen unter dem Eindruck von Verfolgung und antikirchlicher Propaganda leer geworden waren, füllten sie sich 1945/46 wieder. Der Pfarrer rückte im Chaos des Zusammenbruchs in eine soziale und politische Schlüsselposition auf, weil er über Möglichkeiten zu konkreter Hilfe, zu politischer Entlastung und zu moralischer Orientierung verfügte. Dieser Trend war schon im Krieg zu beobachten. »Es zeigt sich«, stellte ein SD-Bericht vom 22. April 1943 fest, »daß unter der Wucht des Kriegsgeschehens und vor dem Tode, der plötzlich an tausende von Familien herantritt, alles zerbröckelt, was nur Ideologie ist«. Kirchenaustritte gingen zurück, viele Menschen traten sogar wieder ein. Die Parteikanzlei kommentierte diesen Trend im Februar 1943 mit dem Satz: »Jedenfalls wird die alte Erfahrung hundertfach bestätigt, daß Zeiten der Not für die Kirche Zeiten der Ernte sind« (Steinert). Die Nationalsozialisten hatten nicht gewagt, die Kirchen institutionell zu zerschlagen. Ihre partielle Resistenz – nur vereinzelt war es Widerstand – verhalf ihnen bei den Besatzungsmächten zum Nimbus der politisch sauberen Weste und sicherte ihnen eine gewichtige politische und soziale Rolle beim Wiederaufbau.

Auch Antifas und Aktionsausschüsse waren ein Ansatz für neue Formen kleinräumiger Hilfeleistung. Sie waren oft lockere Zusammenschlüsse zu bestimmten Zwecken. In den Betrieben hatten die spontan entstandenen Betriebsvertretungen und -räte ihre große Stunde (Plato). Sie waren weit mehr als nur sozialpolitische Mitbestimmungs- und Vertretungskörperschaften. Sie waren Organe praktischer Lebenshilfe, deren Aufgabenkatalog von Lebensmittelbeschaffung über Wohnungszuweisung bis zum Einsatz von Nazis für die Trümmerbeseitigung reichte. Sie bildeten in ihrer Basisorientierung das Gegenstück zur zentralisierten politischen Einheitsorganisation der nationalsozialistischen »Deutschen Arbeitsfront« (DAF) und entsprachen de facto in ganz anderer Weise den Vorstellungen von »kleinen Gemeinschaften« im Betrieb, die von Widerstandsgruppen wie dem »Kreisauer Kreis« erörtert worden waren. Neben den im Exil entwickelten Programmen zur Neuordnung hatten die anfangs starken politischen Einheitstendenzen in der Arbeiterbewegung und die Entstehung der Einheitsgewerkschaften in diesen sozialen Erfahrungen im Betrieb einen ihrer Ursprünge.

VI. Kultureller Aufbruch und »deutsche Innerlichkeit«

Ein äußerlich scharfer Bruch zum Nationalsozialismus läßt sich 1945 im Bereich der Kultur feststellen, wobei Kultur hier zunächst im traditionell engeren Sinne als Publizistik, Wissenschaft, Kunst und Theater verstanden wird (Glaser; Hermand). Die Zwangsorganisation der Kulturkammern verschwand. An ihre Stelle trat zwar nicht einfach eine unbeschränkte Freiheit des Wortes und der Kunst, aber es gehörte doch zu den Grundsätzen aller Besatzungsmächte, so schnell wie möglich ein vom braunen Anstrich gereinigtes, an humanistische und klassische Traditionen anknüpfendes Kulturleben zuzulassen und zu fördern. Das Theater- und Musikleben war 1944 weitgehend zum Erliegen gekommen, Künstler wurden, sofern sie noch weiterarbeiten konnten, vorwiegend zur Truppen- und Verwundetenbetreuung eingesetzt. Im Kino gab es »leichte Kost«. Schon Ende 1943 stellte ein SD-Bericht fest: »Insgesamt entspricht der leichte Ton des unterhaltenden, unbeschwerten und problemlosen Spiels nach den immer deutlicher sich abzeichnenden Erfahrungen der letzten Zeit dem Bedürfnis des größten Teils der Film- und Theaterbesucher zunächst am meisten. ›Allzu schwere Kost‹ wird nahezu hunderprozentig abgelehnt« (Meldungen Bd. 15). 1945 kam dagegen erstaunlich schnell in provisorischen Formen der traditionelle Musik- und Theaterbetrieb wieder zum Vorschein. Insofern gehört zum zerstörten und besetzten Deutschland auch eine bemerkenswerte Blüte der »Kultur in Trümmern«. Sie hatte aus der Perspektive der Besatzungsmächte eine doppelte Funktion: Sie diente der Befreiung vom braunen Ungeist der Vergangenheit und insofern auch dem Ziel der »Reeducation«, sie sollte aber auch dazu beitragen, der Bevölkerung eine sinnvolle Unterhaltung zu bieten, ihr moralischen Halt im desolaten Alltag zu geben und eine Perspektive für den Aufbau eines neuen Deutschland zu liefern. Besonders in Berlin erfreute sich die Kultur der Förderung aller Besatzungsmächte. »Fast täglich werden neue Theater eröffnet«, stellte ein amerikanischer Bericht vom 8. Juli 1945 fest, »und an der Volksoper in der Kantstraße sind die Proben für Opernaufführungen in vollem Gange. Vorbehaltlich einer genaueren Überprüfung dieser Aktivitäten kann festgestellt werden, daß die Künstler – als Folge der russischen Praktiken – die Erlaubnis zu arbeiten als selbstverständlich ansehen und beträchtliche Anstrengungen unternehmen, manchmal nehmen sie Fußmärsche bis zu drei Stunden zu ihrem Arbeitsplatz in Kauf...« (Chamberlin).

Viele Künstler und Schriftsteller nutzten die Chancen der neuen Freiheit. »Wenn man zu charakterisieren versucht, was man ringsum erlebt«, notierte im Juni 1945 Erich Kastner in seinem Tagebuch, »fallen einem ganz, ganz altmodische Wörter ein wie ›Hoffnungsschimmer‹, ›Morgenröte‹, ›Schaffensfreude‹, ›Glücksrausch‹ und ›Lebensmut‹. Der Magen knurrt, doch die Augen blitzen« (Brusis). Kästners Bücher waren im Dritten Reich verboten. Er wurde 1945 von den Amerikanern als Feuilletonchef der von der Militärregierung herausgegebenen »Neuen Zeitung« berufen und begleitete später die Entwicklung der Bundesrepublik mit sarkastischen Kommentaren und kritischer Sympathie. Zu den auffälligsten Phänomenen dieser »Morgenröte« der frühen Nachkriegsjahre gehörte die üppige Blüte kulturell-politischer Zeitschriften. Nach der publizistischen Öde im Krieg war dies etwas wirklich Neues, zumal viele dieser Zeitschriften phantastisch hohe Auflagenzahlen hatten (zum Teil bis über 100000) und gekauft wurden – sei es aus Neugier, Interesse, Mangel an Alternativen oder auch, um das Papier für andere Zwecke zu verwenden. Die meisten dieser Zeitschriften besannen sich auf tradierte abendländische Werte, formulierten aber zugleich einen deutlichen politischen Erneuerungsanspruch, der sich mit einer rigorosen Vergangenheitskritik verband.

Schriftsteller und Dichter forderten den stilistischen »Kahlschlag« als Programm, sie wollten mit der verhunzten Sprache des Dritten Reiches brechen und den Neubeginn auch in neuen Ausdrucksformen demonstrieren. Günter Eichs Gedicht »Inventur«, das die Hinterlassenschaft des Krieges in einer individuellen Bestandsaufnahme zu fixieren versuchte, gehört zu den bekanntesten Beispielen. Eben diesen Anspruch stellten jedoch später kritische Beobachter massiv in Frage, indem sie einerseits auf das ästhetisch Konventionelle und die Mittelmäßigkeit der frühen Nachkriegsliteratur verwiesen, andererseits personelle Kontinuitätslinien zur Zeit des Nationalsozialismus betonten. Wolfgang Borchert, Günter Eich und Peter Huchel hatten schon im Dritten Reich publiziert, und unzweifelhaft gab es einen durchgehenden Trend zum Schreiben im Stil »deutscher Innerlichkeit« vor und nach 1945. Die Flucht in die Idylle der Naturlyrik gehörte dazu.

Die spätere Kritik an literarischen Kontinuitäten schoß jedoch oftmals völlig über das Ziel hinaus, (so z. B. Fritz J. Raddatz). Die Frage nach der »Stunde Null« – ja oder nein – war gerade hier ein zu einfaches Raster. Daß sich der »Aufbruch« in ziemlich konventionellen Formen vollzog, daß pathetische Gedichte und Naturlyrik massenweise zu finden waren, konnte letztlich kaum überraschen. Auch die sowjetische Zone war in ihrer Anknüpfung an das »bürgerlich-humanistische Erbe« viel tradionalistischer als der revolutionäre politische Umbruch erkennen ließ. Dennoch hat es in den ersten Nachkriegsjahren eine sehr ernsthafte, breite und vielgestaltige Auseinandersetzung mit dem Nationalsozialismus und mit Vorstellungen zum Neubeginn gegeben. In der kulturellen Szene gab es beachtliche Impulse für »Deutschlands Erneuerung« (Cobet), die später auch keineswegs vollständig in den restaurativen Tendenzen des Kalten Krieges versandeten. Sicherlich war der Glaube an die Möglichkeit eines völligen Neuanfangs naiv. Dennoch läßt sich im kulturellen Leben und insbesondere in den Zeitschriften der ersten Nachkriegsjahre eine ungewöhnlich intensive, kritische Diskussion feststellen, die die Vorstellung von den »Jahren ohne Geschichte« (Noack) widerlegt.

Literatur zum Thema

Albrecht, Ulrich, Altvater, Elmar, Krippendorff, Ekkehart (Hg.): Zusammenbruch oder Befreiung? Zur Aktualität des 8. Mai 1945. Berlin (W) 1986.

Borsdorf, Ulrich, Niethammer, Lutz (Hg.): Zwischen Befreiung und Besatzung. Analysen des US-Geheimdienstes über Positionen und Strukturen deutscher Politik 1945. Wuppertal 1976.

Broszat, Martin, Henke, Klaus Dieter, Woller, Hans (Hg.): Von Stalingrad zur Währungsreform. Zur Sozialgeschichte des Umbruchs in Deutschland. München 1988.

Brusis, Ilse: Die Niederlage, die eine Befreiung war. Das Lesebuch zum 8. Mai 1945. Köln 1985.

Chamberlin, Bruce S.: Kultur auf Trümmern. Berliner Berichte der amerikanischen Information Control Section Juli – Dezember 1945. Stuttgart 1979.

Cobet, Christoph: Deutschlands Erneuerung 1945–1950. Bio-Bibliographische Dokumentation. Frankfurt 1985.

FREIER, ANNA-ELISABETH, KUHN, ANNETTE (Hg.): Frauen in der Geschichte V. Düsseldorf 1984.
GLASER, HERMANN: Kulturgeschichte der Bundesrepublik Deutschland. Bd. 1. München 1985.
GRIX, ROLF, KNÖLL, WILHELM: Die Rede zum 8. Mai 1945. Oldenburg 1987.
HERMAND, JOST: Kultur im Wiederaufbau. Die Bundesrepublik 1945–1965. München 1986.
JACOBMEYER, WOLFGANG: Vom Zwangsarbeiter zum Heimatlosen Ausländer. Die Displaced Persons in Westdeutschland 1945–1951. Göttingen 1985.
KERSHAW, JAN: Der Hitler-Mythos. Volksmeinung und Propaganda im Dritten Reich. Stuttgart 1980.
KLESSMANN, CHRISTOPH: Die doppelte Staatsgründung. Deutsche Geschichte 1945–1955. Bonn ^{4}1986.
MASON, TIMOTHY W.: Sozialpolitik im Dritten Reich. Arbeiterklasse und Volksgemeinschaft. Opladen 1977.
Meldungen aus dem Reich. Die geheimen Lageberichte des Sicherheitsdienstes der SS 1938–1945. Hg. v. Heinz Boberach. Hersching 1984.
MÜNKLER, HERFRIED: Machtzerfall. Die letzten Tage des Dritten Reiches dargestellt am Beispiel der hessischen Kreisstadt Friedberg. Berlin (W) 1985.
NIETHAMMER, LUTZ, BORSDORF, ULRICH, BRANDT, PETER (Hg.): Arbeiterinitiative 1945. Wuppertal 1976.
NOACK, PAUL: Die Deutsche Nachkriegszeit. München 1973.
PLATO, ALEXANDER VON: »Der Verlierer geht nicht leer aus«. Betriebsräte geben zu Protokoll. Bonn 1984.
Ders.: Fremde Heimat. Zur Integration von Flüchtlingen und Einheimischen in die Neue Zeit. In: Niethammer, Lutz, Plato, Alexander von (Hg.): »Wir kriegen jetzt andere Zeiten«. Auf der Suche nach der Erfahrung des Volkes in nachfaschistischen Ländern. Bonn 1985, S. 172–219.
RECKER, MARIE-LUISE: Wohnen und Bombardierung im Zweiten Weltkrieg. In: Niethammer, Lutz (Hg.): Wohnen im Wandel. Wuppertal 1979, S. 408–428.
ROTHENBERGER, KARL-HEINZ: Die Hungerjahre nach dem Zweiten Weltkrieg. Boppard 1980.
STEINERT, MARLIES: Hitlers Krieg und die Deutschen. Stimmung und Haltung der deutschen Bevölkerung im Zweiten Weltkrieg. Düsseldorf 1970.
STÜBER, GABRIELE: Der Kampf gegen den Hunger 1945–1950. Die Ernährungslage in der britischen Zone Deutschlands, insbesondere in Schleswig-Holstein und Hamburg. Neumünster 1984.
THURNWALD, HILDE: Gegenwartsprobleme Berliner Familien. Eine Untersuchung an 498 Familien. Berlin 1948.
TRITTEL, GÜNTHER J.: Die Bodenreform in der britischen Zone 1945–1949. Stuttgart 1975.

WILFRIED LOTH

Weltpolitische Zäsur 1945 Der Zweite Weltkrieg und der Untergang des alten Europa

I. Vorbemerkungen

Mit dem Zweiten Weltkrieg endete die Dominanz des europäischen Staatensytems, die seit der Entstehung der neuzeitlichen Weltgesellschaft gegolten hatte und vom Prinzip des Gleichgewichts zwischen den Großmächten Europas geprägt gewesen war. Dieses System war brüchig geworden, seit die Entwicklung der Produktivkräfte und der Waffentechnik die Autonomie der bisherigen Großmächte zunehmend in Frage gestellt hatten und die USA parallel dazu an die Spitze der Industriestaaten vorgedrungen waren. Aber grundsätzlich hatte es nach den Erschütterungen des Ersten Weltkrieges noch fortbestanden, nicht zuletzt, weil die amerikanische Öffentlichkeit glaubte, sich noch einmal einen Rückzug aus den europäischen Angelegenheiten leisten zu können, und Rußland nach der Revolution vorerst Mühe hatte, sich als unabhängiger Machtfaktor zu behaupten. Der deutsche Versuch, Souveränität im klassischen Sinne durch hegemoniale Expansion zurückzugewinnen, führte dann aber sehr rasch zum Zusammenbruch jenes alten Europa: Er beschleunigte die Erosionstendenzen, die sich aus dem wirtschaftlich-technischen Fortschritt ergaben, und zwang die außereuropäischen Mächte zugleich, sich substantiell und auf Dauer in Europa zu engagieren. Eine deutsche Hegemonie über den europäischen Kontinent bedrohte letztlich auch ihre Sicherheit; und diese Bedrohung konnte infolge der revolutionären Dynamik, die Hitler dem deutschen Regime gegeben hatte, rasch akut werden. Zu beseitigen war die deutsche Hegemonie aber nur durch Intervention von außen; die europäischen Staaten, die Opfer der deutschen Aggression geworden waren, zeigten sich nicht mehr in der Lage, das alte Gleichgewichtssystem aus eigener Kraft zu restituieren.

II. Europäische Verluste

Die rapide Beschleunigung im Niedergang des alten Europa ergab sich in erster Linie aus den ungeheuren Verlusten, die ein Weltkrieg, geführt mit den technischen Mitteln des 20. Jahrhunderts, mit sich brachte. Der Zweite Weltkrieg kostete vermutlich die unvorstellbare Zahl von über 45 Millionen Menschen das Leben; davon entfielen allein 20 Millionen auf die Sowjetunion, die die Hauptlast des Krieges auf dem alten Kontinent zu tragen hatte (die Zahlen sind nicht ganz sicher, aber die Größenordnung dürfte zutreffen). Nächst der Sowjetunion hatte die ost- und südosteuropäische Region die meisten Todesopfer zu beklagen: 7,5 Millionen, davon allein 4 Millionen ermordeter Juden, insgesamt knapp 9 Prozent der Bevölkerung. Deutschland (in den Grenzen von 1937 gerechnet) verlor 5,5 Millionen Menschen, etwa 8 Prozent der Bevölkerung. Die übrigen Länder Europas, von den Kriegshandlungen weniger stark betroffen, zählten insgesamt weitere 4 Millionen Tote; insgesamt beliefen sich die Verluste an Menschenleben auf das Drei- bis Vierfache der Opfer des Ersten Weltkrieges. An die 50 Millionen Menschen hatten im kontinentaleuropäischen Raum zeitweise oder für immer ihre Heimat verloren: Soldaten, Kriegsgefangene, Opfer der nationalsozialistischen »Entmischungspolitik« in Osteuropa, Lothringen und Südtirol (2,8 Millionen), Evakuierte (allein 6,2 Millionen in Deutschland), bei Kriegsende Flüchtlinge und Vertriebene aus den östlich der Oder-Neisse-Linie und in der Tschechoslowakei gelegenen Siedlungsgebieten (von denen 12 Millionen in die vier Besatzungszonen Deutschlands gelangten), Flüchtlinge und Deportierte der baltischen Völker und in die bis dahin reichsdeutschen Gebiete umgesiedelte Polen (2 Millionen). Was an menschlichen Bindungen und sozialen Gemeinschaftsformen verlorengegangen war, zählte keine Statistik.

Von den neutralen Ländern und Großbritannien abgesehen, waren nahezu alle europäischen Großstädte zerstört. Besonders groß waren die Schäden im osteuropäischen Raum, wo sowohl die russischen wie die deutschen Truppen auf ihren Rückzügen nach dem Prinzip der »verbrannten Erde« gehandelt hatten, in Italien, Jugoslawien und Griechenland, in den Niederlanden, wo man Dämme und Deiche gesprengt hatte, in Nordfrankreich, wo nach der alliierten Invasion vom Juni 1944 erbittert gekämpft worden war, schließlich in Deutschland selbst, dessen Städte und Industrieanlagen zu Zielpunkten massiver Bombenangriffe geworden waren. Volkswirtschaftlich noch weit größer war der Schaden, den die Zerstörung der Verkehrswege angerichtet hatte. In Frankreich waren Eisenbahnen und Handelsflotte nur noch zu 35 Prozent betriebsfähig, in Deutschland war der Eisenbahnverkehr praktisch zum Erliegen gekommen, in Belgien und Holland war das Kanalsystem zusammengebrochen. Der Mangel an Menschen, Maschinen und Verkehrsverbindungen führte zu einem Rückgang der landwirtschaftlichen Produktion. In ganz Europa (wiederum: ohne die Sowjetunion) wurden 1946/47 nur etwa 66 Prozent des Vorkriegsvolumens an Fleisch und tierischen Fetten produziert, 70 Prozent an Getreide, 75 Prozent der landwirtschaftlichen Erzeugnisse überhaupt; und auch diese Zahlen wurden nur dank der britischen Produktionssteigerung erreicht; in Frankreich und Deutschland war die Getreideproduktion auf 59 bzw. 64 Prozent des Standes von 1938 zurückgegangen. Schätzungsweise 100 Millionen Menschen mußten von 1500 und weniger Kalorien pro Tag leben. Hunger, Kälte, elementare Not bestimmten den Alltag der europäischen Bevölkerung.

Verläßliche Zahlen über den Stand der industriellen Gesamtproduktion Europas bei Kriegsende gibt es nicht. In Frankreich erreichte die Produktion 1945 etwa 35 Prozent des Standes von 1938 (der seinerseits noch 20 Prozent unter dem Stand von 1929, vor Einbruch der Weltwirtschaftskrise, gelegen hatte); die neutralen und weniger zerstörten Länder erreichten etwas mehr, Deutschland, Österreich und Griechenland weit weniger. Noch Ende 1946 belief sich die industrielle Produktion in Frankreich und den Benelux-Ländern auf nur 89 Prozent des Vorkriegsstandes, in Ost-, Südost- und Südeuropa auf rund 60 Prozent, in Deutschland auf 40 Prozent. Die Industrieproduktion der USA hatte sich im gleichen Zeitraum 1938–46 mehr als verdreifacht und bestritt nun mehr als die Hälfte des Welt-Produktionsvolumens. Der Pro-Kopf-Anteil am Nationaleinkommen war von 1938 bis 1946 in Süd- und Osteuropa von 120 auf 90 Dollar im Jahr gesunken, in Frankreich und den Beneluxländern von 290 auf 260 Dollar, in Großbritannien, der Schweiz und den skandinavischen Ländern war er von 420 auf 580 Dollar mäßig gestiegen. Kriegs- und Kriegsfolgekosten hatten die öffentlichen Finanzen zerrüttet und inflationäre Entwicklungen ausgelöst. In Deutschland war siebenmal so viel Geld im Umlauf wie vor dem Krieg, in Frankreich waren die Preise um das Vierfache gestiegen, in Griechenland und Ungarn brachen die Währungen zusammen, Belgien und Norwegen entgingen dem Zusammenbruch nur durch eine Abwertung. Nicht nur die Besiegten, auch die Sieger hatten für den Krieg empfindlich zu zahlen.

Der wirtschaftliche und politische Substanzverlust der europäischen Nationen beschleunigte zudem den Emanzipationsprozeß der bis dahin von Europa abhängigen kolonialen Länder. Großbritannien hatte 1941 Indien die Unabhängigkeit für die Nachkriegszeit zusichern müssen, um einen Übergang des Subkontinents in das Lager der Achsenmächte zu verhindern; 1947 wurde sie realisiert, ebenso die Unabhängigkeit für Burma und (schon 1946) Ceylon; die Commonwealth-Länder Kanada, Südafrika, Australien und Neuseeland, die schon während des Ersten Weltkrieges die Bindungen an das »Mutterland« weitgehend gelockert hatten, gingen nun vollends eigene Wege. General de Gaulles Komitee des »Freien Frankreich« hatte 1941 in Konkurrenz zum Vichy-Regime den Mandatsgebieten Syrien und Libanon die Unabhängigkeit versprechen und für die übrigen Kolonialgebiete »Reformen« ankündigen müssen; in Marokko und Tunesien reklamierten 1944 einheimische Bewegungen einen unabhängigen Status; in Algerien kam es 1945 zu blutigen Auseinandersetzungen; in Indochina erklärte die Vietminh-Bewegung nach der Niederlage der japanischen Besatzungsmacht das Land für unabhängig vom französischen Imperium. In gleicher Weise nutzte die indonesische Nationalbewegung die japanische Kapitulation dazu, die Unabhängigkeit des Inselreiches von den früheren niederländischen Kolonialherren zu proklamieren. Frankreich und Holland versuchten zwar, ihre kolonialen Positionen durch Nachbildungen des britischen Commonwealth-Modells zu restaurieren; und auch in Großbritannien fehlte es nicht an Widerstand zumindest gegen die radikalen Unabhängigkeitsbewegungen. Das Ergebnis dieser Versuche, die imperiale Machtstellung aufrechtzuerhalten, waren jedoch nur langwierige bewaffnete Kämpfe in den Kolonialgebieten, die um so weniger gewonnen werden konnten, als die beiden neuen Weltmächte – die USA noch mehr als die UdSSR – ihrerseits die Befreiung der Kolonialgebiete Afrikas und Asiens von europäischer Vorherrschaft auf ihre Fahnen geschrieben hatten. Statt, wie man in Europa gehofft hatte, die europäischen Länder durch das überseeische Potential wieder zu stärken, trug das Beharren auf kolonialen Herrschaftsansprüchen dazu bei, Europa weiter zu schwächen – wirtschaftlich, militärisch und moralisch.

Diese Verluste waren um so dramatischer, als die gleichen Kriegsereignisse den wirtschaftlichen und machtpolitisch-strategischen Aufstieg der USA in atemberaubendem Tempo beschleunigten. Von 1938 bis 1945 stieg das Volumen ihrer industriellen Produktion infolge der Anforderungen der kriegführenden Mächte und des Ausfalls europäischer Produktionskapazitäten um mehr als das Dreifache; bei Kriegsende umfaßte es mehr als die Hälfte der Weltproduktion. Der Pro-Kopf-Anteil am Nationaleinkommen stieg im gleichen zeitraum von 550 auf 1260 Dollar, das Vierfache der Summe, die im Durchschnitt der europäischen Länder noch erreicht wurde. Entsprechend verschlechterten sich die terms of trade für die europäische Wirtschaft; und da die europäischen Investitionen in Übersee unterdessen größtenteils zur Finanzierung des Krieges veräußert und die europäischen Dienstleistungen (insbesondere in der Schifffahrt) eingestellt worden waren, entstand ein Defizit in der europäischen Gesamt-Zahlungsbilanz, das 1947 die stattliche Höhe von 7,5 Milliarden Dollar erreichte. Die USA erzielten im gleichen Jahr einen Überschuß von 10 Milliarden Dollar. Ihre Rolle als Kreditgeber und Materiallieferant des Krieges ermöglichte es ihnen, dem Ziel einer weiten Öffnung der Märkte für amerikanische Produkte und amerikanisches Engagement ein gutes Stück näher zu kommen: Bei der Gründung des Weltwährungsfonds im Sommer 1944 in Bretton Woods mußten sich die künftigen Mitglieder prinzipiell zur freien Konvertibilität ihrer Währungen verpflichten. Gleichzeitig stiegen die USA strategisch – als See- wie als Luftmacht – zur führenden Militärmacht der Welt auf und entwickelten mit der Atomwaffe, die am 16. Juli 1945 erstmals erfolgreich erprobt wurde, ein Mittel zur Sicherung ihrer Überlegenheit, dem andere Mächte zumindest vorerst nichts Vergleichbares entgegenzusetzen hatten. Die USA wurden zu einer Macht, die zum ersten Mal in der Geschichte wirklich das Prädikat Weltmacht verdiente und damit bei den Entscheidungen über die Gestaltung der künftigen Friedensordnung stärker ins Gewicht fiel als jede andere Macht zuvor.

Die europäischen Staaten verloren demgegenüber noch dadurch weiter an Gewicht, daß auch die Sowjetunion als Siegermacht beträchtliche strategische Gewinne verzeichnen konnte. Zwar war die Bilanz des Krieges in sowjetischer Sicht längst nicht so positiv wie die der USA. Die 20 Millionen Sowjetbürger, die den Krieg nicht überlebt hatten, stellten mehr als 10 Prozent der Vorkriegsbevölkerung dar. Der westliche Teil des Landes war weithin verwüstet: Die Kriegszerstörungen beliefen sich nach amerikanischen Schätzungen auf 35,7 Milliarden Dollar, nach sowjetischen Angaben von 1947 sogar auf 128 Milliarden Dollar. Die Landwirtschaft, die 1941 gerade begonnen hatte, sich von den Folgen der Kollektivierung zu erholen, war durch die Kämpfe auf sowjetischem Boden und die Ausbeutung durch die Deutschen weithin desorganisiert. Das Industrialisierungsprogramm war um Jahre zurückgeworfen; und das sowjetische Herrschaftssystem war durch die deutsche Besatzung und die Anstrengungen, die zur Befreiung notwendig waren, nachhaltig erschüttert worden. Von einem wirklichen Weltmacht-Status war die Sowjetunion damit noch weit entfernt. Dennoch gelang ihr nicht nur die Rückeroberung der meisten Gebiete, die in den Revolutionskämpfen nach dem Ersten Weltkrieg verlorengegangen waren, und die Erringung der Kontrolle über die ostmittel- und südosteuropäische Region, die in der Zwischenkriegszeit als Aufmarschgebiet für antisowjetische Kombinationen gedient hatte. Mit dem Vormarsch ihrer Truppen bis zur Elbe-Werra-Linie stieg sie darüber hinaus zur stärksten Militärmacht des europäischen Kontinents auf und sicherte sich zugleich auf Dauer ein Mitspracherecht bei der Regelung der deutschen Frage.

Für die Deutschen ergab sich daraus erstens der Verlust der östlichen Siedlungsräume und zweitens, mit voller Unterstützung durch die westlichen Siegermächte, der Untergang des kleindeutschen Nationalstaates, wie er von Bismarck 1866/71 durchgesetzt worden war. Unter den Alliierten herrschte zwar große Unsicherheit, *wie* die Welt vor einer neuen deutschen Aggression geschützt werden sollte; sie stimmten jedoch darin überein, *daß* ein dauerhafterer Schutz vor der deutschen Gefahr gefunden werden müsse als nach dem Ersten Weltkrieg. Alle ihre Pläne liefen daher in der Substanz darauf hinaus, keinen unabhängigen deutschen Nationalstaat nach klassischem Muster mehr zuzulassen. Die bedingungslose Kapitulation, für die sie mit allen Konsequenzen kämpften, versetzte sie in die Lage, dieses Hauptkriegsziel auch durchzusetzen: Mit dem 8. Mai 1945 ging die Souveränität über bislang deutsches Territorium und über die deutsche Bevölkerung vollständig in die Gewalt der Siegermächte über, was es in dieser Radikalität bislang noch nie gegeben hatte. Faktisch und machtpolitisch bedeutete dies das Ende des Deutschen Reiches von 1871, auch wenn die späteren Spannungen zwischen den Siegern verhinderten, daß dieser Untergang völkerrechtlich fixiert wurde.

Daß mit dem deutschen Nationalstaat auch das alte Europa untergegangen war, ergab sich schon daraus, daß nun sowohl die USA als auch die Sowjetunion beträchtliche Anteile an der Verfügungsgewalt über die mitteleuropäische Region errungen hatten und sie im Interesse an der eigenen Sicherheit auch nicht mehr preisgeben konnten. Die beiden europäischen Mächte, die formal ebenfalls als Siegermächte in Deutschland figurierten, waren ihnen deutlich nachgeordnet: Großbritannien, das 1940/41 zunächst über ein Jahr lang allein verzweifelt dagegen angekämpft hatte, ein Satellit der deutschen Weltmacht zu werden, mußte nun erleben, wie die ökonomische Auszehrung zusehends den Vorsprung an diplomatischer Erfahrung mehr als wettmachte und eine Anlehnung an die amerikanische Führungsmacht damit unvermeidlich wurde. Die britische Führungsschicht hatte diesen Abstieg durchaus vorausgesehen und darum mit der Politik des »Appeasement« bis zuletzt versucht, das europäische Gleichgewichtssystem als Voraussetzung für eine aktive Rolle Großbritanniens in der Weltpolitik zu erhalten. Nachdem ihre Eindämmungsbemühungen am unbedingten Expansionswillen Hitlers gescheitert waren, blieb ihr nur noch die Wahl, welcher Führungsmacht sie sich unterordnen wollte; und nachdem diese Wahl sehr bewußt und mit guten Gründen zugunsten der Führungsstellung der USA und der Expansion der Sowjetunion in Europa gefallen war, konnte sie nur noch versuchen, sich dadurch einen möglichst großen Handlungsspielraum zu erhalten, daß sie einerseits die USA als Gegengewicht zur Sowjetunion dauerhaft auf dem europäischen Kontinent engagierte und andererseits die kleineren europäischen Staaten, soweit sie nicht in den Machtbereich der Sowjetunion geraten waren, zu einem Gegengewicht gegen amerikanische Hegemonialtendenzen formierte. Die Großmacht-Autonomie im klassischen Sinne war mit diesem Balanceakt freilich nicht mehr zurückzugewinnen; vielmehr wirkte die britische Politik nun selbst notwendigerweise an der Stabilisierung der neuen Machtverhältnisse in Europa mit.

Noch weniger konnte Frankreich wieder als unabhängige Großmacht agieren, nachdem es im Juni 1940 aufgrund taktischer Fehler der Generalität und innerer Demoralisierung zusammengebrochen war. Die Résistance und die Truppen des Freien Frankreich ersparten ihm zwar die Etablierung einer Besatzungsverwaltung durch die angelsächsischen Befreier und stifteten, was noch wichtiger war, einen neuen nationalen Konsens, der es dem Land nach den Selbstzerfleischungen der 30er Jahre endlich wieder erlaubte, als handlungsfähiger Akteur auf der internationalen Bühne aufzutreten. Zur Befreiung selbst konnten sie jedoch nur wenig beitragen, und auch in wirtschaftlicher Hinsicht war Frankreich nach den Jahren der Ausbeutung durch die deutsche Besatzung auf amerikanische Hilfe angewiesen. Die geostrategischen Probleme stellten sich damit für Frankreich ähnlich wie für Großbritannien; nur war die Abhängigkeit von der amerikanischen Führungsmacht noch größer und die Machtbasis für eine eigenständige Rolle in der Weltpolitik noch geringer. Den Status einer Besatzungsmacht in Deutschland und Österreich erhielt Frankreich erst nachträglich aufgrund des britischen Strebens nach einer Stärkung der europäischen Komponente der neuen Machtstruktur; an den Absprachen über die Nachkriegsordnung, die in Jalta und Potsdam getroffen wurden, war es nicht beteiligt. Die Diskrepanz zwischen formaler und realer Macht, die sich daraus ergab, konnte wohl zur Erweiterung des Handlungsspielraums genutzt werden, verleitete aber auch zu kontraproduktiven Alleingängen.

Die kleineren europäischen Staaten wurden von dem generellen Machtverlust Europas soweit in Mitleidenschaft gezogen, daß sie hinsichtlich der Zukunft Deutschlands überhaupt kein direktes Mitspracherecht mehr erlangen konnten und auch bei der Regelung der übrigen europäischen Angelegenheiten mehr Zuschauer als Akteure waren. Die Staaten, die in den Machtbereich der Roten Armee geraten waren, mußten sich eng an die sowjetische Politik anlehnen; und zwei von ihnen, Polen und die Tschechoslowakei, waren auch gezwungen, ethnisch umstrittene Gebiete an die Sowjetunion abzutreten. Die Staaten der westeuropäischen Region und Italien sahen sich aus sicherheitspolitischen wie aus wirtschaftlichen Gründen auf einen Verbund der westlichen Staaten angewiesen und konnten sich nur noch dadurch einen gewissen Spielraum erhalten, daß sie das amerikanische Übergewicht in diesem Verbund durch europäische Integration relativierten und zugleich einem französischen Übergewicht in einem integrierten Europa durch die Einbeziehung Großbritanniens begegneten. Und selbst die Staaten, die sich dank günstiger Randlagen und/oder geschickter Politik der beginnenden Blockbildung in Ost und West entziehen konnten, mußten weitere Einschränkungen ihrer Handlungsfreiheit hinnehmen: Ihre Sicherheit hing nun von der Ausgestaltung des Verhältnisses zwischen den beiden Haupt-Siegermächten ab, ohne daß sie über nennenswerte Möglichkeiten verfügten, auf dieses Verhältnis einzuwirken.

Mit alledem büßte Europa nicht nur seine traditionelle Führungsrolle in der Weltpolitik ein, es verlor überhaupt die Fähigkeit zur Formulierung eigenständiger Politik. An die Stelle des europäischen Gleichgewichtssystems trat die Polarisierung zwischen den beiden Hauptsiegern des Krieges; und die europäischen Staaten, die sich um das deutsche Machtvakuum gruppierten, gerieten unvermeidlich in den Sog dieser Polarisierung.

III. Verbliebene Handlungsspielräume

Allerdings – das muß ausdrücklich gegen allzu schematische Vorstellungen festgehalten werden – bedeutete der Untergang des alten Europa nicht, daß die beiden vormaligen Flügelmächte, die sich jetzt aus europäischer Perspektive als Weltmächte präsentierten, den alten Kontinent einfach unter sich aufteilten. Dazu war allein schon das ökonomische Potential, das sich in Europa über die Kriegszerstörungen hinweg erhalten hatte, zu bedeutend. Der Substanzverlust war nicht so tiefgreifend, wie es bei einem Blick auf die Ruinen zunächst den Anschein hatte: Die Wirtschaft lavierte zwar am Rande des Zusammenbruchs, die industriellen Produktionsanlagen waren jedoch bei weitem nicht so zerstört, wie der Eindruck der Ruinen und Trümmerberge zunächst vermuten ließ. Im Ruhrgebiet, dessen Kohlebergwerke nach Kriegsende täglich nur noch 25000 Tonnen statt 400000 vor dem Kriege förderten, waren doch nur 15–20 Prozent des Maschinenbestandes in einem irreparablen Zustand; der Wert der deutschen Industrieanlagen insgesamt lag 1946 höher als ein Jahrzehnt zuvor. Die Zerstörung von Anlagen erwies sich sogar vielfach als produktionsfördernd, erlaubte sie doch, technologische Innovationen schneller durchzusetzen, als das unter normalen Umständen möglich gewesen wäre. Die Massen der Flüchtlinge und Vertriebenen schufen zwar Versorgungs- und Integrationsprobleme, ermöglichten aber auch, insofern sie eine Reservearmee oft hochqualifizierter Arbeitskräfte darstellten, die Aufrechterhaltung eines niedrigen Lohnniveaus und daraus resultierend hohe Investitionsraten.

Hinzu kam, daß die beiden neuen Weltmächte, die jetzt in Europa mitzureden hatten, an einer raschen Stabilisierung des alten Kontinents interessiert waren – die USA, weil sie befürchteten, ohne potente europäische Handelspartner und Absatzmärkte nach dem Ende des Krieges in eine massive Überproduktionskrise zu geraten, die Sowjetunion, weil sie die geschwächten europäischen Staaten nicht in Abhängigkeit von der ökonomischen Führungsmacht USA geraten lassen wollte. Die USA suchten daher sogleich nach Kriegsende die wirtschaftlichen Schwierigkeiten der Europäer durch Kredite und Hilfslieferungen zu überbrücken (wobei sie allerdings zunächst die europäische Hilfsbedürftigkeit noch zu gering einschätzten); die Sowjetführung bemühte sich – anders als dies westliche Beobachter erwartet hatten und vielfach bis heute behauptet wird –, die europäische Bevölkerung, soweit sie über die kommunistischen Parteien beeinflußbar war, zu Konsumverzicht und raschem Wiederaufbau zu mobilisieren. Waren erst einmal die Verkehrsverbindungen wiederhergestellt und die politischen Organisationsprobleme einigermaßen bereinigt, so mußte die Produktion relativ schnell wieder in Gang kommen. In der Tat erlebten die europäischen Volkswirtschaften dann in der zweiten Hälfte der 40er Jahre überall einen ziemlich gleichmäßigen Wiederaufstieg – noch ehe die Hilfen des Marshall-Plans wirken konnten und nahezu unabhängig davon, welche ordnungspolitischen Konzepte in den einzelnen Ländern verfolgt wurden.

In die direkte Abhängigkeit von einer Hegemonialmacht gerieten darum nur diejenigen Länder, die im Machtbereich der Roten Armee lagen. Die übrigen Länder konnten zumindest ihre ökonomische Abhängigkeit gering halten, zumal dann, wenn sie ihre Ressourcen zusammenlegten und ihre Positionen koordinierten. Sie konnten auch davon profitieren, daß die sowjetische Führung kein Interesse daran haben konnte, sie in die Arme der amerikanischen Verbündeten zu treiben und damit die US-Präsenz auf dem alten Kontinent weiter zu verstärken. Und sie konnten sich den Umstand zunutze machen, daß die USA in ihrer Unerfahrenheit für europäische Impulse offen waren und auf kooperative Partner angewiesen blieben, die das Zurückschrecken der amerikanischen Öffentlichkeit vor kostspieligen politischen Engagements kompensierten.

Außerdem zielte die Strategie der neuen Führungsmächte nicht notwendigerweise auf Konfrontation und Blockbildung in Europa. Gewiß waren die beiden Hauptsieger des Krieges mit gegensätzlichen Weltordnungsvorstellungen angetreten – die amerikanische Demokratie mit der Hoffnung auf Durchsetzung liberaldemokratischer Ordnungsformen in den befreiten Ländern; die Machthaber der Sowjetunion mit dem Anspruch, an der Spitze einer revolutionären Bewegung zu stehen, die auf die Überwindung bürgerlich-kapitalistischer Ordnungsverhältnisse zielte. Ihre fundamental verschiedenen Gesellschaftssysteme legten gegensätzliche außenpolitische Strategien nahe – in den USA die Ausdehnung des Freihandelsprinzips und die lautstarke Propagierung freiheitlicher Ideale; in der Sowjetunion die Abschirmung gegen kapitalistische Mächte und freiheitliche Tendenzen. Weder die USA noch die Sowjetunion verfügten über langjährige Erfahrung im Umgang mit fremden Mächten; und bei beiden spielte die ideologische Betrachtungsweise internationaler Probleme traditionell eine große Rolle – das erschwerte die Verständigung zusätzlich.

Auf der anderen Seite sprachen aber auch gewichtige Gründe für eine Fortsetzung der mit der Anti-Hitler-Koalition begonnenen friedlichen Zusammenarbeit und damit für die einvernehmliche Regelung einer europäischen Friedensordnung. Weder die Führungsgruppen der USA noch die Führer der Sowjetunion wollten einen neuen Krieg. Die einen nicht, weil von allen Kosten und Leiden abgesehen die eigene Bevölkerung schon für den gerade überstandenen Krieg nur mit äußerster Mühe gewonnen worden war und das Drängen auf Demobilisierung das gesamte öffentliche Leben bei Kriegsende beherrschte; und die anderen nicht, weil ihr Regime in diesem Krieg nur knapp am Zusammenbruch vorbeimanövriert war und allein zur Wiederherstellung der Vorkriegsverhältnisse viele Jahre angestrengter Wiederaufbau-Arbeit benötigte. Auch wuchsen mit dem technologischen Fortschritt Kosten und Zerstörungskraft großer Kriege, und es erschien schon darum geboten, sie zu vermeiden; erst recht, wenn dabei, wie man sich nun allmählich bewußt wurde, eine so gefährliche Waffe wie die Atombombe zum Einsatz kommen konnte. Wenn aber Krieg als Mittel zur Gestaltung der amerikanisch-sowjetischen Beziehungen zunehmend weniger in Frage kam, dann war es ein Gebot der Vernunft, das Konfliktpotential niedrig zu halten; und das wiederum legte es nahe, ein antagonistisches Nebeneinander von zwei Machtblöcken gar nicht erst entstehen zu lassen.

Die konkreten wirtschaftlichen Interessen der beiden Führungsmächte waren bei aller Gegensätzlichkeit der Wirtschaftsordnung und des ordnungspolitischen Anspruchs zunächst einmal auf weite Strecken komplementär: Während sich die USA nach der kriegsbedingten Produktionsausweitung neue Märkte erschließen mußten, um eine Überproduktionskrise mit hoher eigener Arbeitslosigkeit und Rezession zu verhindern, benötigte die UdSSR eine erhebliche Zufuhr von Industriegütern, um die Folgen der Kriegszerstörungen zu überwinden und dem im Krieg entstandenen Erwartungsdruck der Bevölkerung durch eine Steigerung des Konsums begegnen zu können. Unter der Voraussetzung, daß die USA der UdSSR zunächst entsprechende Anleihen gewähren würden, konnten die Sowjets ihre Importbedürfnisse aus der amerikanischen Produktion decken; die damit verbundene Öffnung der sowjetischen Märkte konnte dem amerikanischen Interesse an einem weltweiten multilateralen Handelssystem entgegenkommen; und zur Deckung ihres Handelsbilanzdefizits gegenüber den USA konnten die Sowjets ihre noch unerschlossenen Rohstoffbestände der amerikanischen Industrie zugänglich machen. Es war daher kein Wunder, daß gerade die liberale Geschäftswelt die amerikanische Führung zur Fortsetzung der Kooperation mit den sowjetischen Alliierten über das Kriegsende hinaus drängte und daß sowjetische Wirtschaftstechnokraten Signale in die gleiche Richtung gaben.

Vor allem aber verfügten sowohl die USA als auch die UdSSR über eine gewisse Flexibilität bei der Wahl ihrer Mittel und bedrohten sie sich bei der Verfolgung ihrer gegensätzlichen Sicherheitsinteressen nicht wirklich vital. Die USA strebten zwar eine liberale Ausrichtung der politischen wie der wirtschaftlichen Weltordnung an; sie konnten sich im Interesse ihrer wirtschaftlichen Expansion aber auch mit Partnern arrangieren, die weder hinsichtlich der politischen Verhältnisse noch im Wirtschaftssystem ihren Idealvorstellungen entsprachen. Osteuropa, das vorrangige Interessengebiet sowjetischer Sicherheitspolitik, war für sie weder strategisch noch wirtschaftlich von großer Bedeutung. Vor dem Zweiten Weltkrieg gingen etwa 2 Prozent der amerikanischen Exporte nach Osteuropa, 3,5 Prozent der Importe kamen aus Osteuropa, und 5,5 Prozent der auswärtigen Anlagen waren dort lokalisiert. Umgekehrt hielt die sowjetische Führung wohl an dem Anspruch fest, an der Spitze eines weltweiten revolutionären Prozesses zu stehen, hatte aber angesichts der immensen Wiederaufbaunöte des Sowjetstaates vorerst Dringenderes zu tun, als den liberalen Ordnungsverhältnissen in den europäischen Hauptländern den Kampf anzusagen; und sie identifizierte auch in ihrer osteuropäischen Hegemonialsphäre die Sicherung sowjetfreundlicher Orientierung keineswegs von vorneherein mit dem Export des sowjetkommunistischen Gesellschaftsmodells. Lange Zeit suchte die sowjetische Führung, sehr zum Verdruß ihrer osteuropäischen Parteigenossen, nach verläßlichen Verbündeten unter den traditionellen Eliten der osteuropäischen Völker; und auch nachdem sie damit (mit Ausnahme der Tschechoslowakei) keinen Erfolg gehabt hatte, schärfte sie ihren Statthaltern in den osteuropäischen Hauptstädten ein, daß die Einführung des Sozialismus noch lange nicht auf der Tagesordnung stehe.

Es fehlte bei aller Gegensätzlichkeit der Systeme noch nicht einmal an einem Fundus ideologischer Gemeinsamkeiten. Beide Führungsmächte waren ja Staaten, die aus Revolutionen hervorgegangen waren; beide aus Revolutionen, die sich gegen die alteuropäische Ordnung gerichtet und die Befreiung von gesellschaftlichen Zwängen auf ihre Fahnen geschrieben hatten. Diese ideologische Verwandtschaft war auf beiden Seiten sehr rasch aktualisiert worden, als sie durch Hitlers Angriffe zunächst gegen ihren Willen zu Verbündeten geworden waren; es war daher durchaus denkbar, daß weitere gemeinsame Aufgabenstellungen auch zu weiterer Annäherung im Selbstverständnis wie in der Werteskala führen würden – jedenfalls dann, wenn sie mit dem nötigen Maß an Realismus, Geduld und Kreativität angepackt wurden.

Die Führungsgruppen beider Weltmächte unternahmen denn auch einige Anstrengungen, die Kooperation der Siegermächte über das Kriegsende hinaus aufrechtzuerhalten. Schon der Beschluß, die bisherige Reichshauptstadt inmitten des Territoriums der sowjetischen Besatzungszone gemeinsam zu verwalten, deutet darauf hin, daß die Umgestaltung Deutschlands zunächst als eine gemeinsam zu bewältigende Aufgabe angesehen wurde; und in Potsdam verständigten sich die »Großen Drei« dann auch darauf, die vier Besatzungszonen unter der Oberhoheit eines Alliierten Kontrollrats gemeinsam zu verwalten und einen Außenministerrat mit der Ausarbeitung eines Friedensvertrags zu beauftragen. Parallel dazu schufen sie mit den Vereinten Nationen eine Weltfriedensorganisation, die den Frieden vom ständigen Agreement der Hauptsiegermächte abhängig machte und damit die Notwendigkeit ihrer Kooperation betonte. Als britische Truppen im Dezember 1944 einen kommunistisch beeinflußten Aufstand in Griechenland niederschlugen, hielt sich Stalin demonstrativ zurück; und in Italien wie in Frankreich wies er die kommunistischen Parteien an, an der Entwaffnung der Résistance mitzuwirken und sich am Wiederaufbau unter bürgerlich-demokratischen Vorzeichen zu beteiligen. In Washington wurde ernsthaft überlegt, den Frieden dadurch sicherer zu machen, daß man die Atomwaffe internationalisierte; und starke politische Kräfte arbeiteten auch darauf hin, der Sowjetunion durch einen großzügigen Kredit beim Wiederaufbau zu helfen und damit ihre Integration in die neue Staatengemeinschaft zu beschleunigen.

Als der Krieg zu Ende ging, war die Zukunft Deutschlands, Europas und des neuen Weltstaatensystems darum noch in mehrfacher Hinsicht offen. Es war noch nicht entschieden, ob dem Untergang des Deutschen Reiches eine gemeinsame Kontrolle der Deutschen durch die Siegermächte folgen würde oder aber die Bildung zweier deutscher Staaten, die in die gegensätzlichen Machtblöcke in Ost und West integriert würden. Ebensowenig war entschieden, welche Intensität diese Machtblöcke annehmen und ob zwischen ihnen Kooperation oder Konfrontation vorherrschen würde. Es war offen, in welchem Ausmaß die Staaten im sowjetischen Machtbereich ihre innere Autonomie verlieren würden und sich dem stalinistischen Gesellschaftsmodell anpassen mußten. Und es war offen, ob und in welchem Maß das übrige Europa zum Stabilisierungsfaktor zwischen Sowjetunion und USA oder zum Objekt und Opfer ihrer Konfrontation werden würde. Die Entscheidungen in allen vier Bereichen hingen eng miteinander zusammen. Dabei kam auf die USA aufgrund ihres strategischen und ökonomischen Übergewichts besondere Verantwortung zu; es hing aber auch vieles von der Haltung Stalins und von den Aktivitäten der westlichen Europäer ab.

IV. Die europäische Option

Soweit die Europäer über Alternativen zum gescheiterten Gleichgewichtssystem und Möglichkeiten zur Maximierung ihres Einflusses nachdachten, bewegten sie sich in die Richtung der Schaffung europäischer Gemeinschaftsstrukturen. Dafür sprach nach den Erfahrungen des Krieges in der Tat vieles: Die Ohnmacht der Nationalstaaten, die ganz offensichtlich nicht mehr in der Lage gewesen waren, ihren Bürgern Sicherheit zu garantieren, ließ das Verlangen nach Schaffung kollektiver Sicherheitsstrukturen wachsen, die die zwischenstaatliche Anarchie beseitigen und potentielle Aggressoren unter Kontrolle hielten, ohne sie zugleich zu diskriminieren; sie erschienen insbesondere notwendig, um die Deutschen einer Form von Kontrolle zu unterwerfen, die nicht gleich wieder neuen Revanchismus produzieren würde. Der unterdessen erreichte Stand der Produktivkräfte, der offenkundig längst über den Rahmen europäischer Nationalstaaten hinausgewachsen war, führte in Verbindung mit dem Druck der amerikanischen Konkurrenz zu einer Fülle von Initiativen für die Schaffung größerer Wirtschaftsräume, die ihrerseits nach dem Zusammenbruch des nationalsozialistischen Imperiums eines neuen politischen Organisationsrahmens bedurften. Der Aufstieg der neuen Weltmächte förderte das Solidaritätsgefühl der europäischen Nationen und ließ zugleich eine Zusammenlegung ihrer Ressourcen geboten erscheinen, um den weltpolitischen Gewichtsverlust Europas zu kompensieren und den Europäern ein Höchstmaß an Autonomie zu garantieren. Und die Erfahrung faktischer Gemeinsamkeit unter dem einheitlichen Zwang der faschistischen Sieger verengte nationalstaatliche Erfahrungsräume, stärkte das Gefühl des Aufeinanderangewiesenseins und förderte die Wiederentdeckung der Gemeinsamkeit traditioneller europäischer Werte jenseits des Nationalismus.

Bei den Planungen für die Nachkriegsordnung, die die unterschiedlichsten Kreise während des Krieges entwickelten, wurden darum immer wieder gemeinschaftliche Organisationsformen für Europa anvisiert, häufig sogar mit gleichartigen Begründungen über nationale und weltanschauliche Grenzen hinweg. Winston Churchill setzte sich im März 1943 öffentlich für einen »Europarat« der kontinentalen Staaten ein, der neben den Großmächten USA, Sowjetunion und Großbritannien künftig den vierten Stabilisierungsfaktor der Weltpolitik bilden sollte. Widerstandsgruppen in allen von deutschen Truppen besetzten Ländern, von Frankreich bis Polen, formulierten unabhängig voneinander ähnliche Konzepte für »Vereinigte Staaten von Europa«. Die provisorische Regierung des Freien Frankreich unter de Gaulle – damals noch in Algier residierend – suchte ihre britischen Verbündeten im Frühjahr 1944 für die Idee einer Integration des westlichen Europa auf wirtschaftlichem und sicherheitspolitischem Gebiet zu gewinnen, die den Europäern größere Eigenständigkeit verschaffen und insbesondere auch eine gemeinsame Kontrolle der westdeutschen Industriegebiete ermöglichen sollte. Im Spätherbst des gleichen Jahres schlug der belgische Außenminister Paul-Henri Spaak der britischen und französischen Regierung eine Integration Westeuropas unter britischer Führung vor; und im September 1945 präsentierte sich sein italienischer Kollege Alcide de Gasperi dem Außenministerrat der Siegermächte als Vorkämpfer für ein föderiertes Europa.

Eine vermittelnde Rolle Europas als »Dritter Kraft« zwischen den USA und der Sowjetunion schien sich um so eher anzubahnen, als die Kriegserfahrungen in den europäischen Ländern zu einer allgemeinen Gewichtsverlagerung nach »links« führten, weg vom liberalkapitalistischen Gesellschaftsmodell der USA und des alten Europa. Konservative Machteliten hatten sich durch ihre Zusammenarbeit mit den Faschisten diskreditiert, die Kommunisten hatten durch ihren Einsatz in der Résistance und durch den hohen Anteil der Sowjetarmee am Sieg der Alliierten an Ansehen gewonnen, generell waren infolge der Opfer, die der Krieg gefordert hatte, die Partizipationsansprüche gestiegen. In den ersten Nachkriegswahlen erhielten die Kommunisten in Frankreich 26 Prozent der Stimmen, in Italien 19 Prozent, in der Tschechoslowakei (in damals noch freien Wahlen!) sogar 38 Prozent. In Griechenland kämpfte eine von kommunistischen Führungskräften wesentlich mitgetragene Aufstandsbewegung gegen das autoritäre Athener Regime; in Jugoslawien errang die kommunistische Partisanenbewegung unter Tito einen vollständigen Sieg. In Großbritannien schickte eine breite Mehrheit von Labour-Wählern den konservativen Kriegspremier Churchill unmittelbar nach seinem Triumph über Hitlerdeutschland in die Opposition. In Italien, Frankreich und den deutschen Ländern erzielten christdemokratische Parteien mit betont progressistischen, zum Teil offen antikapitalistischen Programmen außerordentliche Erfolge. »Antifaschistische« Koalitionen aus Kommunisten, Sozialisten, Christdemokraten und anderen bürgerlichen Gruppierungen prägten das Bild der ersten Nachkriegsregierungen.

Indessen standen der Entwicklung zu einem Europa der »Dritten Kraft« auch beträchtliche Hindernisse entgegen: Wenn auch traditionelle Herrschaftspositionen erschüttert waren, so bestanden doch die sozioökonomischen Verhältnisse über die Wendemarke der Befreiung oder des Zusammenbruchs von 1945 hinweg ziemlich unverändert fort, und die augenblickliche Mangellage begünstigte – im Interesse einer »raschen« Rekonstruktion – den Rückgriff auf die hergebrachten Bürokratien in Verwaltung und Wirtschaft. Das Erlebnis von Zusammenbruch und Besetzung hatte zwar das Denken in strikt nationalstaatlichen Kategorien in Frage gestellt, zugleich aber auch die Notwendigkeit verstärkt, sich der eigenen nationalen Identität zu versichern. Großbritannien, das von der europäischen Linken vielfach als Führungsmacht eines vereinten Europas angesehen wurde, hatte das Zusammenbruchserlebnis des Kontinents nicht geteilt und stand den Forderungen nach Integration des eigenen Landes in das kontinentale Europa daher weithin verständnislos gegenüber. Neben den Wirtschaftskräften, die dringend an einer Überwindung der nationalen Wirtschaftsgrenzen interessiert waren, gab es solche, die sich vor internationaler Konkurrenz fürchteten. Von den Befürwortern wirtschaftlicher Integration war wiederum nur ein Teil an der

Schaffung eines europäischen Marktes interessiert; andere suchten sogleich ungehinderten Zugang zum Weltmarkt oder verfolgten vorwiegend bestimmte regionale Kombinationen. Noch schwieriger war der Graben zwischen Siegern und Besiegten zu überwinden: Während Deutsche und Italiener nach der Niederlage durch die Hinwendung zum Integrationsprinzip nur an Reputation und Gewicht gewinnen konnten, mußten die vormaligen Opfer faschistischer Expansion viel Erbitterung überwinden, ehe sie die Angehörigen der besiegten Nationen als Partner akzeptieren konnten.

Eine zusätzliche Schwierigkeit für die Integrationsbestrebungen ergab sich daraus, daß das Problem der Friedenssicherung unterdessen nur noch im Weltmaßstab zu lösen war, während föderative Zusammenschlüsse infolge der notwendigen Homogenität der zu einigenden Nationen und der notwendigen Gleichartigkeit ihrer Problemlage wenn überhaupt, dann nur im europäischen Bereich möglich waren. Regionale Zusammenschlüsse in Europa vermochten wohl das weltpolitische Gewicht der europäischen Nationen zu stärken, die Kontrolle der Deutschen zu erleichtern und zur Bewältigung der Wiederaufbauprobleme beizutragen; sie drohten aber gleichzeitig die latente Blockbildung in Ost und West entscheidend zu verschärfen, wenn sie sich nicht im Einklang mit den USA und der Sowjetunion zugleich vollzogen; und sie waren gegen den erklärten Willen der neuen Führungsmächte überhaupt nicht durchzusetzen. Diese aber wollten von regionalen Zusammenschlüssen in Europa nichts wissen: Stalin betrachtete nicht nur die ostmitteleuropäischen Föderationspläne der Polen und Tschechoslowaken und Churchills Projekt einer Donauföderation als gegen die sowjetischen Sicherheitsinteressen gerichtete Unternehmungen, sondern – in bemerkenswerter Verkennung der Möglichkeiten einer »Dritten Kraft« – auch jede Art von Zusammenschluß im westlichen Europa. Demgegenüber faßte die Roosevelt-Administration zwar zunächst den Gedanken an eine europäische Regionalorganisation im Rahmen der Vereinten Nationen ins Auge, verfolgte ihn dann aber seit dem Herbst 1943 nicht mehr weiter, möglicherweise mit Rücksicht auf die sowjetischen Befürchtungen. Damit waren die westlichen Europäer vor ein kaum lösbares Dilemma gestellt: Einerseits mußten sie die Einigung ihrer Nationen rasch vorantreiben, wenn sie bei der Stabilisierung des Weltfriedens mitwirken wollten; andererseits waren ihnen nur behutsame, auf die Modifikation insbesondere der sowjetischen Haltung setzende Schritte erlaubt, wenn sie die weltpolitischen Spannungen nicht von sich aus verschärfen wollten.

Den Einigungsinitiativen der Europäer fehlte unter diesen Umständen der letzte Nachdruck, und sie blieben daher vorerst ohne Erfolg. Churchill sah in den französischen und belgischen Vorstößen eine Gefahr für die Weltorganisationspläne der Alliierten und reagierte darum sehr reserviert. Daraufhin wollte de Gaulle eine Beteiligung Großbritanniens an dem künftigen europäischen Ensemble nur noch zulassen, wenn dieses zuvor der Stärkung Frankreichs durch Separierung des Rheinlandes und des Ruhrgebiets vom deutschen Staatsverband zustimmte. Im übrigen konzentrierte er seine Anstrengungen auf ein von Frankreich geführtes »kontinentales« Europa. Demgegenüber bestanden die kleineren Staaten, insbesondere Belgien, auf einer britischen Beteiligung – allein schon, um einer Hegemonie Frankreichs vorzubeugen, aber auch, um das weltpolitische Gewicht des künftigen Europa zu stärken. Die Briten aber wurden durch das kategorische Auftreten der französischen Seite nicht gerade dazu ermutigt, ihre reservierte Haltung in der Integrationsfrage aufzugeben, und sahen im übrigen keinen Anlaß, auf die deutschlandpolitischen Forderungen der Franzosen einzugehen.

Alle weiteren Verhandlungen blieben darum ergebnislos: Als die belgische Regierung ihr Projekt einer Integration unter Führung Großbritanniens in Paris vortrug, stieß sie auf ebensowenig Gegenliebe wie zuvor in London; und selbst Churchills Vorschlag eines britisch-französischen Paktes, bei einem Besuch in Paris im November 1944 erstmals vorgetragen und von vielen Verfechtern der »Dritten Kraft« als erster Schritt zu künftiger europäischer Integration lebhaft begrüßt, wurde von de Gaulle distanziert behandelt.

Britische Unentschlossenheit und französischer Großmachtanspruch sorgten so dafür, daß die Regelung der Nachkriegsverhältnisse in Europa begann, ohne daß dabei integrative Elemente im Sinne des »Dritte-Kraft«-Konzepts ins Spiel kamen. Die Sowjetführung blieb bei ihrem Mißtrauen gegen die Einigungsbestrebungen und wies die kommunistischen Parteien Europas an, sie, wo immer es nötig war, zu blockieren; das führte überall dort, wo die Kommunisten Einfluß auf die Regierungspolitik hatten – insbesondere in Frankreich, in Italien und in Belgien – zu einer taktischen Allianz traditioneller und kommunistischer Kräfte, die auf eine Restauration der Vorkriegsverhältnisse hinarbeitete und damit die Entmachtung Europas weiter vorantrieb. Diese Allianz war um so erfolgreicher, als die Regelung der vielen Sicherheits- und Wiederaufbauprobleme keinen langen Aufschub duldete: Mangels greifbarer Alternativen konnten sich so die nationalstaatlichen Strukturen wieder verfestigen.

V. Vom Krieg zum Kalten Krieg

Infolgedessen konnten die Europäer nur ohnmächtig zusehen, wie sich das Verhältnis zwischen den USA und der Sowjetunion schon im Laufe des Jahres 1945 rasch abkühlte. In der amerikanischen Öffentlichkeit machte sich Enttäuschung über das sowjetische Vorgehen in den osteuropäischen Ländern breit, das so gar nicht den Idealen der amerikanischen Demokratie entsprach, und es konnte sich im Gefolge dieser Enttäuschung eine Auffassung durchsetzen, die die sowjetische Repression in Osteuropa nur als Auftakt zur weltweiten Expansion des Sowjetkommunismus ansah und die Kompromißbereitschaft in der sowjetischen Politik geflissentlich übersah. Damit wurde der Spielraum für kooperative Regelungen zusehends enger: Nachdem sich die Truman-Regierung schon im Frühjahr 1945 in eine unfruchtbare Kontroverse über die Behandlung Osteuropas verstrickt hatte, die das Ost-West-Klima ziemlich belastete, verwarf sie im Winter 1945/46 das Projekt einer atomaren Partnerschaft mit der Sowjetunion und machte zugleich die Gewährung eines Kredits für den sowjetischen Wiederaufbau vom »Wohlverhalten« der Sowjetunion in Osteuropa abhängig.

Das Mißtrauen zwischen den beiden Hauptsiegermächten, das sich daraus ergab, war um so verhängnisvoller, als die französische Regierung zur gleichen Zeit mit ihrem Veto im Alliierten Kontrollrat die Verwirklichung des Potsdamer Beschlusses blockierte, zentrale Verwaltungsämter für alle vier Besatzungszonen Deutschlands zu schaffen. Sie wollte damit die Alliierten dazu zwingen, die französischen Rheinland- und Ruhrforderungen anzuerkennen. Tatsächlich erreichte sie aber nur, daß die provisorische reparationspolitische Teilung zwischen östlicher und westlichen Besatzungszonen, die in Potsdam ebenfalls vorgenommen worden war, rasch große Bedeutung erlangte und sich, weil dem Kontrollrat nun der erforderliche administrative Unterbau fehlte, die unterschiedlichen Traditionen und Bedürfnisse der Besatzungsmächte ungehindert auf ihre jeweilige Besatzungspraxis auswirken konnten. Das förderte nicht nur die Akzentuierung des Ost-West-Gegensatzes in Deutschland, sondern stärkte auch, weil das wichtigste gemeinsame Vorhaben der Siegermächte nun zunehmend mit Spannungen belastet war, die Tendenz zur Regression und zur Blockbildung in Ost und West.

Freilich waren die Strukturfragen, die das Ergebnis des Zweiten Weltkrieges noch offen gelassen hatte, auch mit diesen Weichenstellungen des Jahres 1945 noch nicht entschieden. Es dauerte noch ganze zehn Jahre, ehe mit der Integration zweier deutscher Staaten in die gegensätzlichen Militärsysteme von Ost und West eine einigermaßen stabile Friedensstruktur gefunden worden war; und in diesen zehn Jahren wurde die Entwicklung zu dieser Art von Ost-West-Blockbildung noch wiederholt in Frage gestellt. Unter weltgeschichtlichen Aspekten müssen darum diese Jahre von 1945 bis 1955 als Nachkriegszeit gewertet werden: Sie bilden eine Formationsphase, in der Wirklichkeit wurde, was in der weltpolitischen Zäsur von 1945 als eine von mehreren Möglichkeiten angelegt war. Daß andere Möglichkeiten nicht zum Zuge kamen und die Chancen, die die Umbruchsituation von 1945 enthielt, insgesamt nicht besser genutzt wurden, hängt entscheidend damit zusammen, daß die Bedeutung der Umbrüche von 1945 nicht überall deutlich genug erkannt wurde.

Literatur zum Thema

Clemens, Diane S.: Jalta. Stuttgart 1972.

Feis, Herbert: Churchill, Roosevelt, Stalin. The War They Waged and the Peace They Sought. Princeton 1957.

Gaddis, John L.: The United States and the Origins of the Cold War 1941–1947. New York 1972.

Graml, Hermann: Die Alliierten und die Teilung Deutschlands. Konflikte und Entscheidungen 1941–1948. Frankfurt/M. 1985.

Hillgruber, Andreas: Die Zerstörung Europas. Beiträge zur Weltkriegsepoche 1914–1945. Frankfurt/Berlin 1989^2.

Kolko, Gabriel: The Politics of War. The World and the United States Policy 1943–1945. New York 1968.

Lipgens, Walter: Die Anfänge der europäischen Einigungspolitik 1945–1950. Bd. 1: 1945–1947. Stuttgart 1977.

Loth, Wilfried: Ost-West-Konflikt und deutsche Frage. Historische Ortsbestimmungen. München 1989.

Loth, Wilfried: Die Teilung der Welt. Geschichte des Kalten Krieges 1941–1955. 7., neubearbeitete Aufl. München 1989.

Mastny, Vojtech: Moskaus Weg zum Kalten Krieg. München/Wien 1980.

Mee, Charles L.: Die Teilung der Beute. Die Potsdamer Konferenz 1945. Wien/München/Zürich/Innsbruck 1977.

Sainsbury, Keith: The Turning Point. Roosevelt, Stalin, Churchill and Chiang-Kai-Shek, 1943. The Moscow, Cairo, and Teheran Conferences. Oxford/New York 1985.

Tyrell, Albrecht: Großbritannien und die Deutschlandplanung der Alliierten 1941–1945. Frankfurt/M. 1987.

Manfred Grieger

Zeittafel zur Geschichte des Zweiten Weltkrieges

1933	
	Innen-, Wirtschafts- und Vernichtungspolitik
30.01.	Hitler Reichskanzler; Bildung des »Kabinetts der nationalen Konzentration«
28.02.	Reichstagsbrand Anlaß der Kommunistenverfolgungen aufgrund der »Verordnung des Reichspräsidenten zum Schutz von Volk und Staat«
05.03.	Reichstagswahlen (NSDAP 43,9%; DNVP 8%; Zentrum 11,2%; SPD 18,3%; KPD 12,3%)
13.03.	Einrichtung des »Reichsministeriums für Volksaufklärung und Propaganda« unter Joseph Goebbels
20.03.	Einrichtung des Konzentrationslagers Dachau
21.03.	»Tag von Potsdam«
23.03.	»Ermächtigungsgesetz«
01.04.	Organisierter Boykott jüdischer Geschäfte
07.04.	»Gesetz zur Wiederherstellung des Berufsbeamtentums«
01.05.	»Tag der nationalen Arbeit«
02.05.	Zerschlagung der freien Gewerkschaften
10.05.	Gründung der Deutschen Arbeitsfront; öffentliche Bücherverbrennungen;
01.06.	Arbeitsbeschaffungsprogramm
22.06.	Verbot der SPD
Juni–Juli	Selbstauflösung von Parteien und Verbänden; »Gleichschaltung« des öffentlichen Lebens
14.07.	Gesetz gegen die Neubildung von Parteien; Gesetz zur Verhütung erbkranken Nachwuchses
23.08.	Veröffentlichung der »ersten Ausbürgerungsliste« durch die NS-Regierung (u. a. Wilhelm Pieck, Heinrich Mann, Kurt Tucholsky)
30.08.	Vorstellung des »Volksempfängers«
12.11.	»Reichstagswahl« und »Volksabstimmung«
26.11.	Gründung der Freizeit-Organisation »Kraft durch Freude« (KdF)
01.12.	Erklärung der NSDAP zur Staatspartei
	Außenpolitik und militärische Ereignisse
02.02.	Beginn der zweiten Internationalen Abrüstungskonferenz
05.05.	Verlängerung des Berliner Vertrages mit der UdSSR
17.05.	Hitler-Rede unterstreicht seinen vermeintlichen »Friedenswillen«
20.07.	Unterzeichnung des Reichskonkordats mit dem Vatikan
14.10.	Austritt des Deutschen Reiches aus der Abrüstungskonferenz und dem Völkerbund

1934

	Innen-, Wirtschafts- und Vernichtungspolitik
01.01.	»Sterilisationsgesetz« tritt in Kraft
20.01.	»Gesetz zur Ordnung der nationalen Arbeit«
28.01.	Prager Manifest der Exil-SPD
07.02.	Reichsverteidigungsrat beschließt wirtschaftliche Kriegsvorbereitung
01.04.	Zentralisierung der Länderfunkhäuser zur Reichs-Rundfunk-Gesellschaft
24.04.	Konstituierung des »Volksgerichtshofes«
29./31.05.	Barmer Bekenntnis-Synode der evangelischen Kirche
30.06./02.07.	»Röhm-Putsch«; Mordaktion gegen SA-Führer und politische Gegner
30.07.	Schacht Reichsbankpräsident und Wirtschaftsminister
02.08.	Tod Hindenburgs; Hitler »Führer und Reichskanzler«; Vereidigung der Wehrmacht auf Hitler
19.08.	Volksabstimmung über die Vereinigung der Ämter des Reichspräsidenten und des Reichskanzlers
19./20.10.	Dahlemer Synode der evangelischen Kirche stellt kirchliches Notrecht fest
24.10.	Deutsche Arbeitsfront (DAF), Einheitsorganisation von Arbeitern, Selbständigen und Unternehmern
27.11.	Einrichtung der »Reichswirtschaftskammer« als Spitzenorganisation der gesamten deutschen gewerblichen Wirtschaft
	Außenpolitik und militärische Ereignisse
26.01.	Abschluß eines Nichtangriffspaktes und Freundschaftsvertrages zwischen dem Deutschen Reich und Polen
14./15.06.	Erstes Treffen zwischen Hitler und Mussolini in Venedig
25.07.	Erfolgloser nationalsozialistischer Putschversuch in Österreich. Ermordung von Bundeskanzler Dollfuß. Etablierung der autoritären Schuschnigg-Regierung
19.09.	Beitritt der Sowjetunion zum Völkerbund

1935

	Innen-, Wirtschafts- und Vernichtungspolitik
13.01.	Volksabstimmung im Saarland: 91% für den Wiederanschluß an das Deutsche Reich
26.02.	Hitler macht Luftwaffe zum dritten Wehrmachtsteil
16.03.	Wiedereinführung der allgemeinen Wehrpflicht
15.05.	Vergabe des Nationalen Filmpreises an den NSDAP-Parteitagsfilm »Triumph des Willens« (Leni Riefenstahl)
26.06.	Erlaß des »Reichsarbeitsdienstgesetzes«
16.07.	Hans Kehrl Reichsminister für kirchliche Angelegenheiten; verschärfte Maßnahmen gegen »politischen Katholizismus«
15.09.	Antisemitische »Nürnberger Gesetze«. Entrechtung und Diskriminierung der jüdischen Bevölkerung im Deutschen Reich
03./15.10.	»Brüsseler Konferenz« der KPD; Volksfrontkonzeption
18.10.	»Ehegesundheitsgesetz«
	Außenpolitik und militärische Ereignisse
09.04.	Deutsch-sowjetische Wirtschaftsvereinbarungen
14.04.	Völkerbund verurteilt die vertragswidrige Wiedereinführung der Wehrpflicht
02.05.	Französisch-sowjetischer Beistandspakt
16.05.	Beistandspakt zwischen der UdSSR und der Tschechoslowakei

21.05.	Reichstagsrede Hitlers. »Friedensprogramm« mit zweiseitigen Nichtangriffsverträgen
18.06.	Deutsch-britisches Flottenabkommen, deutsche Marine auf 35% der britischen Flotte festgelegt
14.07.	»Volksfront«-Regierung in Frankreich
25.07.	VII. Weltkongreß der Kommunistischen Internationale
03.10.	Italienischer Überfall auf Abessinien (militärischer Sieg am 09.05.1936)
11.10.	Völkerbundsbeschluß über begrenzte Sanktionen gegen Italien

1936

Innen-, Wirtschafts- und Vernichtungspolitik

06.01.	Beginn der polizeilichen Überwachung aller »Mischlinge 1. Grades«
29.03.	Inszenierte Neuwahlen zum Reichstag
04.04.	Hitlers Geheimerlaß zur verstärkten »Wehrhaftmachung« des Deutschen Reiches
21.04.	Volksgerichtshof wird ordentliches Gericht
28.05.	Systemkritische Denkschrift der »Bekennenden Kirche« an Hitler
17.06.	Himmler als »Reichsführer SS« auch »Chef der deutschen Polizei«
12.07.	Einrichtung des KZ Sachsenhausen
01./16.08.	XI. Olympische Spiele in Berlin: Beginn der Dreharbeiten an den Leni Riefenstahl-Filmen »Olympia – Fest der Völker« und »Olympia – Fest der Schönheit«
August	Vierjahresplan-Denkschrift Hitlers
26.09.	Sechsmonatige Reichsarbeitsdienstpflicht für Männer
18.10.	Beauftragung Hermann Görings zur Durchführung des Vierjahresplanes
01.12.	Hitlerjugend wird Staatsjugend

Außenpolitik und militärische Ereignisse

07.03.	Einmarsch deutscher Truppen in das entmilitarisierte Rheinland (Bruch der Verträge von Versailles und Locarno)
18.07.	Faschistischer Putsch in Spanien; deutsches Eingreifen auf Seiten Francos
25.10.	Deutsch-italienischer Vertrag (»Achse Berlin–Rom«)
25.11.	Antikominternpakt zwischen dem Deutschen Reich und Japan

1937

Innen-, Wirtschafts- und Vernichtungspolitik

30.01.	Verlängerung des Ermächtigungsgesetzes um weitere vier Jahre
14.03.	Enzyklika »Mit brennender Sorge« (Papst Pius XI.)
19.03.	Ausschließung von Juden vom Reichsarbeitsdienst
Juli	Ausstellung »Entartete Kunst« im »Haus der Deutschen Kunst« in München
16.07.	Einrichtung des KZ Buchenwald
Herbst	Systematische »Arisierung« jüdischen Vermögens
26.11.	Rücktritt Schachts als Wirtschaftsminister

Außenpolitik und militärische Ereignisse

24.06.	Forcierte Kriegsvorbereitung der Wehrmacht
07.07.	Beginn des japanisch-chinesischen Krieges
06.11.	Beitritt Italiens zum Antikominternpakt
17.11.	Staatssekretär Lord Halifax bei Hitler: Großbritannien billigt friedliche deutsche Revisionspolitik

11.12.	Völkerbundaustritt Italiens
21.12.	Hitlers Weisung zur Vorbereitung eines Angriffskrieges auf die Tschechoslowakei

1938

	Innen-, Wirtschafts- und Vernichtungspolitik
05.01.	Arbeitskräftegesamterhebung durch Arbeitsämter
04.02.	Blomberg-Fritsch-Affäre. Übernahme des Oberbefehls über die Wehrmacht durch Hitler. Ribbentrop neuer Reichsaußenminister, Nazifizierung des Auswärtigen Amtes
15.02.	Pflichtjahr für junge Frauen
26.04.	Anmeldepflicht für jüdisches Vermögen
26.05.	Grundsteinlegung des Volkswagenwerkes durch Hitler
15.06.	Einlieferung von ca. 500 Juden in das KZ Buchenwald
22.06.	Möglichkeit zur Dienstverpflichtung von Arbeitern und Angestellten
12.07.	Wehrwirtschaftlicher Neuer Erzeugungsplan
01.08.	Beginn der Sparaktion für den deutschen Volkswagen
17.08.	Einführung von Zwangsvornamen für Juden
18.08.	Rücktritt des Chefs des Generalstabes des Heeres, General Ludwig Beck
09.11.	Reichspogromnacht
November	Antijüdische Verordnungen in großer Zahl
16.12.	Stiftung des »Ehrenkreuzes der deutschen Mutter« durch Hitler
	Außenpolitik und militärische Ereignisse
12.02.	Hitler erzwingt Rücktritt des österreichischen Bundeskanzlers Schuschnigg
12.03.	Wehrmacht besetzt Österreich
13.03.	»Anschluß« Österreichs
16.04.	Britisch-italienisches Abkommen zum Interessenausgleich im Mittelmeer und Nahen Osten
24.04.	Karlsbader Beschluß der Sudetendeutschen Partei (Autonomieforderung)
Aug./Sept.	»Sudetenkrise«
16./22./24.09.	Verhandlungen zwischen Hitler und Chamberlain
29.09.	Mussolini, Chamberlain und Daladier erkennen deutsche Forderung an (Münchener Abkommen)
30.09.	Gemeinsame Erklärung Hitlers und Chamberlains über die Zukunft der Tschechoslowakei
01.10.	Deutscher Einmarsch in die sudetendeutschen Landesteile der Tschechoslowakei
21.10.	Hitlers Weisung zur militärischen »Erledigung der Resttschechei«
26.11.	Bekräftigung des Nichtangriffspaktes zwischen Polen und der UdSSR
06.12.	Deutsch-Französische Nichtangriffserklärung

1939

	Innen-, Wirtschafts- und Vernichtungspolitik
24.01.	Einrichtung einer »Zentrale für jüdische Auswanderung«
25.03.	Jugenddienstpflicht
September	Kriegsverordnungen; Einsatzgruppen-Morde in Polen; Massenvertreibungen in Polen
27.09.	Gründung des Reichssicherheitshauptamtes unter Heydrich

07.10. Himmler »Reichskommissar« für die Festigung des deutschen Volkstums
12.10. Erste Judendeportationen aus Österreich und der Tschechoslowakei
Oktober Hitlers Befehl zur Tötung »lebensunwerten Lebens«
26.10. Einführung der Zwangsarbeit von Juden im »Generalgouvernement«; Arbeitspflicht für Polen
08.11. Attentat auf Hitler in München (Johann Georg Elser)
23.11. Einführung der Zwangskennzeichnung von Juden im »Generalgouvernement«

Außenpolitik und militärische Ereignisse

12.03. Hitler-Beschluß zur endgültigen Zerschlagung der Tschechoslowakei
14.03. Unabhängigkeitserklärung der Slowakei und der Karpatho-Ukraine
15.03. Militärische Besetzung der Tschechoslowakei durch die deutsche Wehrmacht
16.03. »Erlaß über das Protektorat Böhmen und Mähren«, der beide Länder unter Belassung symbolischer Autonomierechte dem Deutschen Reich zuschlägt
23.03. Deutsche Anerkennung eines slowakischen Satellitenstaates:
Einmarsch deutscher Truppen ins Memelgebiet, das von Litauen an das Deutsche Reich abgetreten wird:
Deutsch-rumänisches Handelsabkommen: Sicherung deutscher Ölimporte
28.03. Beitritt Spaniens zum Antikominternpakt
31.03. Britisch-französische Garantieerklärung für Polen
03.04. Weisung Hitlers zum Angriffskrieg gegen Polen
07.04. Italien besetzt Albanien
28.04. Hitler kündigt den Nichtangriffspakt mit Polen und das deutsch-britische Flottenabkommen
22.05. Abschluß des deutsch-italienischen Militärbündnisses (»Stahlpakt«)
23.08. Abschluß eines deutsch-sowjetischen Nichtangriffsvertrages; geheimes Zusatzprotokoll sieht die Aufteilung Polens und die Abgrenzung der Interessensphären in Osteuropa vor
25.08. Britisch-polnischer Bündnisvertrag
01.09. Deutscher Überfall auf Polen; Beginn des Zweiten Weltkrieges
03.09. Kriegserklärung Frankreichs und Großbritanniens an das Deutsche Reich
17.09. Einmarsch der Roten Armee nach Ostpolen
28.09. Unterzeichnung des deutsch-sowjetischen Grenz- und Freundschaftsvertrages
06.10. Abschluß des Eroberungsfeldzuges gegen Polen
08.10. Annektion der sogenannten »eingegliederten Gebiete« (z. B. Ostoberschlesien) durch das Deutsche Reich
09.10. Hitler vertagt Angriff im Westen. Phase des »Sitzkrieges«
14.10. Versenkung des britischen Schlachtschiffes »Royal Oak« durch deutsches U-Boot
25.10. Schaffung des »Generalgouvernements für die besetzten polnischen Gebiete« unter Generalgouverneur Hans Frank
30.11. Beginn des sowjetisch-finnischen Winterkrieges

1940

Innen-, Wirtschafts- und Vernichtungspolitik

04.01. Leitung der deutschen Kriegswirtschaft durch Görings Vierjahresplanbehörde
12.01. Beginn der Deportation Stettiner Juden nach Lublin
15.03. Goebbels-Wochenzeitung »Das Reich« erscheint
17.03. Bildung des Reichsministeriums für Bewaffnung und Munition: Reichsminister Fritz Todt
30.04. Erstes Judenghetto in Lodz
10.05. Tötung von Behinderten durch Euthanasie-Gesetz

18.05.	Angliederung von Eupen-Malmedy an das Deutsche Reich
20.05.	Transport der ersten 30 Häftlinge in das KZ Auschwitz
09.07.	Denkschrift der evangelischen Kirche gegen die Tötung »lebensunwerten Lebens«
07.08.	Elsaß-Lothringen und Luxemburg unter deutscher Zivilverwaltung
05.09.	Premiere des Veit Harlan-Films »Jud Süß«
05.10.	Beginn der Kinderlandverschickung
22.10.	Judendeportation aus Baden, dem Saarland und Elsaß-Lothringen
15.11.	Hermetische Abschließung des Warschauer Ghettos
31.12.	1.178668 Kriegsgefangene in der deutschen Wirtschaft

Außenpolitik und militärische Ereignisse

11.02.	Deutsch-sowjetisches Wirtschaftsabkommen
01.03.	Hitlers Weisung zum Angriff auf Dänemark und Norwegen
18.03.	Treffen zwischen Hitler und Mussolini am Brenner
09.04.	Beginn des Unternehmens »Weserübung« zur Besetzung Dänemarks und Norwegens
10.05.	Deutsche Westoffensive gegen die Beneluxländer und Frankreich; Rücktritt der Regierung Chamberlain; Kriegskoalitionskabinett unter Churchill
15.05.	Kapitulation der Niederlande
28.05.	Kapitulation Belgiens
04.06.	Evakuierung des britischen Expeditionskorps aus Dünkirchen
05.06.	Zweite Phase des deutschen Westfeldzuges
10.06.	Rückzug der britischen und Kapitulation der norwegischen Truppen; Kriegseintritt Italiens gegen Frankreich
14.06.	Paris durch deutsche Truppen besetzt
15.06.	Sowjetische Besetzung der baltischen Staaten; am 6.8. zu Sowjetrepubliken in der UdSSR erklärt
22.06.	Deutsch-französisches Waffenstillstandsabkommen
26.06.	Rumänische Abtretung Bessarabiens und der Nordbukowina an die UdSSR
01.07.	Französische Regierung unter Marshall Pètain: Sitz in Vichy
16.07.	Unternehmen »Seelöwe«: Vorbereitung deutscher Landung in Südengland«
31.07.	Entschluß Hitlers zum deutschen Angriff auf die UdSSR
13.08.	Deutsche Luftoffensive gegen England
15.09.	Erfolglose »Luftschlacht um England«
17.09.	Verschiebung des Unternehmens »Seelöwe«
27.09.	Dreimächtepakt zwischen Deutschland, Italien und Japan
22./24.10.	Treffen Hitlers mit Franco, Laval und Pétain zur Sicherung der Südwestflanke
28.10.	Italienischer Überfall auf Griechenland
12./13.11.	Sowjetischer Außenminister Molotow in Berlin
14./15.11.	Deutscher Luftangriff auf Coventry
18.12.	Weisung Nr. 21 (»Fall Barbarossa«) zur Vorbereitung des Angriffs auf die Sowjetunion

1941

Innen-, Wirtschafts- und Vernichtungspolitik

18.02.	Übernahme des Vermögens der deutschen Konsumgenossenschaften durch die DAF
25./26.02.	Streiks in den Niederlanden gegen die Judenverfolgungen
04.03.	Einrichtung der sog. deutschen »Volksliste« in Polen; Einsatz von KZ-Häftlingen für das Buna-Werk der IG Farben in Auschwitz
10.05.	Englandflug von Rudolf Heß

12.05.	Martin Bormann neuer Leiter der Parteikanzlei
13.05.	»Gerichtsbarkeitserlaß Barbarossa« schützt deutsche Soldaten im Falle von Verbrechen gegen die sowjetische Bevölkerung vor Strafverfolgung
06.06.	»Kommissar-Befehl« sieht die Tötung kriegsgefangener Juden und Kommunisten (»politische Kommissare«) vor
Juni	Beginn der Massenmorde durch SS-Einsatzgruppen in der UdSSR
17.07.	Alfred Rosenberg wird Reichsminister für die besetzten Ostgebiete
28.07.	Bischof von Galen gegen Euthanasieverbrechen
31.07.	Befehl Görings an Heydrich zur »Endlösung der Judenfrage«
03.09.	Beginn der Judenvergasungen im KZ Auschwitz
19.09.	Zwangskennzeichnung für deutsche Juden
03.10.	Zwangsarbeit für Juden
16.10.	Beginn der Judendeportation aus dem Deutschen Reich
07.11.	»Richtlinien für den Einsatz von Sowjetrussen im Reich« regeln die Zwangsarbeit sowjetischer Kriegsgefangener und Zivilisten
24.11.	Einrichtung eines jüdischen Ghettos in Theresienstadt
04.12.	»Sonderstrafrecht« für Polen
07.12.	»Nacht- und Nebel-Erlaß« erleichtert Verschleppung politischer Gegner
31.12.	Massenvernichtung von Juden im KZ Chelmno

Außenpolitik und militärische Ereignisse

19./20.01.	Unterordnung der italienischen Kriegführung unter deutsche Gesamtstrategie
11.02.	Ankunft des »Deutschen Afrika Korps« unter General Erwin Rommel in Tripolis
01.03.	Bulgarien tritt dem »Dreimächtepakt« bei
11.03.	Amerikanisches Pacht- und Leihgesetz regelt Lieferung von Kriegsmaterial (z. B. 50 Zerstörern) an Großbritannien
25.03.	Beitritt Jugoslawiens zum »Dreimächtepakt«
27.03.	Staatsstreich gegen die Regierung des Prinzen Paul; Hitler beschließt militärische Zerschlagung Jugoslawiens
30.03.	Beginn der erfolgreichen deutschen Gegenoffensive in Afrika
06.04.	Angriff deutscher Truppen auf Jugoslawien und Griechenland
10.04.	Proklamierung eines kroatischen Satellitenstaates
13.04.	Nichtangriffsvertrag Japan–UdSSR
17.04.	Kapitulation Jugoslawiens
21.04.	Kapitulation Griechenlands
27.04.	Besetzung Athens durch deutsche Truppen, Rückzug der britischen Truppen vom Festland auf Kreta
20.05.	Angriff deutscher Truppen auf Kreta; 1.06. Eroberung der Insel
22.06.	Deutscher Überfall auf die Sowjetunion; Unterstützung des deutschen Angriffs durch Rumänien, Italien, die Slowakei, Finnland, Ungarn und später Spanien
29.06.	ZK der KPdSU erklärt den sowjetischen Abwehrkampf zum »Großen Vaterländischen Krieg«
03.07.	Aufruf Stalins zum Partisanenkampf hinter der Front
08.07.	Ende der Kesselschlacht bei Bialystok und Minsk: große sowjetische Verluste, u. a. 330000 Kriegsgefangene
12.07.	Abschluß eines Abkommens zwischen Großbritannien und der UdSSR über gegenseitige Hilfeleistung und Verbot eines Separatfriedens
05.08.	Sowjetische Niederlage in der Kesselschlacht von Smolensk
14.08.	Verkündung der »Atlantik-Charta« durch Roosevelt und Churchill
25.08.	Einmarsch sowjetischer und britischer Truppen in den Iran; Schaffung einer Landverbindungslinie zwischen dem Nahen Osten und der UdSSR
08.09.	Abschnürung Leningrads; Hitlers Befehl zum Aushungern der Stadt; Beginn der 1000tägigen deutschen Belagerung

11.09.	Verkündigung des »Schießbefehls« gegen deutsche Schiffe durch den amerikanischen Präsidenten Roosevelt
26.09.	Ende der Kesselschlacht östlich Kiews; 660000 sowjetische Kriegsgefangene
02.10.	Beginn des Unternehmens »Taifun« zur Eroberung Moskaus
20.10.	Deutscher Sieg in der Doppelschlacht bei Wjasma und Brjansk mit über 670000 sowjetischen Gefangenen
16.11.	Deutsche Eroberung Kertschs
05.12.	Beginn der sowjetischen Gegenoffensive um Moskau. Scheitern des Blitzkriegunternehmens »Barbarossa«
07.12.	Japanischer Überfall auf die amerikanische Flotte in Pearl Harbor; Eröffnung des Pazifik-Krieges; Ausweitung zum Weltkrieg
11.12.	Deutsche und italienische Kriegserklärung an die USA; Gegenseitige Verpflichtung Deutschlands, Italiens und Japans zur gemeinsamen Kriegführung

1942

Innen-, Wirtschafts- und Vernichtungspolitik

20.01.	»Wannsee-Konferenz«. Beschluß zur Ausrottung des europäischen Judentums
08.02.	Albert Speer Nachfolger des verstorbenen Fritz Todt im Reichsministerium für Bewaffnung und Munition
06.03.	Erste »Sterilisationskonferenz«. Bis 1945 ca. 350000 Zwangssterilisierungen
17.03.	Beginn der Deportationen in das KZ Belzec
21.03.	Neuregelung der Arbeitskräftelenkung unter dem »Generalbevollmächtigten für den Arbeitseinsatz« Fritz Sauckel
26.04.	Reichstag erklärt Hitler zum »Obersten Gerichtsherrn«
18.05.	Beginn der Massenvernichtungsverbrechen im KZ Sobibor
10.06.	Massaker von Lidice im Gefolge des Attentats auf Heydrich
01.07.	Vernichtungslager Treblinka

Außenpolitik und militärische Ereignisse

01.01.	26 Nationen unterzeichnen den Pakt der Vereinten Nationen und beschließen die Übernahme der »Atlantik-Charta« und die Verpflichtung zur Unterlassung eines Sonderfriedens mit Japan oder dem Deutschen Reich
11.01.	Intensivierung des U-Bootkrieges im Atlantik; »Schlacht im Atlantik«
28./29.03.	Erstes Flächenbombardement einer deutschen Großstadt (Lübeck) durch die britische Royal Air Force
05.04.	Hitlers Weisung Nr. 41 für die deutsche Sommeroffensive; Vormarsch im Süden auf Stalingrad und den Kaukasus und im Norden die Eroberung Leningrads
08.05.	Deutsche Offensiven im Süden gegen Kertsch, Eroberung der Festung Sewastopol auf der Krim. Deutscher Sieg in der Kesselschlacht von Charkow: 240000 sowjetische Kriegsgefangene
26.05.	Deutsch-italienische Offensive in Nordafrika; Abschluß eines britisch-sowjetischen Bündnisvertrages
30./31.05.	Erster 1000-Bomber-Angriff der Royal Air Force auf Köln
21.06.	Einnahme Tobruks durch Rommels Truppen; deutscher Vorstoß nach El-Alamein (30.06.)
28.06.	Beginn der großen deutschen Sommeroffensive in Richtung Woronesh und Rostow
06.08.	Eroberung der inzwischen zerstörten Erdölfördergebiete von Maikob durch deutsche Truppen
19.08.	Vergeblicher britisch-kanadischer Landungsversuch bei Dieppe an der französischen Kanalküste

09.09.	Krise im deutschen Oberkommando: Hitler entläßt Feldmarschall List und übernimmt persönlich die Führung der Heeresgruppe A; Ersetzung des Chefs des Generalstabes des Heeres, Halder, durch Zeitzler
23.10.	Überlegene britische Gegenoffensive gegen die deutsch-italienischen Nordafrika-Truppen
7./8.11.	Britisch-amerikanische Landung in Marokko und Algerien
11.11.	Besetzung des bis dahin unbesetzten Teils Vichy-Frankreichs durch deutsche Truppen
10.11.	Weitgehende Einnahme Stalingrads durch die deutsche 6. Armee
19.11.	Beginn der sowjetischen Gegenoffensive nordöstlich von Stalingrad
22.11.	Einschließung der 6. Armee (ca. 250000 Mann) im Raum zwischen Wolga und Don

1943

Innen-, Wirtschafts- und Vernichtungspolitik

26.01.	HJ-Luftwaffenhelfer
27.01.	Verschärfte Arbeitskräftemobilisierung für den Kriegseinsatz
18.02.	Goebbels proklamiert im Berliner Sportpalast den »totalen Krieg«
26.03.	Goerdelers »Staatsstreich-Denkschrift« an die Generäle
30.04.	Einrichtung des KZ Bergen-Belsen
11.06.	Himmler-Befehl zur Räumung der polnischen Ghettos und zur Liquidierung ihrer Bewohner
01.07.	Unterstellung der Juden im Deutschen Reich unter Polizeirecht
02.08.	Häftlingsaufstand im KZ Treblinka
09.08.	Kreisauer Kreis erarbeitet Grundsätze zur Neuordnung
24.08.	Himmler Innenminister
02.09.	»Reichsministerium für Rüstung und Kriegsproduktion« unter Speer bündelt Kompetenzen im Rüstungsbereich
22.12.	Schaffung des NS Führungsoffiziers in der deutschen Wehrmacht

Außenpolitik und militärische Ereignisse

14./26.01.	Casablanca-Konferenz: Churchill und Roosevelt fordern die »bedingungslose Kapitulation« der Achsenmächte
27.01.	Erstes amerikanisches Tagesbombardement auf Deutschland (gegen U-Boot-Werften in Wilhelmshaven)
31.01.	Großadmiral Dönitz Nachfolger Admiral Raeders als Oberbefehlshaber der deutschen Kriegsmarine
31.01./02.02.	Kapitulation der 6. Armee im Kessel von Stalingrad
13.04.	Entdeckung der Massengräber polnischer Offiziere in der Nähe von Katyn
19.04.	Beginn des Warschauer Ghetto-Aufstandes; durch SS-Truppen am 19. Mai endgültig niedergeschlagen
13.05.	Kapitulation der deutschen Truppen in Nordafrika
15.05.	Auflösung der Kommunistischen Internationale
24.05.	Abbruch der »Schlacht im Atlantik« durch Großadmiral Dönitz
05.07.	Letzte deutsche Großoffensive an der Ostfront (Unternehmen »Zitadelle«)
10.07.	Landung britisch-amerikanischer Streitkräfte auf Sizilien
12./13.07.	Gründung des »Nationalkomitees Freies Deutschland«
17.07.	Beginn der sowjetischen Generaloffensive
24./25.07.	Sturz Mussolinis
24./30.07.	Konzentrierte alliierte Bombenangriffe auf Hamburg (Operation »Gomorrha«); ca. 30.000 Tote
29.08.	Deutscher Militärbefehlshaber in Dänemark erklärt den Ausnahmezustand

03.09.	Alliierte Landung auf dem italienischen Festland: Abschluß eines zunächst geheimgehaltenen Waffenstillstands zwischen den USA, Großbritannien und Italien
08.09.	Bekanntmachung der Kapitulation Italiens
09.09.	Ausrufung einer »Faschistischen Republik« in Norditalien unter deutscher Oberaufsicht
20.09.	Räumung Sardiniens durch deutsche Truppen
13.10.	Kriegserklärung Italiens an das Deutsche Reich
18.11.	Beginn der regelmäßigen britischen Nachtbombardements auf Berlin
28.11./01.12.	Teheraner Konferenz der Großen Drei (Stalin, Churchill, Roosevelt)
26.12.	Versenkung des deutschen Schlachtschiffes »Scharnhorst« durch britische Kriegsmarine

1944

Innen-, Wirtschafts- und Vernichtungspolitik

08.01.	Erlaß über die weltanschauliche Schulung der Soldaten
01.03.	Etablierung des »Jägerstabes« zur sofortigen Produktionssteigerung der Flugzeugindustrie
19.03.	Abtransport ungarischer Juden von Budapest nach Auschwitz durch Sonderkommando Eichmann
01.04.	Beginn der Massendeportation aus Südeuropa nach Auschwitz
10.06.	Massaker von Oradour
20.07.	Gescheitertes Attentat Stauffenbergs auf Hitler; Staatsstreichversuch mißlingt
25.07.	Goebbels »Reichsbevollmächtigter für den totalen Kriegseinsatz«
01.08.	Schaffung des »Rüstungsstabes«; Koordination der gesamten Rüstungsendfertigung
07./08.08.	Erster Volksgerichtshof-Prozeß gegen den »20. Juli«
11.08.	Hungermärsche der Häftlinge des KZ Auschwitz nach Buchenwald und Flossenbürg
31.08.	5721883 ausländische Zivilisten und 1930087 Kriegsgefangene in der deutschen Kriegswirtschaft
16./21.09.	Streiks in Dänemark
25.09.	Aufstellung des Volkssturms
Oktober	Himmler-Befehl zur Einstellung der Judenvergasung

Außenpolitik und militärische Ereignisse

04.01.	Sowjetische Truppen erreichen polnisches Territorium
14.01.	Sowjetische Truppen durchbrechen deutschen Einschließungsring um Leningrad
15.01.	»Europäische Beratende Kommission« der Anti-Hitler-Koalition berät ersten Entwurf zur Aufteilung Deutschlands in Besatzungszonen
04.03.	Sowjetische Großoffensive in der Ukraine; Durchbruch sowjetischer Truppen nach Rumänien
18.03.	Deutsche Truppen besetzen Ungarn
12.05.	Beginn der alliierten Luftoffensive gegen die synthetische Treibstofferzeugung
06.06.	Alliierte Invasion in der Normandie
12.06.	»Vergeltungswaffen«-Beschluß (V 1, V 2) auf London
22.06.	Sowjetische Großoffensive gegen die deutsche Heeresgruppe Mitte
30.07.	Entscheidende Erweiterung der alliierten Landungsbrückenköpfe in der Normandie
01.08.	Warschauer Aufstand der polnischen »Heimatarmee«. Ohne wirksame sowjetische Unterstützung von deutschen Truppen niedergeschlagen
15.08.	Alliierte Landung in Südfrankreich

19./25.08.	Selbstbefreiung Paris
25.08.	Kriegserklärung Rumäniens an das Deutsche Reich
29.08.	Beginn des Slowakischen Aufstandes, von deutschen Truppen am 10.10. niedergeschlagen
04.09.	Kampfeinstellung Finnlands
08.09.	Bulgarien erklärt dem Deutschen Reich den Krieg
11.09.	Amerikanische Truppen erreichen in der Nähe von Aachen die deutsche Reichsgrenze
11./16.09.	Konferenz von Quebec; Annahme des revidierten Morgenthau-Plans; Suspendierung der Planungen durch Roosevelt am 22. September
12.09.	»1. Zonenprotokoll« der »Europäischen Beratenden Kommission« – Aufteilung Deutschlands in drei Besatzungszonen und das Gebiet von Groß-Berlin
19.09.	Finnisch-sowjetisch-britisches Waffenstillstandsabkommen
03.10.	Deutscher Rückzug aus dem Südbalkan
16.10.	Ungarisch-sowjetischer Präliminarwaffenstillstand; von deutscher Seite unterstützter Staatsstreich gegen Regierung Horthy
20.10.	Bildung der neuen jugoslawischen Regierung unter Tito
22.10.	Sowjetische Truppen erobern die ersten ostpreußischen Städte.
28.10.	Waffenstillstandsabkommen der Alliierten mit Bulgarien
12.11.	Versenkung des deutschen Schlachtschiffes »Tirpitz« durch britische Bomber
16.12.	Beginn der kurzfristig erfolgreichen deutschen Ardennen-Offensive: Abbruch aufgrund militärischer Unterlegenheit am 24.12.

1945

Innen-, Wirtschafts- und Vernichtungspolitik

Januar	Fertigstellung des Durchhaltefilms »Kolberg« von Veit Harlan
12.02.	Frauen zum Volkssturm
15.02.	Einsetzung fliegender Standgerichte
19.02.	Himmlers Sondierungen für einen Separatfrieden mit den Westmächten
15.03.	Friedensfühler Ribbentrops zu den Westmächten
	Sondierungen Ribbentrops für Separatfrieden mit den Westmächten
19.03.	Hitlers »Nerobefehl«, Zerstörung aller Fabrik- und Infrastrukturanlagen im Falle militärischer Besetzung
30.03.	Letzte Filmuraufführung in Berlin
02.04.	Aufruf zum »Werwolf«-Kampf im Rücken der alliierten Armeen
11.04.	Selbstbefreiung des KZ Buchenwald
15.04.	Befreiung des KZ Bergen-Belsen durch Westalliierte
23.04.	Absetzung Görings durch Hitler
30.04.	Selbstmord Hitlers;
	SPD-Versammlung in Hannover; KPD-Gruppe um Ulbricht trifft in Berlin ein;
23.05.	Verhaftung der Regierung Dönitz in Flensburg

Außenpolitik und militärische Ereignisse

01.01.	Bildung einer Provisorischen Regierung Polens durch das kommunistische Lubliner Komitee
12.01.	Sowjetische Großoffensive dringt bis zur Oder vor
04./11.02.	Konferenz von Jalta
13.02.	Sowjetische Truppen erobern Budapest
13./14.02.	Schwere angloamerikanische Bombenangriffe zerstören Dresden
07.03.	Westalliierter Rheinübergang bei Remagen
24.03.	Bildung eines rechtsrheinischen Brückenkopfes bei Wesel
01.04.	Schließung des Ruhrkessels; Kapitulation am 18.04.

12.04.	Harry S. Truman Nachfolger des verstorbenen Roosevelt als US-Präsident
13.04.	Eroberung Wiens durch sowjetische Einheiten
16.04.	Sowjetische Offensive auf Berlin
25.04.	Sowjetisch-amerikanisches Treffen bei Torgau: sowjetische Einkesselung Berlins
27.04.	Kapitulation der deutschen Truppen in Italien: Tötung Mussolinis durch italienische Partisanen
02.05.	Kapitulation Berlins
05.05.	Beginn des Tschechischen Aufstandes
07./09.05.	Deutsche Doppelkapitulation von Reims und Berlin-Karlshorst beendet den europäischen Krieg
10.05.	Besetzung Prags durch sowjetische Truppen
26.06.	Unterzeichnung der Gründungsurkunde der »United Nations Organization« (UNO)
17.07.	Beginn der Potsdamer Konferenz
06./09.08.	Abwurf amerikanischer Atombomben auf Hiroshima und Nagasaki
08.08.	UdSSR erklärt Japan den Krieg
10.08.	Bedingungslose Kapitulation Japans

Manfred Grieger

Auswahlbibliographie zur Geschichte des Zweiten Weltkrieges

1. Gesamtdarstellungen

Das Deutsche Reich und der Zweite Weltkrieg. Bd. 1: Wilhelm Deist, Manfred Messerschmidt, Hans-Erich Volkmann und Wolfram Wette: Ursachen und Voraussetzungen der deutschen Kriegspolitik. Stuttgart 1979; Bd. 2: Klaus A. Maier, Horst Rohde, Bernd Stegemann und Hans Umbreit: Die Errichtung der Hegemonie auf dem europäischen Kontinent. Stuttgart 1979: Bd. 3: Gerhard Schreiber, Bernd Stegemann und Detlev Vogel: Der Mittelmeerraum und Südosteuropa. Stuttgart 1984; Bd. 4: Horst Boog, Jürgen Förster, Joachim Hoffmann, Ernst Klink, Rolf-Dieter Müller und Gerd R. Ueberschär: Der Angriff auf die Sowjetunion. Stuttgart 1983; Bd. 5/1: Bernhard R. Kroener, Rolf-Dieter Müller, Hans Umbreit: Organisation und Mobilisierung des deutschen Machtbereichs. Erster Halbband: Kriegsverwaltung, Wirtschaft und personelle Ressourcen 1939–1941. Stuttgart 1988.

Deutschland im Zweiten Weltkrieg. Bd. 1: *Leitung* Gerhart Hass: Vorbereitung, Entfesselung und Verlauf des Krieges bis zum 22. Juni 1941. Köln 1974; Bd. 2: *Leitung* Karl Drechsler: Vom Überfall auf die Sowjetunion bis zur sowjetischen Gegenoffensive bei Stalingrad (Juni 1941 bis November 1942). Köln 1975; Bd. 3: *Leitung* Wolfgang Schumann: Der grundlegende Umschwung im Kriegsverlauf (November 1942 bis September 1943). Köln 1979; Bd. 4: *Leitung* Wolfgang Schumann: Das Scheitern der faschistischen Defensivstrategie an der deutsch-sowjetischen Front (August bis Ende 1943). Köln 1981; Bd. 5: *Leitung* Wolfgang Schumann: Der Zusammenbruch der Defensivstrategie des Hitlerfaschismus an allen Fronten (Januar bis August 1944). Köln 1984, Bd. 6: *Leitung*: Wolfgang Schumann und Olaf Groehler: Die Zerschlagung des Hitlerfaschismus und die Befreiung des deutschen Volkes (Juni 1944 bis zum 8. Mai 1945). Köln 1985.

Erdmann, Karl Dietrich: Der Zweite Weltkrieg. München 1980.

Geyer, Michael: Krieg als Gesellschaftspolitik. Anmerkungen zu neueren Arbeiten über das Dritte Reich im Zweiten Weltkrieg. In: Archiv für Sozialgeschichte 26 (1986), S. 557–601.

Gruchmann, Lothar: Der Zweite Weltkrieg. München 1982[7].

Hildebrand, Klaus: Das Dritte Reich. München 1987[3].

Hillgruber, Andreas: Endlich genug über den Nationalsozialismus und den Zweiten Weltkrieg? Forschungsstand und Literatur. Düsseldorf 1982.

Ders.: Der 2. Weltkrieg. Kriegsziele und Strategie der großen Mächte. Stuttgart 1985[4].

HILLGRUBER, ANDREAS, HÜMMELCHEN, KLAUS: Chronik des Zweiten Weltkrieges. Kalendarium militärischer und politischer Ereignisse 1939–1945. Düsseldorf 1978.
KERSHAW, IAN: Der NS-Staat. Geschichtsinterpretationen und Kontroversen im Überblick. Reinbek bei Hamburg 1988.
SCHREIBER, GERHARD: Der Zweite Weltkrieg – Probleme und Ergebnisse der Forschung. In: Neue Politische Literatur 29 (1984), S. 453–482; 30 (1985), S. 421–439.
THAMER, HANS-ULRICH: Verführung und Gewalt. Deutschland 1933–1945. Berlin 1986.

2. Aufrüstung und Kriegsvorbereitung

BAGEL-BOHLAN, ANJA E.: Hitlers industrielle Kriegsvorbereitung 1936 bis 1939. Koblenz, Bonn 1975.
BIRKENFELD, WOLFGANG: Der synthetische Treibstoff 1933–1945. Ein Beitrag zur nationalsozialistischen Wirtschafts- und Rüstungspolitik. Göttingen 1964.
DEIST, WILHELM: The Wehrmacht and German Rearmament. Toronto 1981.
GEYER, MICHAEL: Rüstungsbeschleunigung und Inflation. Zur Inflationsdenkschrift des Oberkommandos der Wehrmacht vom November 1938. In: Militärgeschichtliche Mitteilungen 30 (1981), Heft 2, S. 121–186.
HILLGRUBER, ANDREAS: Zur Entstehung des Zweiten Weltkrieges. Forschungsstand und Literatur. Düsseldorf 1980.
HOMZE, EDWARD L.: Arming the Luftwaffe. The Reich Air Ministry and the German Aircraft Industry, 1919–1939. Lincoln, London 1976.
KLEIN, BURTON H.: Germany's Economic Preparation for War. Cambridge, Mass. 1959.
OVERY, RICHARD J.: The Nazi Economic Recovery 1932–1938. London 1984².
PETZINA, DIETMAR: Autarkiepolitik im Dritten Reich. Der nationalsozialistische Vierjahresplan. Stuttgart 1968.
SARHOLZ, THOMAS: Die Auswirkung der Kontingentierung von Eisen und Stahl auf die Aufrüstung der Wehrmacht von 1936 bis 1939. Darmstadt 1983.
SOMMER 1939. Die Großmächte und der europäische Krieg. Hrsg. von Wolfgang Benz und Hermann Graml. Stuttgart 1979.
SOMMER, THEO: Deutschland und Japan zwischen den Mächten 1935–1940. Vom Antikominternpakt zum Dreimächtepakt. Eine Studie zur diplomatischen Vorgeschichte des Zweiten Weltkriegs. Tübingen 1962.
WIRTSCHAFT UND RÜSTUNG AM VORABEND DES ZWEITEN WELTKRIEGES. Für das Militärgeschichtliche Forschungsamt hrsg. von Friedrich Forstmeier und Hans-Erich Volkmann. Düsseldorf 1975.

3. Militärische Entwicklung

ABSOLON, RUDOLF: Die Wehrmacht im Dritten Reich. Bisher 5 Bde. Boppard 1969–1988.

ANATOMIE DER AGGRESSION. Neue Dokumente zu den Kriegszielen des faschistischen deutschen Imperialismus im zweiten Weltkrieg. Hrsg. von Gerhart Hass und Wolfgang Schumann. Berlin (DDR) 1972.

ANATOMIE DES KRIEGES. Neue Dokumente über die Rolle des deutschen Monopolkapitals bei der Vorbereitung und Durchführung des zweiten Weltkrieges. Hrsg. von Dietrich Eichholtz und Wolfgang Schumann. Berlin (DDR) 1969.

BARTOV, OMER: The Eastern Front, 1941–45. German Troops and the Barbarisation of Warfare. Basingstoke, London 1985.

BAUM, WALTER, WEICHOLD, EBERHARD: Der Krieg der »Achsenmächte« im Mittelmeer-Raum. Die »Strategie« der Diktatoren. Göttingen, Zürich, Frankfurt/M. 1973.

BOOG, HORST: Die deutsche Luftwaffenführung 1935–1945. Führungsprobleme, Spitzengliederung, Generalstabsausbildung. Stuttgart 1982.

BRADLEY, DERMOT: Generaloberst Guderian und die Entstehungsgeschichte des modernen Blitzkrieges. Osnabrück 1978.

CARR, WILLIAM: Poland to Pearl Harbor. The Making of the Second World War. London 1985.

COOPER, MATTHEW: The German Army 1933–1945. Its Political and Military Failure. London 1978.

FÖRSTER, JÜRGEN: Stalingrad. Risse im Bündnis 1942/43. Freiburg/Br. 1975.

HERDE, PETER: Pearl Harbor, 7. Dezember 1941. Der Ausbruch des Krieges zwischen Japan und den Vereinigten Staaten und die Ausweitung des europäischen Krieges zum Zweiten Weltkrieg. Darmstadt 1980.

HILLGRUBER, ANDREAS: Hitlers Strategie. Politik und Kriegführung 1940-1941. München 1982².

HNILICKA, KARL: Das Ende auf dem Balkan 1944/45. Die militärische Räumung Jugoslawiens durch die deutsche Wehrmacht. Göttingen, Zürich, Frankfurt/M. 1970.

HUBATSCH, WALTER: »Weserübung«. Die deutsche Besetzung von Dänemark und Norwegen 1940. Göttingen 1960.

JACOBSON, HANS-ADOLF: Fall Gelb. Der Kampf um den deutschen Operationsplan zur Westoffensive. Wiesbaden 1957.

JUNG, HERMANN: Die Ardennenoffensive 1944/45. Ein Beispiel für die Kriegführung Hitlers. Göttingen 1971.

KEHRIG, MANFRED: Stalingrad. Analyse und Dokumentation einer Schlacht. Stuttgart 1974.

KLEE, KARL: Das Unternehmen »Seelöwe«. Die geplante deutsche Landung in England. Göttingen 1958.

KLINK, ERNST: Das Gesetz des Handelns – Die Operation Zitadelle 1943. Stuttgart 1966.

KRIEGSWENDE DEZEMBER 1941. Referate und Diskussionsbeiträge des internationalen historischen Symposiums in Stuttgart vom 17.–19. September 1981. Hrsg. von Jürgen Rohwer und Eberhard Jäckel. Koblenz 1984.

Lehmann, Albrecht: Gefangenschaft und Heimkehr. Deutsche Kriegsgefangene in der Sowjetunion. München 1986.
Martin, Bernd: Deutschland und Japan im Zweiten Weltkrieg. Vom Angriff auf Pearl Harbor bis zur deutschen Kapitulation. Göttingen, Zürich 1969.
Messerschmidt, Manfred: Die Wehrmacht im NS-Staat. Zeit der Indoktrination. Hamburg 1969.
Messerschmidt, Manfred, Wüllner, Fritz: Die Wehrmachtsjustiz im Dienste des Nationalsozialismus. Zerstörung einer Legende. Baden-Baden 1987.
Müller, Klaus-Jürgen: Armee, Politik und Gesellschaft in Deutschland 1933–1945. Studien zum Verhältnis von Armee und NS-System. Paderborn 1986[4].
Overy, Richard J.: The Air War 1939–1945. London 1980.
Ránki, György: Unternehmen Margarethe. Die deutsche Besetzung Ungarns. Wien, Köln, Graz 1984.
Reinhardt, Klaus: Die Wende vor Moskau. Das Scheitern der Strategie Hitlers im Winter 1941/42. Stuttgart 1972.
Salewski, Michael: Die deutsche Seekriegsleitung 1935–1945. 3 Bde. Frankfurt/M., München 1970–1975.
Schröder, Josef: Italiens Kriegsaustritt 1943. Die deutschen Gegenmaßnahmen im italienischen Raum: Fall »Alarich« und »Achse«. Göttingen 1969.
Stamm, Christoph: Zur deutschen Besetzung Albaniens 1943–1944. In: Militärgeschichtliche Mitteilungen 30 (1981), Heft 2, S. 99–120.
»Unternehmen Barbarossa«. Der deutsche Überfall auf die Sowjetunion 1941. Berichte, Analysen, Dokumente. Hrsg. von Gerd R. Ueberschär und Wolfram Wette. Paderborn 1984.
Wegner, Bernd: Hitlers Politische Soldaten: Die Waffen-SS 1933–1945. Studien zu Leitbild, Struktur und Funktion einer nationalsozialistischen Elite. Paderborn 1983[3].

4. Wirtschaft und Gesellschaft

Bajohr, Stefan: Weiblicher Arbeitsdienst im »Dritten Reich«. Ein Konflikt zwischen Ideologie und Ökonomie. In: Vierteljahreshefte für Zeitgeschichte 1980, Heft 3, S. 331–357.
Barnett, Corelli: The Audit of War. London 1986.
Bayern in der NS-Zeit. Hrsg. von Martin Broszat, Elke Fröhlich und Anton Grossmann. 6 Bde. München 1977–1983.
Blaich, Fritz: Wirtschaft und Rüstung im »Dritten Reich«. Düsseldorf 1987.
Boelke, Willi A.: Die deutsche Wirtschaft 1930–1945. Interna des Reichswirtschaftsministeriums. Düsseldorf 1983.
Burger, Oswald: Zeppelin und die Rüstungsindustrie am Bodensee. In: 1999. Zeitschrift für Sozialgeschichte des 20. und 21. Jahrhunderts 2 (1987), Heft 1, S. 8–49 und Heft 2, S. 52–87.
Carroll, Berenice A.: Design for Total War. Arms and Economics in the Third Reich. The Hague, Paris 1968.
Das Daimler-Benz-Buch. Ein Rüstungskonzern im »Tausendjährigen Reich«.

Hrsg. von der Hamburger Stiftung für Sozialgeschichte des 20. Jahrhunderts. Nördlingen 1987.
EICHHOLTZ, DIETRICH: Geschichte der deutschen Kriegswirtschaft 1939–1945. Bd. 1: 1939–1941; Bd. 2: 1941–1943. Berlin (DDR) 1969, 1985.
FARQUHARSON, JOHN E.: The Plough and the Swastika. The NSDAP and the Agriculture in Germany 1928–1945. London, Beverly Hills 1976.
GEORG, ENNO: Die wirtschaftlichen Unternehmungen der SS. Stuttgart 1963.
GILLINGHAM, JOHN: Industry and Politics in the Third Reich: Ruhr Coal, Hitler and Europe. Stuttgart 1985.
DIE HASSELL-TAGEBÜCHER. »Vom Anderen Deutschland« 1938–1944. Berlin 1988.
HAYES, PETER: Industry and Ideology. IG Farben in the Nazi Era. Cambridge u. a. 1987.
HERBERT, ULRICH: Fremdarbeiter. Politik und Praxis des »Ausländer-Einsatzes« in der Kriegswirtschaft des Dritten Reiches. Berlin, Bonn 1985.
HERBST, LUDOLF: Der Totale Krieg und die Ordnung der Wirtschaft. Die Kriegswirtschaft im Spannungsfeld von Politik, Ideologie und Propaganda 1939–1945. Stuttgart 1982.
HERLEMANN, BEATRIX: Auf verlorenem Posten. Kommunistischer Widerstand im Zweiten Weltkrieg. Die Knöchel-Organisation. Bonn 1986.
HOFFMANN, PETER: Widerstand, Staatsstreich, Attentat. Der Kampf der Opposition gegen Hitler. München 1985.
HOMZE, EDWARD L.: Foreign Labor in Nazi Germany. Princeton, N. J. 1967.
JANSSEN, GREGOR: Das Ministerium Speer. Die deutsche Rüstung im Kriege. Berlin 1968.
KARNER, STEFAN: Arbeitsvertragsbrüche als Verletzung der Arbeitspflicht im »Dritten Reich«. Darstellung und EDV-Analyse am Beispiel des untersteirischen VDM-Luftfahrtwerkes Marburg/Maribor 1944. In: Archiv für Sozialgeschichte 21 (1981), S. 269–328.
KASPER, BARBARA, SCHUSTER, LOTHAR, WATKINSON, CHRISTOF: Arbeiten für den Krieg. Deutsche und Ausländer in der Rüstungsproduktion bei Rheinmetall-Borsig 1943–1945. Hamburg 1987.
KNITTEL, HARTMUT H.: Panzerfertigung im Zweiten Weltkrieg. Industrieproduktion für die deutsche Wehrmacht. Herford, Bonn 1988.
DIE KRIEGSJAHRE IN DEUTSCHLAND 1939 BIS 1945. Hrsg. von Dieter Galinski und Ulla Lachauer. Hamburg 1985.
KRIEGSWIRTSCHAFT UND RÜSTUNG 1939–1945. Hrsg. von Friedrich Forstmeier und Hans-Erich Volkmann. Düsseldorf 1977.
KUGLER, ANITA: Die Behandlung des feindlichen Vermögens in Deutschland und die »Selbstverantwortung« der Rüstungsindustrie. Dargestellt am Beispiel der Adam Opel AG von 1941 bis Anfang 1943. In: 1999. Zeitschrift für Sozialgeschichte des 20. und 21. Jahrhunderts 3 (1988), Heft 2, S. 46–78.
LUDWIG, KARL HEINZ: Technik und Ingenieure im Dritten Reich. Königstein/Ts. 1979.
MAI, GÜNTHER: »Warum steht der deutsche Arbeiter zu Hitler?« Zur Rolle der Deutschen Arbeitsfront im Herrschaftssystem des Dritten Reiches: In: Geschichte und Gesellschaft 1986, Heft 2, S. 212–234.
MAMMACH, KLAUS: Widerstand 1939–1945. Geschichte des deutschen antifaschistischen Widerstandes im Inland und in der Emigration. Köln 1987.

Mason, Timothy W.: Arbeiterklasse und Volksgemeinschaft. Dokumente und Materialien zur deutschen Arbeiterpolitik 1936–1939. Opladen 1975.
Milward, Alan S.: Die deutsche Kriegswirtschaft 1939–1945. Stuttgart 1966.
Mollin, Gerhard: Montankonzerne und »Drittes Reich«. Der Gegensatz zwischen Monopolindustrie und Befehlswirtschaft in der deutschen Rüstung und Expansion 1936–1944. Göttingen 1988.
Mommsen, Hans: Fritz-Dietlof von der Schulenburg und die preußische Tradition. In: Vierteljahreshefte für Zeitgeschichte 32 (1984), S. 213–239.
Ders.: Gesellschaftsbild und Verfassungspläne des deutschen Widerstands. In: Der deutsche Widerstand gegen Hitler. Hrsg. von Walter Schmitthenner und Hans Buchheim. Köln 1966, S. 73–167.
Mutterkreuz und Arbeitsbuch. Zur Geschichte der Frauen in der Weimarer Republik und im Nationalsozialismus. Hrsg. von der Frauengruppe Faschismusforschung. Frankfurt/M. 1981.
Peukert, Detlev: Die Edelweißpiraten. Protestbewegung jugendlicher Arbeiter im Dritten Reich. Köln 1980.
Ders.: Die KPD im Widerstand. Verfolgung und Untergrundarbeit an Rhein und Ruhr 1933 bis 1945. Wuppertal 1980.
Pfliegensdörfer, Dieter: »Ich war mit Herz und Seele dabei, und so, daß mir das gar nichts ausmachte« – Bremer Flugzeugbauer im Nationalsozialismus. In: 1999. Zeitschrift für Sozialgeschichte des 20. und 21. Jahrhunderts 3 (1988), Heft 1, S. 44–103.
Pohl, Hans, Habeth, Stephanie, Brüninghaus, Beate: Die Daimler-Benz AG in den Jahren 1933 bis 1945. Eine Dokumentation. Stuttgart 1986.
Ritter, Gerhard: Carl Goerdeler und die deutsche Widerstandsbewegung. Stuttgart 1984.
Scholder, Klaus: Die Kirchen und das Dritte Reich. *Bisher*: Bd. 1: Vorgeschichte und Zeit der Illusionen 1918–1934. Frankfurt/M., Berlin, Wien 1977; Bd. 2: Das Jahr der Ernüchterung. 1934. Barmen und Rom. Berlin 1985.
Seebold, Gustav-Hermann: Ein Stahlkonzern im Dritten Reich. Der Bochumer Verein 1927–1945. Wuppertal 1981.
Siegfried, Klaus-Jörg: Das Leben der Zwangsarbeiter im Volkswagenwerk 1939–1945. Frankfurt/M., New York 1988.
Steinert, Marlis G.: Hitlers Krieg und die Deutschen. Stimmung und Haltung der deutschen Bevölkerung im Zweiten Weltkrieg. Dusseldorf, Wien 1970.
Stratmannn, Friedrich: Chemische Industrie unter Zwang? Staatliche Einflußnahme am Beispiel der chemischen Industrie Deutschlands 1933–1949. Stuttgart 1985.
Thomas, Georg: Geschichte der deutschen Wehr- und Rüstungswirtschaft (1918–1943/45). Hrsg. von Wolfgang Birkenfeld. Boppard 1966.
Volkmann, Hans-Erich: Wirtschaft im Dritten Reich. Eine Bibliographie. Bd. 1: 1933–1939. Bd. 2: 1939–1945. Koblenz 1980, 1984.
Werner, Wolfgang Franz: »Bleib übrig!« Deutsche Arbeiter in der nationalsozialistischen Kriegswirtschaft. Düsseldorf 1983.
Der Widerstand gegen den Nationalsozialismus. Die deutsche Gesellschaft und der Widerstand gegen Hitler. Hrsg. von Jürgen Schmädeke und Peter Steinbach. München, Zürich 1985.

WINKLER, DÖRTE: Frauenarbeit im »Dritten Reich«. Hamburg 1977.
WYSOCKI, GERD: Zwangsarbeit im Stahlkonzern. Salzgitter und die Reichswerke »Hermann Göring« 1937–1945. Braunschweig 1982.
YANO, HISASHI: Hüttenarbeiter im Dritten Reich. Stuttgart 1986.
ZWEITER WELTKRIEG UND SOZIALER WANDEL. Achsenmächte und besetzte Länder. Hrsg. von Waclaw Dlugoborski. Göttingen 1981.

5. Besatzungspolitik

BRANDES, DETLEF: Die Tschechen unter dem deutschen Protektorat 1939–1945. 2 Bde. München 1969, 1975.
DALLIN, ALEXANDER: Deutsche Herrschaft in Rußland. 1941–1945. Eine Studie über Besatzungspolitik. Düsseldorf 1981.
DEUTSCHE BESATZUNGSPOLITIK IN DER UDSSR. Dokumente. Hrsg. von Norbert Müller. Köln 1980.
DOSTERT, PAUL: Luxemburg zwischen Selbstbehauptung und nationaler Selbstaufgabe. Die deutsche Besatzungspolitik und die Volksdeutsche Bewegung 1940-1945. Luxemburg 1985.
HIRSCHFELD, GERHARD: Fremdherrschaft und Kollaboration. Die Niederlande unter deutscher Besatzung 1940–1945. Stuttgart 1984.
JÄCKEL, EBERHARD: Frankreich in Hitlers Europa. Die deutsche Frankreichpolitik im Zweiten Weltkrieg. Stuttgart 1966.
MADAJCZYK, CZESLAW: Die Okkupationspolitik Nazideutschlands in Polen 1939–1945. Köln 1988.
MYLLYNIEMI, SEPPO: Die Neuordnung der baltischen Länder 1941–1944. Zum nationalsozialistischen Inhalt der deutschen Besatzungspolitik. Helsinki 1973.
NACHT ÜBER EUROPA. Die Okkupationspolitik des deutschen Faschismus (1938–1945). Dokumentenedition in acht Bänden. Bd. 1: Die faschistische Okkupationspolitik in Österreich und der Tschechoslowakei (1938–1945). Dokumentenauswahl und Einleitung von Helma Kalden. Köln 1988.
SCHLARP, KARL HEINZ: Wirtschaft und Besatzung in Serbien 1941–1944. Ein Beitrag zur nationalsozialistischen Wirtschaftspolitik in Südosteuropa. Stuttgart 1986.
SUNDHAUSEN, HOLM: Wirtschaftsgeschichte Kroatiens im nationalsozialistischen Großraum 1941–1945. Das Scheitern einer Ausbeutungsstrategie. Stuttgart 1983.
THOMSEN, ERICH: Deutsche Besatzungspolitik in Dänemark 1940–1945. Düsseldorf 1971.
WAGNER, WILFRIED: Belgien in der deutschen Politik während des Zweiten Weltkrieges. Boppard 1984.
WELTHERRSCHAFT IM VISIER. Dokumente zu den Europa- und Weltherrschaftsplänen des deutschen Imperialismus von der Jahrhundertwende bis Mai 1945. Hrsg. und eingeleitet von Wolfgang Schumann und Ludwig Nestler unter Mitarbeit von Willibald Gutsche und Wolfgang Ruge. Berlin (DDR) 1975.

6. Sozialpolitik

FRIEMERT, CHUP: Schönheit der Arbeit. Produktionsästhetik im Faschismus. Das Amt »Schönheit der Arbeit« von 1933 bis 1939. München 1980.
»DIE JAHRE WEISS MAN NICHT, WO MAN DIE HEUTE HINSETZEN SOLL.« Faschismuserfahrungen im Ruhrgebiet. Hrsg. von Lutz Niethammer. Berlin, Bonn 1983.
KRANIG, ANDREAS: Lockung und Zwang. Zur Arbeitsverfassung im Dritten Reich. Stuttgart 1983.
LAMPERT, HEINZ: Staatliche Sozialpolitik im Dritten Reich. In: Hamburger Jahrbuch für Wirtschafts- und Gesellschaftspolitik 1980, S. 149–175.
MASON, TIMOTHY W.: Sozialpolitik im Dritten Reich. Arbeiterklasse und Volksgemeinschaft. Opladen 1977.
PEUKERT, DETLEV: Volksgenossen und Gemeinschaftsfremde. Anpassung, Ausmerze und Aufbegehren unter dem Nationalsozialismus. Köln 1982.
RECKER, MARIE-LUISE: Nationalsozialistische Sozialpolitik im Zweiten Weltkrieg. München 1985.
RÜTHER, MARTIN: Zur Sozialpolitik bei Klöckner-Humboldt-Deutz während des Nationalsozialismus. »Die Masse der Arbeiterschaft muß aufgespalten werden«. In: Zeitschrift für Unternehmensgeschichte 33 (1988), Heft 2, S. 81–117.
SACHSE, CAROLA u. a.: Angst, Belohnung, Zucht und Ordnung. Herrschaftsmechanismen im Nationalsozialismus, Opladen 1982.
DIES.: Betriebliche Sozialpolitik als Familienpolitik in der Weimarer Republik und im Nationalsozialismus. Mit einer Fallstudie über die Firma Siemens, Berlin. Hamburg 1987.
SEUBERT, ROLF: Berufserziehung und Nationalsozialismus. Das berufspädagogische Erbe und seine Betreuer. Weinheim, Basel 1977.
SIEGEL, TILLA: Leistung und Lohn. Zur Veränderung der Formen betrieblicher Herrschaft in der nationalsozialistischen Kriegswirtschaft. Berlin [Typostkript] 1986.
WISOTZKY, KLAUS: Der Ruhrbergbau im Dritten Reich. Studien zur Sozialpolitik im Ruhrbergbau und zum sozialen Verhalten der Bergleute in den Jahren 1933 bis 1939. Düsseldorf 1983.
WOLSING, THEO: Untersuchungen zur Berufsbildung im Dritten Reich. Kastellaun 1977.

7. Verfolgungs- und Vernichtungspolitik des Nationalsozialismus

ADAM, UWE D.: Judenpolitik im Dritten Reich. Königstein i. Ts. 1979.
ARBEIT UND VERNICHTUNG. Das Konzentrationslager Neuengamme 1938–1945. Hrsg. von Ulrich Bauche, Heinz Brüdigam, Ludwig Eiber, Wolfgang Wiedey. Hamburg 1986.
DIE AUSCHWITZ-HEFTE. Texte der polnischen Zeitschrift »Przglad Lekarski« über historische, psychische und medizinische Aspekte des Lebens und Sterbens in Auschwitz. Hrsg. vom Hamburger Institut für Sozialforschung. 2 Bde. Weinheim 1987.
BOCK, GISELA: Zwangssterilisation im Nationalsozialismus. Studien zur Rassenpolitik und Frauenpolitik. Opladen 1985.

DACHAUER HEFTE: Studien und Dokumente zur Geschichte der nationalsozialistischen Konzentrationslager. Nr. 2: Sklavenarbeit im KZ. Dachau 1986.
EBBINGHAUS, ANGELIKA u. a.: Heilen und Vernichten im Mustergau Hamburg. Bevölkerungs- und Gesundheitspolitik im Dritten Reich. Hamburg 1984.
FEINDERKLÄRUNG UND PRÄVENTION. Kriminalbiologie, Zigeunerforschung und Asozialenpolitik. (Beiträge zur nationalsozialistischen Gesundheits- und Sozialpolitik, Bd. 6). Berlin 1988.
FREUND, FLORIAN, PERZ, BERTRAND: Das KZ in der Serbenhalle. Zur Kriegsindustrie in Wiener Neustadt. Wien 1987.
FRÖBE, RAINER: »Vernichtung durch Arbeit«? KZ-Häftlinge in Rüstungsbetrieben an der Porta Westfalica in den letzten Monaten des Zweiten Weltkriegs. In: Verdrängte Geschichte. Verfolgung und Vernichtung in Ostwestfalen 1933–1945. Hrsg. von Joachim Meynert und Arno Klönne. Bielefeld 1986, S. 221–297.
GRODE, WALTER: Die »Sonderbehandlung 14f13« in den Konzentrationslagern des Dritten Reiches. Ein Beitrag zur Dynamik faschistischer Vernichtungspolitik. Frankfurt/M., Bern, New York 1987.
HERBERT, ULRICH: Arbeit und Vernichtung. Ökonomisches Interesse und Primat der »Weltanschauung« im Nationalsozialismus. In: Ist der Nationalsozialismus Geschichte? Historisierung und Historikerstreit. Hrsg. von Dan Diner. Frankfurt/M. 1987, S. 199–236.
HILBERG, PAUL: Die Vernichtung der europäischen Juden. Die Gesamtgeschichte des Holocaust. Berlin 1982
HILLGRUBER, ANDREAS: Die »Endlösung« und das deutsche Ostimperium als Kernstück des rassenideologischen Programms des Nationalsozialismus. In: Ders.: Deutsche Großmacht- und Weltpolitik im 19. und 20. Jahrhundert. Düsseldorf 1979[2], S. 252–275.
HOHMANN, JOACHIM S.: Geschichte der Zigeunerverfolgung in Deutschland. Frankfurt/M., New York 1981.
KÁRNY, MIROSLAW: Theresienstadt und Auschwitz. In: 1999. Zeitschrift für Sozialgeschichte des 20. und 21. Jahrhunderts 3 (1988), Heft 3, S. 9–26.
KATER, MICHAEL H.: Medizin und Mediziner im Dritten Reich. Eine Bestandsaufnahme. In: Historische Zeitschrift 244 (1987), S. 299–352.
KLEE, ERNST: »Euthanasie« im NS-Staat. Die »Vernichtung lebensunwerten Lebens«. Frankfurt/M. 1983.
KLEWITZ, BERND: Die Arbeitssklaven der Dynamit Nobel. Schalksmühle 1986.
KONZENTRATIONSLAGER IN HANNOVER. KZ-Arbeit und Rüstungsindustrie in der Spätphase des Zweiten Weltkrieges. Von Rainer Fröbe, Claus Füllberg-Stolberg, Christoph Gutmann, Rolf Keller, Herbert Obenaus und Hans Hermann Schröder. 2 Bde. Hildesheim 1985.
KRAUSNICK, HELMUT; WILHELM, HANS-HEINRICH: Die Truppe des Weltanschauungskrieges. Die Einsatzgruppen der Sicherheitspolizei und des SD 1938–1942. Stuttgart 1981.
LEIPERT, MATTHIAS u. a.: Verlegt nach unbekannt. Sterilisation und Euthanasie in Galkhausen 1933–1945. Köln 1987.
LIFTON, ROBERT JAY: Ärzte im Dritten Reich. Stuttgart 1988.
MOMMSEN, HANS: Die Realisierung des Utopischen: Die »Endlösung der Judenfrage« im »Dritten Reich«. In: Geschichte und Gesellschaft 9 (1983), S. 381–420.

Der Mord an den Juden im Zweiten Weltkrieg. Entschlußbildung und Verwirklichung. Hrsg. von Eberhard Jäckel und Jürgen Rohwer. Stuttgart 1985.
Nationalsozialistische Massentötungen durch Giftgas. Eine Dokumentation. Hrsg. von Eugen Kogon, Hermann Langbein und Adalbert Rückerl. Frankfurt/M. 1983.
Roth, Karl Heinz: Die Modernisierung der Folter in den beiden Weltkriegen. Der Konflikt der Psychotherapeuten und Schulpsychiater um die deutschen »Kriegsneurotiker« 1915–1945. In: 1999. Zeitschrift für Sozialgeschichte des 20. und 21. Jahrhunderts 2 (1987), Heft 3, S. 8–75.
Ders.: Psychosomatische Medizin und »Euthanasie«. Der Fall Viktor von Weizsäcker. In: ebd. 1 (1986), Heft 1, S. 65–99.
Sozialpolitik und Judenvernichtung. Gibt es eine Ökonomie der Endlösung? (= Beiträge zur nationalsozialistischen Gesundheits- und Sozialpolitik, Bd. 5). Berlin 1987.
Streit, Christian. Keine Kameraden. Die Wehrmacht und die sowjetischen Kriegsgefangenen 1941–1945. Stuttgart 1978.
Verfolgung, Ausbeutung, Vernichtung. Die Lebens- und Arbeitsbedingungen der Häftlinge in deutschen Konzentrationslagern 1933–1945. Hrsg. von Ludwig Eiber. Hannover 1985.
Wysocki, Gerd: Das KZ Drütte bei den Hermann-Göring-Werken in Watenstedt-Salzgitter Oktober 1942 bis April 1945. Salzgitter 1986.

8. Neubeginn nach 1945

Benz, Wolfgang (Hrsg.): Die Vertreibung der Deutschen aus dem Osten. Ursachen, Ereignisse, Folgen. Frankfurt/M. 1988[3]
Benz, Wolfgang: Die Gründung der Bundesrepublik. Von der Bizone zum souveränen Staat, München 1984.
Geschichte der Bundesrepublik. Bd. 1: Theodor Eschenburg: Jahre der Besatzung. Stuttgart, Wiesbaden 1983.
Conze, Werner, Lepsius, Rainer M. (Hrsg.), Sozialgeschichte der Bundesrepublik. Beiträge zum Kontinuitätsproblem, Stuttgart 1983.
Glaser, Hermann: Zwischen Kapitulation und Währungsreform 1945–1948. München 1985.
»Hinterher merkt man, daß es richtig war, daß es schiefgegangen ist«. Nachkriegserfahrung im Ruhrgebiet. Hrsg. von Lutz Niethammer. Berlin, Bonn 1983.
Klessmann, Christoph: Die doppelte Staatsgründung. Deutsche Geschichte 1945–1955. Göttingen [4]1986.
Krüger, Wolfgang: Entnazifiziert! Zur Praxis der politischen Säuberung in Nordrhein-Westfalen. Wuppertal 1982.
Loth, Wilfried: Die Teilung der Welt 1941–1955. Die Geschichte des Kalten Krieges. München 1980.
Morsey, Rudolf: Die Bundesrepublik Deutschland. Entstehung und Entwicklung bis 1969. München 1987.

Müller, Gloria: Mitbestimmung in der Nachkriegszeit. Britische Besatzungsmacht, Unternehmer, Gewerkschaften. Düsseldorf 1987.
Niethammer, Lutz: Die Mitläuferfabrik. Die Entnazifizierung am Beispiel Bayerns. Bonn 1982.
Plumpe, Werner: Vom Plan zum Markt. Wirtschaftsverwaltung und Unternehmerverbände in der britischen Zone. Düsseldorf 1987.
Schwarz, Hans-Peter: Vom Reich zur Bundesrepublik Deutschland. Deutschland im Widerstreit der außenpolitischen Konzeptionen in den Jahren der Besatzungsherrschaft 1945–1949. Stuttgart 1980[2].
Von Stalingrad zur Währungsreform. Zur Sozialgeschichte des Umbruchs in Deutschland. Hrsg. von Martin Broszat, Klaus Dietmar Henke und Hans Woller. München 1987.
Westdeutschland 1945–1955. Unterwerfung, Kontrolle, Integration. Hrsg. von Ludolf Herbst. München 1986.
Zayas, Alfred M. de: Die Anglo-Amerikaner und die Vertreibung der Deutschen. Vorgeschichte, Verlauf, Folgen. Berlin 1988.

Die Autoren

Ute Frevert, Dr. phil., geb. 1954, wiss. Mitarbeiterin
Imanuel Geiss, Dr. phil., geb. 1931, Professor für Geschichte mit Schwerpunkt neueste Geschichte einschließl. der Geschichte der sog. Dritten Welt an der Universität Bremen
Manfred Grieger, geb. 1959, wiss. Mitarbeiter an der Fakultät für Geschichtswissenschaft der Ruhr-Universität Bochum
Ulrich Heinemann, Dr. phil., geb. 1950, Mitarbeiter der Landeszentrale für politische Bildung NRW
Christoph Kleßmann, Dr. phil., geb. 1938, Professor für Zeitgeschichte an der Universität Bielefeld
Wilfried Loth, Dr. phil., geb. 1948, Professor für neuere Geschichte an der Universität Essen
Detlef J. K. Peukert, Dr. phil. habil., geb. 1950, wiss. Direktor der Forschungsstelle für die Geschichte des Nationalsozialismus in Hamburg, a. o. Professor an der Universität/ GH Essen

Droste Taschenbücher Geschichte

Alan Bullock

Hitler

Eine Studie über Tyrannei
Aus dem Englischen von Wilhelm und Modeste Pferdekamp
Nachdruck der vollständig überarbeiteten Neuausgabe 1971
886 Seiten; ISBN 3-7700-0908-8

Karl Dietrich Erdmann, Hagen Schulze (Hrsg.)

Weimar

Selbstpreisgabe einer Demokratie. Eine Bilanz heute
367 Seiten; ISBN 3-7700-0910-X

Fritz Fischer

Bündnis der Eliten

Zur Kontinuität der Machtstrukturen in Deutschland 1871–1945
2., unveränderte Auflage, 112 Seiten; ISBN 3-7700-0911-8

Jens Flemming, Klaus Saul, Peter-Christian Witt

Familienleben im Schatten der Krise

Dokumente und Analysen zur Sozialgeschichte der Weimarer Republik 1918–1933
294 Seiten; ISBN 3-7700-0914-2

Walther Hofer

Die Entfesselung des Zweiten Weltkrieges

Darstellung und Dokumente.

Mit dem Essay (1984) »Gibt es eine Kriegsschuldfrage 1939?«
480 Seiten; ISBN 3-7700-0907-X

Robert M. W. Kempner

Das Dritte Reich im Kreuzverhör

Aus den Vernehmungsprotokollen des Anklägers R. M. W. Kempner
Mit einem neuen Vorwort des Autors · 300 Seiten; ISBN 3-7700-0903-7

Erich Kosthorst, Bernd Walter

Konzentrations- und Strafgefangenenlager im Emsland 1933–1945

Zum Verhältnis von NS-Regime und Justiz
Darstellung und Dokumentation · 560 Seiten; ISBN 3-7700-0912-8

Droste Verlag Düsseldorf